新世紀叢書

當代重要思潮・人文心靈・宗教・社會文化關懷

赤條條然後穿上衣服，天真無邪然後羞怯，被祝福然後被詛咒，被蔭庇然後被放逐。葛林布萊透過細心解讀他們故事的古代起源和他們在猶太教、基督教和伊斯蘭教藝術、文學和哲學展開的死後生命，乃至他們在我們時代的後達爾文主義堅持，追溯了亞當和夏娃的來龍去脈。無比有啟發性，讀來讓人樂趣無窮。

邁爾斯（Jack Miles），《上帝：一部傳記》（*God: A Biogrephy*）作者，《諾頓世界宗教文選》總編輯

淵博和探索活力的罕有結合。就連最熟悉的材料都被放置在清新和人文的光線下觀察。本書讓人明白古老的神話為什麼仍然重要——哪怕它們已經徹徹底底被視為神話。

奧爾特（Robert Alter），《鐵筆：美國文體和欽定本聖經》（*Pen of Iron: American Prose and the King James Bible*）作者，《摩西五經》和《詩篇》譯者

一部豐富、博學和活潑的著作，凡是對我們想像力的歷史感興趣的人，還有對信仰、詩學和哲學的交織感興趣的人，都應該會被吸引。

威廉茲（Rowan Williams），前坎特伯雷大主教

創世記真相：人類起源的傳說與演變（原書名：亞當與夏娃的興衰）

【目錄】本書總頁數416頁

序言　在敬拜的殿中

小時候父母告訴我，在安息日禮拜結束前進行祝福禱告時，我們必須低下頭，緊閉眼睛，直到拉比把莊嚴肅穆的話說完為止。他們說這一點極度重要，因為每逢此時，上帝會經過我們頭上。沒有人可以面對面看見上帝還活著。

我沉思這道禁令。能夠看見主的臉必然是人類所能有的最美妙經驗。我未來能夠看見或能夠做的事情無一能和這種無上的親炙比擬。因此我有了一個重大決定；我要抬起頭看看上帝。我知道那將會是致命的，但這個代價不算太高。我不敢告訴父母這個決定，因為我知道他們必然會滿心恐懼，想方設法要我打消主意。我甚至沒有告訴哥哥，害怕他會洩露祕密。我要單獨行動。

過了好幾個星期六之後，我才鼓起勇氣，終於在一天早上低頭站著時克服了我對死亡的恐懼。當拉比念誦著自古相傳的祝福話語時，我抬起眼睛。我頭上的空氣空空如也。我發現自己完全不是會堂裡唯一張開眼睛的人。很多信徒也是東張西望或看著窗外，又或是用嘴型和朋友打招呼。我一肚子火：「我被騙了。」

現在距離那個時刻已經很多年，我也從沒有恢復那促使我準備犧牲性命看見上帝的愚稚信仰。但有什麼存在於我失去幻想的另一邊。我一輩子都對人類創造來企圖解釋我們的存在的那些故事著迷，而我慢慢明白到，「說謊」完全不足以形容這些故事的動機或內容——哪怕是最天馬行空的一些。

人類不能沒有故事。我們讓自己被故事圍繞；我們在睡夢中創造故事；我們對兒女講述故事；我們付錢去聽故事。我們有些人就是以創造故事為業，還有少數人——包括我自己在內——花了整個成年人生去理解故事的美、力量和影響。

本書是有關歷來最不尋常的其中一個故事。上帝創造出世間的第一對男女（亞當和夏娃），把他們放在一個歡樂園中，讓他們赤身露體卻毫不羞慚。上帝告訴他們，他們可以吃園中任何樹木的果子，只有一棵樹木例外。他們絕對不能吃知識樹的果子。如果他們違反這禁令，就會死亡。然後有一天，一條蛇——畜生中最狡猾的一種——找夏娃搭訕。牠告訴她，不服從上帝命令的話不只不會死亡，反而會讓眼睛明亮起來，變得就像神一樣知曉善惡。因為相信蛇的話，夏娃吃下禁果，又給了亞當一顆，他也吃了。他們的眼睛真的明亮起來，意識到自己赤身露體，便把一些無花果葉縫起來蔽體。上帝召喚他們，問他們做了什麼。當他們老實招認之後，上帝發布了懲罰：蛇此後必須在地上爬和吃土；女人要承受生育之苦和受男人支配；男人必須為生計辛苦勞動，直至他們歸回他們所從出的塵土為止。「你本是塵土，仍要歸於塵土。」為防止亞當、夏娃吃園中另一棵特別的樹——生命樹——的果子而得到永生，上帝把他們趕出伊甸園。武裝的基路伯被派駐在園口以防人類潛返。

許多世紀以來，記述在《創世記》一開始的亞當和夏娃故事決定性地形塑了我們對人類起源和人類命運的理解。乍看之下，它會起這樣的作用非常不可思議，因為照理說，它也許能夠讓小孩入迷，但大人卻應該輕易看出它是最天馬行空想像力的產物。一個神奇的花園；一對赤身露體的男女，他們不需要經過童年就懂得說話和思考；對死亡的一個神祕警告；一條會說話的蛇；一棵能讓人有善惡觀念的樹；一棵可以帶來永生的樹；揮舞著火焰劍的超自然守衛：這是最縱情想像的虛構故事。

然而，有數以百萬計的人——包括一些最細密和最優秀的心靈——接受《聖經》有關亞當和夏娃的敘事，相信那是沒有經過文飾的事實。又雖然地質學、古生物學、人類學和演化生物學搜集了大量證據，還是有數不清的當代人繼續相信這個故事是對我們宇宙之起源的精確說明，把自己視為伊甸園第一對男女的直系後人。歷史上很少有故事像它那樣持久、遠播和儼然歷歷如繪。

第1章
骨架

Bare Bones

亞當和夏娃的故事——在現代版欽定本《聖經》的一千七百八十頁篇幅中只佔了大約一頁半——為什麼能夠那麼不費吹灰之力發揮作用？當你在五或六歲聽過這個故事之後，就永遠忘不了。最梗概性的漫畫也會讓你把它聯想起來——哪怕不是全部細節而只是基本大綱。這個敘事的結構有什麼可以深印心坎，幾乎名副其實是過耳難忘。

在這故事第一次被講述之後的許多個世紀中，它累積出龐大的支持系統：老師們重複不斷地講述它；機構獎勵相信者和懲罰不信者；知識份子玩味它的細節，對它的謎題提供互相競爭的詮釋；藝術家生動地把它刻劃出來。然而，這故事卻是看似獨立於這些複雜的附麗，而一切從它而來的東西都依賴於它不可窮盡的能量，就像它的核心有著放射性。

出於一些同時有著挑逗性又難以捉摸的理由，亞當和夏娃的故事是我們的恐懼和欲望的漫長歷史的一面鏡子。它同時具有解放性和摧毀性，是人類責任的一首贊歌，也是人類劣根性的黑暗寓言，是對大膽的禮讚也是對激烈厭女症的煽動。幾千年來，它在無數個人和社群激起了讓人驚訝的眾多不同反應。

古代的拉比望向這面鏡子，設法弄明白上帝的意向：人類是什麼，為什麼天地宇宙的創造者要在乎他們？當初為什麼要創造他們？細細研究過聖典上的文字之後，他們認定「開墾土地」的責任並不是指耕田，毋寧是指鑽研《托拉》（Torah），就像他們自己那樣把這種鑽研視為生命中最崇高的目的。①

早期基督徒不重視亞當的鑽研習慣，強調他的不順服所帶來的災難：失去伊甸園的災難。

他們追隨使徒保羅的意見，把無可逃避的死亡歸因於第一對人類男女的行為。不過他們在他們對一個新亞當——耶穌基督——的信仰中找到慰藉，相信這個新亞當已經透過受苦和死亡解除了舊亞當所造成的傷害。彌賽亞的崇高犧牲讓信徒得以復得失落的清純和重回伊甸園。

伊斯蘭教的釋經學不著重亞當的罪性而著重他做為上帝最早先知的角色。成於七世紀的《古蘭經》類似早期的基督教文書，認定撒旦是個驕傲詭詐的天使，引誘第一對人類男女不順服神。後來的註釋家指出撒旦不是化身為一條蛇，而是化身為一頭漂亮駱駝：「牠有一條多彩的尾巴（紅色、黃色、綠色、白色、黑色），珍珠色鬃毛，黃晶色體毛，眼睛像金星和木星，氣味像麝香和龍涎香的混合。」②因為違反上帝的禁令，亞當和夏娃被驅逐出伊甸園。他們的後代必須永遠保持警覺：「亞當的子女們啊，不要像你們的父母那樣中了撒旦的詭計！」不過，伊斯蘭教認為，亞當和夏娃被驅逐出伊甸園是因為犯了錯誤，而不是犯了一種會傳給所有後代的大罪。在被逐出伊甸園之後，亞當擔負起大地照顧者和宗教老師的角色，是一系列先知的第一位。最後一位先知是穆罕默德，他引領人類走回阿拉的光之中。

在整個上古晚期、中世紀和文藝復興，許許多多不同領域的專家試圖探索亞當和夏娃命運的意涵。苦行者沉思身體的誘惑，從經文上尋找線索，推測第一對人類男女本來可能採取的另類繁殖方式。醫生們研究亞當和夏娃在伊甸園裡採取的素食主義飲食方式對健康可能會有的好處。語言學家設法斷定亞當和夏娃使用何種語言，追尋這種語言可能留下來的痕跡。自然科學家反省伊甸園的生態意義，當時人類和其他動物的關係迥異於今日。在猶太人和穆斯林之間，宗教法的專家推敲這故事的教義和法律意涵。在三大一神教社群，哲學家爭論這個故事的道德意義。在基督教世界，視覺藝術家熱烈接受一個邀請：刻劃充滿光榮和羞恥的人類身體。

特別是，普通人——那些從講道壇、父母或朋友聽到創世故事的人——為那些讓他們感到困惑的問題，反覆向這個故事尋求答案。它有助於解釋或至少向他們反照出性愛、婚姻緊張、身體痛苦、筋疲力竭勞動中最讓人困惑的事情。當他們望向亞當和夏娃，他們就像拉比、教士或伊斯蘭解經家一樣，看見了某些有關他們自身的極端重要的東西。

亞當和夏娃的故事會對我們全部人說話。它道出了我們是誰，來自哪裡，為什麼會愛和受苦。它的巨大用途看來是原設計的一部分。雖然這個故事是世界三大宗教的基石之一，它卻是先於或號稱先於任何特定的宗教。它捕捉住我們物種對待工作、性愛和死亡的奇怪方式：工作、性愛和死亡本是我們與所有動物共有的生存特徵，卻被我們當成了思辨的對象，就像它們本來有可能是別的樣子。

根據這個故事，我們是上帝按自己的形象創造，所以獨一無二。上帝授權我們支配所有其他物種，又給了我們一道禁令。祂並沒有解釋這禁令或提出合理化根據。但是在太初，我們的最早祖先並沒有理解的必要，只有服從的必要。但亞當和夏娃沒有服從，他們違背了上帝的禁令，從而導致人類有了徹底改變：變得有羞恥心和必有一死。

堅持這個故事是歷史事實——真有過亞當、夏娃其人和伊甸園其地——成為了基督教正統教義的基石之一。這種堅持居於我自己對亞當和夏娃故事入迷的核心。一件虛構出來的事情怎麼會逼真得那麼扣人心弦？一尊石像是怎樣會開始呼吸或一個人偶是怎樣會在沒人拉線的情況下站了起來和跳起舞來？當虛構的人物看起來就像活的一樣，會發生什麼事情？是不是就因為這樣，他們會開始死去？

許多世代的虔誠男女一再認真看待一個神學命題，企圖把亞當、夏娃和蛇的故事視為導致我們所知道的人類存在方式的忠實說明。哲學家、神學家、教士、僧侶、詩人和藝術家全都對於這種巨大的集體努力有所貢獻。但一直要到了文藝復興——一個杜勒（Dürer）、米開朗基羅和密爾頓（Milton）的世紀，精采的表像新技術才終於成功把一種可信的實感灌輸在第一對人類男女身上，讓他們的故事完全活起來。

但這個驚人的成就——藝術和文學的一大勝利——卻帶來了始料未及的後果。亞當和夏娃被拿來和藝術狩獵者在希臘及羅馬廢墟出土的栩栩如生異教人像等量齊觀。他們不只被按遙遠古代的道德標準加以審視和論斷，還按活著的當代人的道德標準加以審視和論斷。他們被比較於在南、北美洲新發現的裸身男女——這些人看來不受人類墮落後被認為遍見於全人類的羞恥心感染。正因為他們現在看起來是那麼的真，以致亞當和夏娃的故事引起了人類在太初是如何學習語言的問題，引起了性關係的問題、人種的問題和死的問題。

真實感加劇了從最早期起就困擾著這個起源故事的惱人問題：什麼樣的上帝會禁止祂的造物明白善惡的分野？沒有這種知識，那些造物又怎樣可能服從？死亡威脅對那些從來沒有經驗過死亡、也不可能知道何謂死亡的人有什麼意義？教會和國家嚴厲對付堅持問這些問題的懷疑論者，但事實證明，當第一對人類男女被刻劃得那麼栩栩如生的時候，要止息擾攘是不可能的。隨著啟蒙運動的出現，疑惑倍數化地增加，不再能夠消音。等在前頭的是史賓諾莎的懷疑主義、達爾文的鋒利凝視和馬克吐溫的挖苦笑聲。

世界各地的自然史展廳都以擁有所謂的正模標本（holotype）自豪。③又稱為模式標本（type specimen），正模標本是一整個物種的公認範本。例如，收藏在加州大學柏克萊分校脊椎動物博物館的粗皮膚蠑螈，以及收藏在查德國家研究中心的查德沙赫人都是正模標本。辨識和搜集正模標本的工作始於十八世紀。一七五八年由偉大動物學家暨植物學家林奈（Carl Linnaeus）描述的灰狼正模標本現，藏斯德哥爾摩的瑞典自然史博物館，那裡還有大量由他和學生首先辨識出的其他正模標本。（由於他用自我檢視的方法描述我們物種的正模標本，所以智人種的正模標本就是林奈本人。）華盛頓的美國植物標本館藏有十一萬種植物的正模標本。柏克萊的脊椎動物博物館藏有三六四種哺乳類正模標本、一七四種鳥類正模標本，以及一二三種爬蟲類和兩棲類正模標本。在柏林的自然史博物館的浸液標本展廳中，有無數裝滿乙醇的廣口瓶，裡面保全著各種海中生物。有些廣口瓶標示著紅點，表示它們裝著的是正模標本。

每個正模標本都是由發現一個新物種的人指定，這個人會在一篇科學論文中命名和描繪該項新物種。成功發表這篇論文並把標本存放在一個適當地點之後，他就會被稱為「創制

（author）了一個新物種。正模標本因此成為了官方標本，受到科學社群的公認，每個都是整個物種的關鍵特徵賴以被抽繹出來的具體準繩。今日，已經被辨識的物種近二百萬個。據估計，地球上有近九百萬個物種。

《創世記》想像上帝把地上走獸和天上飛鳥一一帶到亞當面前，讓他命名。這有點像科學家命名他們的正模標本的方式。《創世記》沒有指明亞當用什麼語言命名飛禽走獸、花了多少時間或這事是發生在什麼時候。《聖經》註釋家傳統上認定這事情是發生在亞當被創造的同一天，因為上帝是在他命名動物之後才創造夏娃（大部分註釋家都不願看見亞當在沒有伴侶的情況下一個人生活太久。）④有些註釋家懷疑，有毒昆蟲是在上帝創世的六天**之後**才出現並獲得名字，是亞當犯罪的結果，不是上帝原來創造計畫的一部分。其他人則有一點點擔心魚類，因為《聖經》只提到陸上和空中的生物。英格蘭神職人員和業餘科學家羅斯（Alexander Ross）在一六二二年問道：「為什麼魚類沒有被帶到亞當的面前呢？」然後他自己這樣回答：「因為魚類不像走獸那麼像人。其次，因為牠們不能像走獸對人那樣有幫助。第三是因為牠們離開了水便不能活。」⑤

天空和地上的物種要比《聖經》所能想像的多更多。不過，不管是誰在幾千年前創造了這個故事，他都像現代科學那樣明白到，你只能透過一個物種的單一代表，才能夠牢牢掌握整個物種。《創世記》第一章裡的那個人，事實上就是人類的正模標本。上帝把他創造出來，然後小心翼翼把他引介到世界上，做為正模標本。當你諦視亞當時，你既是諦視一個特定的個人，也是諦視人類全體。

但我們在《聖經》遇到的亞當不只是人類物種的代表，還是它的最早例子，是所有後來人類的祖先。這在現代科學蒐藏品中也有等值體，但這一次不是正模標本，而是那些被認為是人類祖先的化石。其中最有名的是「露西」（Lucy），她是阿法南方古猿（*Australopithecus afarensis*）的一個女性個體，生活在三百二十萬年前。她的骨頭——一共幾百片碎片——是美國人類學家約翰森（Donald Johanson）一九七四年在衣索比亞找到，會被稱為「露西」，是因為約翰森進行考古挖掘期間，營地裡的錄音機反覆播放披頭四的歌曲《露西戴著鑽石在天空》。

現藏阿的斯阿貝巴的衣索比亞國家博物館，「露西」高三英尺七英寸，有一個像黑猩猩的小腦袋，生存年代距離現代人類為時甚遠，因為現代人類要待她的物種漫遊在地球上三百萬年後才出現在非洲。不過要緊的是她並不會在樹與樹之間擺盪。她是雙足行走。沒有人主張「露西」是所有人類的直接祖先，不過有非常強烈的證據顯示，我們的物種和「露西」有著重要關連。人族（hominin）——由現代人類和我們關係最密切的已滅絕近親構成的分類學範疇——乃是由「露西」這樣的二足靈長類演化而成。

這個演化過程的涵蘊厥為巨大。一度，我們看來有可能說一個直截了當的故事：我們智人種是位於一棵生命大樹的一根長樹枝的末端。檢視相繼滅絕的祖先，我們可以沿著樹枝回溯到樹幹，點算出我們為了抵達現階段（當然是最璀璨的階段）所要通過的每個階段。不過隨著越來越多的化石被發現——有鮑氏傍人（*Paranthropus boisei*）、巧人（*Homo habilis*）、盧多爾夫人

（*Homo rudolfensis*）、匠人（*Homo ergaster*）、直立人（*Homo erectus*）、海德堡人（*Homo heidelbergensis*）、尼安德塔人（*Homo neanderthalensis*）和納萊迪人（*Homo naledi*）等等——整個故事顯得越來越不是那麼簡單。一個演化生物學家最近寫道：我們的祖源與其說像一根大樹枝，不如說像一捆小枝條，甚至是一叢糾葛的灌木。」⑥

在哈佛大學皮博迪考古學和人種學博物館五樓的一間房間裡，知名古人類學家皮爾貝姆（David Pilbeam）給我看一些這些「小枝條」。在我到達前，他已經擺出一些骨頭（或骨頭的塑膠或石膏模型），有的放在紙盒裡，有的放在麗光板的桌面上，有些組合為骨架，有些放在有輪小平台上。每一副骨頭都代表著向後跳躍的一大步，與現在的距離以百萬年為單位。

「露西」骸骨的一副副本也在那裡，放在一塊玻璃紙覆蓋的硬紙板上，讓人聯想到花店給喪禮送去的花。事實上，「露西」的骨頭所餘無幾：一些頭顱骨的碎片、下顎骨的一部分、幾根肋骨、骶骨、骨盤一部分、腳和手臂的一些碎片。她旁邊放著一具重構得更完整的南方古猿骨架。附近有一副黑猩猩的骸骨，皮爾貝姆向我指出牠的結構和「露西」結構的細微差別。這些差別真的很細微，如果不是有他專門指出，我大部分都會看不出來，也因此看不出來牠們一隻是猿，另一隻是我的祖先。

房間中最古老的化石是來自查德的查德沙赫人（Sahelanthropus）。牠就像一隻小猿的頭顱骨，不過皮爾貝姆像個偵探那樣，從一些蛛絲馬跡指出牠八成是採取站姿，兩腳走路。如果真的是這樣，牠取得這種成就的時間非常早：其化石的年代被斷定距今大約七百萬年前，也就是離開「最後共同祖先」（Last Common Ancestor）的時代不遠——「最後共同祖先」分裂為兩支，一支通向黑猩猩，一支通向我們。

當我環顧房間，在幾百萬年之間跳躍時，我經驗到一種暈眩感——正是這種暈眩感讓科學家質疑人類演化是循一根輪廓分明的樹枝穩定進步的比喻。在房間的一個角落，我們的查德沙赫人祖先看來是屬於一個和我們非常不同的宇宙。在房間另一個角落，站立著尼安德塔人的全副骷髏骨，骨頭粗得就像大猩猩，但有著和我們差不多的腦容量。[7]

古人類學家以越來越精細和具巧思的方式測量、審視與詮釋骨頭化石：讓我們的物種可以站直走路的骨盤和脊椎骨，幫助我們投擲致命拋射物的肩胛骨，牙齒的排列結構，越來越大的顱骨。不過，一度看似一直線的勝利推進現在卻迷失在迂迴曲折的路徑裡。要在一叢糾葛的灌木裡找到故事線非常困難。

演化理論並沒有因為通衢大道的消失而受到威脅。正好相反，達爾文從一開始就強調突變的偶發性，再經過天擇的剪裁，導致新物種的出現。儘管如此，人類演化所展現的龐雜不連續性和路徑交錯還是讓人不安。皮爾貝姆一度出過一本叫《人類的上升》（*The Ascent of Man*）的書，換成今日，他會不會出這書是個未知數。

儘管如此，我們大部分人（包括演化生物學家）繼續尋找和建構有關我們上升的故事。因為就像《聖經》在古早以前指出的，我們是支配性物種：「上帝就賜福給他們，又對他們說：要生養眾多，遍滿地面，治理這地，也要管理海裡的魚、空中的鳥，和地上各樣行動的活物。」（《創世記》1:28）人類能夠處於支配地位，顯然有賴我們的智力、製造工具能力、複雜的社會和文化生活，還有我們的語言和符號意識。但我們是怎樣從我們不會說話、不會創造符號或不會形成抽象概念的祖先發展出來，卻仍然是個謎。對此還沒有一個充分一貫且讓人滿意的科學解釋。

在第六日創造人類的記載中——「上帝就照著自己的形象造人，乃是照著祂的形象造男造女。」——《創世記》提供了一個科學家賴以獲得我們最早祖先形象的骨架的等值體。它提供了一個確定的起點（這是科學家一直未能做到的）。但是我們完全不能從《聖經》的文字確知最初的人類長得什麼樣子。這並不是因為對《創世記》缺乏強索力探的緣故。在二世紀，拉比以利亞撒（Jeremiah ben Eleazar）憑「照著祂的形象造男造女」一語斷定，亞當是雌雄同體。三世紀拉比納賀蒙（Samuel ben Nahman）認為，這句話表示上帝創造亞當的時候，是「把他創造為有兩張臉，然後把他劈開，讓他有兩個背部，一個背部在這一邊，另一個背部在那一邊。」⑧還有人主張亞當的體積最初充滿整個世界，或主張他的身高高達天空，或主張他看得見宇宙中的一切，或主張他具有未卜先知能力。也有人認為上帝在最初給了亞當一條尾巴，但「後來考慮到他的尊嚴。把尾巴拿掉。」亞當「是那麼的英俊，以致光是他的腳底就足以讓太陽黯然失色。」他發明了所有的語言與技藝，包括書寫和地理。他原有一層保護身體的甲殼，後來是在他犯罪之後剝落。

然後在《創世記》的第二章，那個激起所有這些猜測的生物不見了。不再在有一個正模標本。代之而起的是一對太初男女（男的用土塑成，女的用男人的肋骨塑成），而他們被捲入一個故事。此時，《創世記》強調，為了了解我們的確實性質，需要的不是檢視一個正模標本，而是觀察最早人類的行為。我們有必要觀察他們的關係，審視他們的選擇，追隨他們的軌跡，以及沉思他們的歷史。因為不是人類的生物本質決定他們的歷史，而是他們的歷史——他們作出的選擇和這些選擇的後果——決定他們的本質。

《聖經》現在主張，有一件重大事情在上帝創造人類不久之後發生在人類身上。人類本來不是非得和現在的樣子一樣不可。他們本來可以是別的樣子。亞當和夏娃在伊甸園裡的完美形象表現出實然和應然的緊張關係，傳達出一種對於不同於我們現在的狀態的嚮往。

《創世記》的起源故事的核心是人類決定吃禁果。能夠講述選擇及其後果的能力非常重要。一個好的故事可以在略去細節和不管動機的情況下仍然扣人心弦。亞當和夏娃的故事並沒有使用「罪」、「墮落」、「撒旦」或「蘋果」這些字眼。它的可能意義的範圍非常寬廣：有些從幾乎兩千年前流傳下來的詮釋把蛇視為故事中的英雄，因為牠支持人去獲得嫉妒的上帝所拒絕給予人類的知識。就像見於幾乎所有口傳故事的那樣，它的力量繫於行動：「於是女人見那棵樹的果子好作食物，也悅人的眼目，且是可喜愛的，能使人有智慧，就摘下果子來吃了，又給他丈夫，他丈夫也吃了。」

必須有一個故事可說：這幾乎是所有古代起源神話的基本直覺，不管那神話是來自美索不達米亞、埃及、希臘、羅馬、西伯利亞、中國、美國大草原還是辛巴威。什麼發生在時間初始的事——某種決定、行為和反應——導致我們成為今日所是的樣子，而如果我們想要明白我們為什麼是現在的樣子，有必要回憶和複述這個故事。

我們知道黑猩猩（牠們和我們是近親）不會猜想黑猩猩不順服的起源，紅毛猩猩不會思考為什麼紅毛猩猩注定有一死，愛尋歡作樂的倭黑猩猩在互相梳理毛髮時，也不會講述第一隻公倭黑猩猩和母倭黑猩猩是怎樣交配。我們有充分理由對螞蟻和蜜蜂的社會複雜性表示敬畏，對寬吻海豚先進的語言理解技巧感到驚異，對鯨魚的歌聲建立起近乎膜拜的心理。但我們相信，牠們無一有一個起源故事。

人類看來是世界上唯一一種動物會問自己是何所來自，以及為什麼會是現在的樣子。我們可以把這種獨一無二性視為一種成就，一種傑出的標誌。不過那也輕易可以被認為是一種茫然的表徵，表明我們希望得到一個解釋。講述一個起源故事大概正是我們不自在的症候：我們試圖透過講一個故事來安撫自己。又大概是因為我們的物種演化得太快，導致我們走上一條自己並不完全理解的道路，因此刺激了我們思辯的、說故事的智慧。

雖然不知道說故事是從何時開始成為我們物種的專有成就，但故事的適應效用——既可以傳遞知識又可以帶來歡樂——反映出它出現得很早，早於文字的發明很久。有鑑於個人生命的短暫，五千年（人類歷史有文字記載的大約長度）看來是一段漫長時間，但和人類創作故事及對彼此講述故事的漫長歷史相比，五千年根本不值一提。猜測人類起源的故事會不會就是最早的人類故事之一？讓人印象深刻的是，小小孩有時會在沒有大人推波助瀾下有此一問：「我是從何而來？」這個問題看來是自然地自我們裡面湧起，而從我們不記得多久以前起，教士、藝術家、哲學家和科學家便如癡如狂地追尋答案。

要直到頗為近期，學者才開始系統性地搜集口傳故事，分析它們的形式和主題——最著名的是十八世紀晚期德國的格林兄弟。這些故事一直一代傳一代，可以回溯到任何活著的人的記憶之外。它們有一些極具地域性，只存在於特定的家族、世系或社群，其他則明顯跨越地理和語言的邊界。幾乎所有文化——從蒙古到奧克拉荷馬——都有至少一個起源故事，又通常不只一個。《創世記》中起源故事的種種特徵（赤身露體的男女、會說話的蛇和魔法樹）都顯示它是這些口傳的民間故事之一，出現日期比它被寫成為書面要早上許多，出自我們幾乎無法構得著的太古時代。

當我設法想像這個故事是怎樣被想像出來時，我會借助我人生中的三個場景。第一個和較近期的場景是德黑蘭以南一百五十英里的卡尚（Kashan）的一個花園。當時我被邀請到伊朗參加一個莎士比亞會議，趁機會再跑遠一點。卡尚以生產地毯聞名。小時候我家飯廳有一張卡尚出產的小地毯，我喜歡爬到桌子底下，在小地毯複雜細緻的花朵圖案上面玩耍。但到卡尚那一次，我的目的不是參觀擁擠的市場。我是想要看一看關於十六世紀晚期著名的菲恩花園（Bagh-e Fin）。

這個花園原來頗小，呈正方形，沿著一些非常直的小徑上生長著一些非常老的雪松樹，四面有磚城牆和圓形塔樓圍繞。它的主要特色是從附近天然水泉引入的水。水從一些又直又窄的渠道導進一個鋪著青綠色瓷磚的正方形水池。水池上方是一個兩層樓高的拱形亭，可供人遮陰。

為了去到那裡，我們坐了幾小時的車，穿過一個荒涼、灼熱的沙漠。極目所及看不見一片田或一棵樹，甚至沒有植被。生命的跡象就像在一紙詔書的命令下被取消了。如果世界第一個人類要為這一帶的所有生物命名，那他大有可能在幾分鐘之內就可以完成。

古代波斯語把菲恩花園之類的封閉式花園稱為 *paradaesa*。希臘語吸收了這個單字，然後我們又從希臘語吸收了 paradise（天堂）一詞。我在卡尚看見的花園當然跟亞當和夏娃誕生其中的那個環境相距甚遠，但我卻至少能夠想像，在一片嚴酷不毛之地，潺潺水流和高大樹木是如何能夠讓人產生一種神奇感和幸福感。這讓我第一次完全明白了《創世記》中的伊甸園有多麼豪華：它可是四條大河的匯聚之處。創造這個故事的人從四周的環境擷取最珍貴的成分，把它們塑造成人類最蒙福時的生活環境。從這個樂園被趕到圍在它四周的乾旱沙漠，當然是最嚴厲的懲罰。

我第二次嘗試想像亞當和夏娃的故事是怎樣被想出來，發生在幾年前，地點是約旦的月亮谷（Wadi Rum），我和妻兒短暫逗留的貝都因人營地。在那裡，太陽一下山之後沙漠就會變得相當冷。在吃過簡餐和聽過琵琶演奏後，我們迅速走到我們的小帳篷，鑽入羊毛毯子中。但每到深夜，因為喝了太多杯甜茶，我都必須起床，走到營地的另一邊小解。我亮著小手電筒走過沙地——那是一個無月之夜，火和燈籠均已熄滅，每個人都在睡覺。

當我抬起頭，看見了一個巨大得不可思議的天空。天空不只布滿星斗，還讓人感覺無比深邃。我關掉手電筒，坐在地上。我固然常常有機會睡在離城市有一段距離之處，但那些地方仍然無法避免受到城市光線的影響。這一次卻是沒有一丁點光害的干擾，讓人感受到宇宙的巨大無朋和星辰的無以數計，產生出一種比身體需要還要強制性的需要：想要理解我們是誰和何所來自。

我第三個嘗試是借助對我最早的童年回憶。我和媽媽在波士頓家裡，坐在小桌子旁邊。當時是夏天，窗戶打開著，從附近的法蘭克林．帕克動物園會突然傳來獅吼聲和雀鳥的吱啾聲。媽媽說了一個為我而編的故事。故事主角的名字和我的很像，但又不完全一樣。他是一個快樂和受保護的小孩，但被嚴格禁止做一件事：不可以試圖自己穿越西佛街，進入那個聲音對他充滿誘惑力的動物園。但他真的會聽話嗎？

《聖經》記載，當一口氣被吹入第一個由土所造的人類的鼻孔時，他活了起來。這個神話說法潛藏著一個重大真理：在無比遙遠過去的某個時刻，說故事人的一口氣讓亞當獲得了生命。

第2章

在巴比倫的河邊

By The Waters of Babylon

在夏威夷的大島上，熔岩會從火山的裂隙中噴發出來。你可以走過扭曲、冷卻的黑色熔岩塊，去到山崖邊緣，觀看火熱的岩漿一路往下流，嘶嘶響地落入海中。你可以感覺自己是置身在天地初開之時。但世界當然早已存在，而你也知道這一點。創世故事的重點在於沒有人可以聲稱曾經目擊創世的過程，或聲稱自己是從某個當時在場的人的記憶獲知經過。

我們不可能知道是哪時候第一次有人大膽想像宇宙和人類如何誕生。我們無法知道誰是第一個構思出伊甸園或赤裸男女或禁果的人。我們知道必然有一個靈感乍現的時刻，卻無從回到那時刻。它已經永遠從我們的手中溜走。

同樣地，曾經有過一個時刻，有人第一次決定要把這故事寫下來。但我們也是無法回到該時刻，無從知道作者是男是女，無從知道寫作的地點或環境或所用的語言，無從知道確切或大約的年代。有些學者認為，《創世記》的一個版本最早可能是在所羅門王時代寫下，其他版本則是在他後繼者的統治時期以書面的形式流傳。由於已經沒有絲毫手抄本的痕跡流傳下來（全都毀於火災、水災和時間的利齒），所以這種年代猜測非常具臆測性。我們找到最接近歷史起點的時刻，是創世故事終於被寫入《創世記》的時刻。這個時刻的精確日期和環境並不確定，但神祕的迷霧已慢慢開始散去。

今日大多數學者相信我們現在認識的《創世記》成書於西元前六世紀，認為《摩西五經》大概是在西元前五世紀編集而成，約略相當於以斯拉（Ezra）和尼希米（Nehemiah）的時代。不過這種看法仍然充滿不確定性。自十八世紀以來，《聖經》歷史的每一英寸領土都受到激烈爭論，任何我或比我博學的人所說的任何東西都會受到其他人反對，而且往往是激烈反對。但不管怎樣，無論亞當和夏娃的故事最早起源於什麼時候，它最後都成為聖典《托拉》的一部分，而《托拉》的作者據說是摩西。對於此說，人們自然會產生一個疑問：摩西怎麼知道發生在伊甸園裡的事情？那些事情發生的時代畢竟要比他自己的時代早上非常多。對此，嚴格認定亞當故事是真人真事的人回答說：摩西是從一代代人的口耳相傳得知其事。這些「一代代人」包括了挪亞之後的所有世代，又可以從挪亞一路上溯至亞當的三子塞特（Seth）。《聖經》的「生」（begat）構成這些世代的一份清單❶，其源頭可溯至時間的起始。早期人類族長的極端長壽——例如瑪土撒拉（Methuselah）被說成享壽九百六十九歲，這很方便地讓《聖經》世系表中的環節大為減少。

由於故事總是會在不斷複述中改變面貌，為保險計，《托拉》又被說成是上帝口授、摩西執筆，至少是摩西寫作時受到上帝的靈指引。這個靈保證了不會有任何錯誤潛入創世的故事裡。寫於西元前二世紀的《禧年書》（*Book of Jubilees*）在企圖保障《托拉》的真實性時走得更遠。它宣稱上帝在西乃山上交代一個天使向摩西憶述天地初開的經過——這天使在上帝創造天地時是目擊者，也曾目睹發生在伊甸園裡的事件。摩西所做的只是把天使無懈可擊的忠實回憶

❶譯註：《聖經》常常用「誰生誰」（例如「亞當生塞特」）的方式來交代父子關係。

筆錄下來。①

但是《禧年書》之類作品的言之鑿鑿，更多是一種缺乏自信的徵兆（現在只有東正教會把《禧年書》列入正典）。它們顯示出，至少有一部分讀到伊甸園故事的人懷疑它的可靠性。他們想要知道它在多大程度上可信，又或大概是他們意識到，它是起源於讓人更加熟悉的說故事領域，即天馬行空想像的領域。

畢竟，《托拉》本來大可以展開於一個遠為顯然和可靠的歷史關鍵時刻：第一個猶太人而非第一個人類的起源時刻。「耶和華對亞伯蘭（Abram）❷說：你要離開本地、本族、父家，往我所要指示你的地去。我必叫你成為大國。我必賜福給你，叫你的名為大。你也要叫別人得福。」（《創世記》12:1-2）②不過《托拉》卻沒有這樣做，而是展開於比有任何可能歷史紀錄之前更早的事件：宇宙和人類的被創造。想了解為什麼對猶太人來說讓他們的聖典始於天地初開是那麼重要，就必須先了解那降臨在他們身上的災難。

在古代世界，隨著亡國而來的往往是集體屠殺，但巴比倫帝國的統治者尼布甲尼撒二世（Nebuchadnezzar II）卻認為，把被征服者俘虜回國是更明智的做法。當小小的猶大王國（由一個叫「大衛家」的德隆望尊王朝統治）在西元前五九七年向尼布甲尼撒的軍隊投降之後，他在耶路撒冷建立了一個傀儡政府，又把大量希伯來人（包括被推翻的國王和他的朝臣）擄至巴比倫。《詩篇》第一三七篇傳達了這些流人的後代的哀愁、思鄉心切和憤怒：「我們曾在巴比倫的河邊坐下，一追想錫安就哭了。」③

做為尼布甲尼撒最新勝利的活見證，希伯來流人提供了他的龐大建設雄心所需要的勞動力。經歷一段長時間的衰頹之後，巴比倫此時重新崛起。有許多灌溉渠需要挖掘，有許多田疇需要照顧，有許多葡萄藤需要修剪，有無數的磚頭需要烤製，有金字形神塔和宮殿需要築造。希伯來人不是唯一在勞工隊伍中流汗和對祖國朝思暮想的流人。和他們一起勞動的有亞述人、米底人（Medes）、西徐亞人（Scythians）和埃及人，還有因為債台高築而淪為奴隸的土生土長巴比倫人。戰敗和債務在巴比倫產生出一種奴役世界主義（servile cosmopolitanism）。

這座位於幼發拉底河河邊的城市，富有、繁忙、具有文化多樣性和出了名的漂亮。它的兩個傳奇性建築項目——巨大的城牆和空中花園——名列世界七大奇蹟。④它金碧輝煌的伊什塔爾城門（Ishtar Gate）——今日在柏林的別迦摩博物館獲得復原——見證著巴比倫城的輝煌壯盛。即使希伯來人在巴比倫並不感到自如，他們也沒有完全陌生的感覺，因為他們相信美索不達米亞的這個部分在遙遠的古代是他們的祖居地。猶太信仰的奠基人物亞伯拉罕的人生開始於吾珥（Ur）附近，所以回歸這個根源並不會讓人人都覺得難以忍受。因此，當返回猶大的機會

❷譯註：即亞伯拉罕。

終於來到，有很大數目的希伯來人選擇留在巴比倫。從被擄時代一直到二十世紀的伊拉克，美索不達米亞一直有一個興旺的猶太社群。

對幼發拉底河河畔的虔誠希伯來人來說，最大的挑戰不是放棄耶和華。耶和華長久以來都是他們的主神和保護者。偶爾，他們會被誘惑去敬拜其他神，所以耶和華才會反覆告誡他們：「除我以外你們不可有別的神。」不過在大部分時候（包括艱困時期），他們都能夠把耶和華放在首位，按照耶路撒冷聖殿的儀式和獻牲方式敬拜祂。

這些儀式在猶大向尼布甲尼撒投降後有十年時間維持不變。然後發生了另一場災難：被巴比倫人立為王的希伯來通敵者西底家（Zedekiah）愚不可及地發動了一次反對主人的起義。巴比倫軍隊包圍了耶路撒冷，而曾答應要幫助希伯來人的埃及人並沒有出現。巴比倫人持續圍城，導致饑荒、疾病和逃兵，最後城牆被攻破，巴比倫部隊一擁而入。在尼布甲尼撒的命令下，巴比倫人對耶路撒冷進行了大肆破壞，聖殿、宮殿和其他公共建築付之一炬，夷為平地。大祭司、他的主要助手和許多領導性人物被處死。西底家幾個兒子在父親面前被處決，他自己被挖去雙眼，遭上鏈帶走。再一次，有一大批希伯來人被擄走，加入到那些在巴比倫已經待了十年的流人的行列。幾年後，隨著巴比倫總督遇刺，有更多人口從這個臣服的省分被押走。希伯來民族分崩離析。

聖殿遭到了摧毀，廢墟看來無言地見證著耶和華不願意或者無能保護祂的選民。祂在西元前五九七年和五八七年的兩次丟臉失敗，想必證明了那些不虔誠希伯來人對於他們族神的想法：耶和華是祭司杜撰出來的假貨，是集體想像力的虛構，又或者是一個弱雞，一個輸家的神。嘲諷的聲音受到壓制（《聖經》畢竟是從虔誠者的角度下筆），但它們仍然留下了痕跡。《詩篇》第十四篇一開始說：「愚頑人心裡說：沒有上帝。」這些人大概真的是愚頑，但人數顯然很多，所以《詩篇》的作者才會想要引用他們的話，攻擊他們。

事情又怎會是別的樣子呢？民族災難除了帶來了悲哀，還帶來了懷疑和反諷：耶和華並不存在；耶和華並不在乎希伯來人死活；耶和華被巴比倫的主神馬爾杜克（Marduk）決定性地擊敗。在耶路撒冷陷落和大量希伯來人被擄走之後，懷疑者想必對於虔誠信徒的禱告很火大，因為他們竟然向一個在戰鬥任務中失蹤的神祈求幫助。反之，懷疑者的嘲諷想必讓虔誠者覺得難以忍受。《詩篇》第二十二篇的說話人如此道：「凡看見我的都嗤笑我；他們撇嘴搖頭說：『他把自己交託耶和華，耶和華可以救他吧！耶和華既喜悅他，可以搭救他吧！』」（22:7-8）如果沒有搭救在望，如果有的只是持續的羞辱和嘲諷，那要怎麼辦？對於被擄到巴比倫的虔誠信徒來說，這是一種痛苦的心理煎熬。耶和華在哪裡？幾個世紀之後，這種可怕的被遺棄感在另一個等待處決的悲苦猶太人心中湧起，他因此引用了《詩篇》第二十二篇的起句：「我的上帝，我的上帝！為什麼離棄我？」

為了對抗絕望，希伯來人大可以告訴自己，他們遇到的災難都是耶和華對希伯來人拒絕順服的懲罰。但他們中間的懷疑者輕易就會搖頭，認為這是一種可憐兮兮的自我安慰。雪上加霜的是，不管是虔誠者和懷疑者，都受到巴比倫人讚美自己神明的詩歌包圍。希伯來流人每日都會看見金碧輝煌的埃薩吉拉神廟（Esagila）和巨大的七層金字形神塔埃特曼安吉（Etemenanki）。多年後希伯來人在回憶這兩座令人目瞪口呆的建築時，將會把它們重新詮釋為驕傲和狂妄的表徵，用巴別塔（Tower of Babel）的意象加以表達。

埃薩吉拉和埃特曼安吉都是尼布甲尼撒為了尊榮暴風神馬爾杜克而改建。長久以來都是巴比倫城的守護神，馬爾杜克變得極威望高聳，乃至信徒都不敢直稱他的名諱，只稱他為「彼勒」（Bel），意指「主」。馬爾杜克被高揚為宇宙的主人，他現在處於一個可以吸收所有敵對神明力量的位置。從他位於埃薩吉拉的聖所和位於埃特曼安吉眩目圓頂上的黃金神龕，馬爾杜克的神像俯視著命運由他控制的萬民。

每一年，巴比倫人都會為馬爾杜克慶祝盛大的新年節日。其他神的神像會從各自的神龕取下，組成一支盛大巡遊隊伍，前往馬爾杜克的神廟向這位城市的保護神致敬。節日的第四天，在國王的領導下，是對聖書的莊嚴肅穆朗讀。這聖書稱為《埃努瑪．埃利什》（*Enuma Elish*），刻寫在泥版上，年代極其古老，記載著美索不達米亞人的起源故事。它講述，太初有性❸：一條溪水——神明阿普蘇（Apsu）的化身——急速流入大海——女神提阿瑪特（Tiamat）的化身。從這次太初的交媾，巴比倫神話中的其他眾神就像沉積在河口的淤泥那樣形成了。⑤

但這個故事沒有把生殖視為毫無雜質的美事。正相反，它聚焦在聒噪兒女所引起的父母的盛怒。被新創造的眾臣吵鬧得讓人無法忍受，阿普蘇因為無法休息，最後決定摧毀自己的後裔。雖然提阿瑪特的安靜也受到騷擾，但她建議忍耐：「什麼？難道我們要摧毀自己兒女嗎？」但阿普蘇堅持己見。他渴望得到安寧，如果這表示他必須殺死兒女，他在所不惜。眾神得到了風聲。他們大部分人不知所措，陷入絕望。但他們中間最聰明的一個——稱為埃亞（Ea）或恩基（Enki）——成功逆轉被摧毀的命運。他誘使父親睡著，將其殺死。

所以太初除了有性，還有謀殺。在《埃努瑪．埃利什》中，這起最早的謀殺沒有受到譴責，反而受到歌頌。它標誌著生命的精力和噪音戰勝了睡眠和寧靜。⑥不過，在慶祝這勝利時，巴比倫人並沒有否定休息的價值。埃亞把自己的宮殿蓋在被殺的父親的身體上，然後深居其中：「在他的寢宮中，在深邃的安靜中，他休息了。他稱這寢宮為『阿普蘇』。」所以，被征服的創造者的名字繼續存在——存在於得勝兇手給予自己休息之處的命名。

不過完全的安寧並沒能維持很久。現在輪到母親提阿瑪特變成威脅。其他神明都惶恐萬分（因為他們的母親準備摧毀他們），但埃亞的兒子馬爾杜克挺身而出，表示如果他們向他效忠，他就會救他們的命。眾神答應了。就像埃亞殺死了最早的父親阿普蘇那樣，馬爾杜克解決了最早的母親提阿瑪特：

> 他把她像是要曬乾的魚那樣剖成兩半，

❸ 譯註：這句話是仿「太初有道」。

一半用作穹蒼。
他拉長皮革，設置了守望者，
囑咐他們不可讓水溢出。

再一次，兇手沒有受到譴責，反而獲得讚揚；再一次，被殺者的屍體受到善用：她的身體被劈為兩半，上半部的水體被造成天空，下半部的水體被用來為大地鋪墊。⑦

得到大勝之後，馬爾杜克的心催促他為被他拯救的眾神「創造一些人為事物」。年輕的眾神不願意幹粗活，他們也想要休息。「我將要合成血液，我將要拼製骨頭……我將要創造人類。」⑧馬爾杜克宣布說。人類——《埃努瑪．埃利什》稱他們為「盧盧」（Lullu），意指「黑髮人」⑨——於是被造了出來，得要不停的勞動。透過建造神廟、挖掘灌溉渠、種植穀物、獻祭和唱讚美歌曲，他們讓諸神可以輕鬆生活，享受人生，因此實現了最高神馬爾杜克的心願。⑩

在西元前六世紀，當一代又一代希伯來流人年復一年被迫聆聽《埃努瑪．埃利什》的朗讀時，它的歷史業已極端古老。它的高壽讓它分享到了一些其他美索不達米亞人類起源故事的特殊威望。這些故事的其中一個稱為《阿特拉哈西斯》（*Atrahasis*），講述一場曾幾乎摧毀全人類的太古大洪水。⑪另一個故事《吉爾伽美什》（*Gilgamesh*）講述一個半人半神的英雄對一個用泥造出來的人類的愛。這些故事裡都有各種神明，但耶和華卻不在其中，更不用說是做為他們的主人。這些故事都有講述創造人類的過程，但被造的人類卻不是叫亞當和夏娃，也不是希伯來人的無上創造主所造。希伯來流人大有理由熱烈接受巴比倫人的信仰而放棄自己外省性、地方性和被打敗的神。不過他們——至少是他們中間虔誠的那些——卻激烈執著於對祂的記憶：「我們曾在巴比倫的河邊坐下，一追想錫安就哭了。」《詩篇》第一百三十七篇傳達的悲慼不是和任何明顯的壓迫有關，其中沒有任何關於在烈日下和在嚴厲監工揮鞭監督下進行勞動的描寫。相反地，勝利者只是要求被征服者唱一首歌：「因為在那裡，擄掠我們的要我們唱歌，搶奪我們的要我們作樂，說：『給我們唱一首錫安歌吧！』」在《詩篇》作者看來，為了娛樂征服者而表演自己的文化最是讓人無法忍受。那看來是一種對記憶的侵犯，是一種自我的最高喪失：

> 我們怎能在外邦唱耶和華的歌呢？耶路撒冷啊，我若忘記你，情願我的右手忘記技巧！我若不記念你，若不看耶路撒冷過於我所最喜樂的，情願我的舌頭貼於上膛！

征服者也許會以為，唱一首錫安的歌可讓被征服者對祖國有一個快樂的回憶。《詩篇》作者激烈否定這種想法，暗示用這樣的方式回憶形同遺忘。為什麼呢？因為那樣是屈從勝利者的願望，因為那樣會把強烈秉持的信仰念兒戲化，因為那樣是承認希伯來人的信仰有可能和被希伯來人視為神聖的地點分開（該地點已經被征服者摧毀）。大概也是因為巴比倫文化（它的地景和建築、豐富的歌曲和故事，還有它的暴風神馬爾杜克）的魅惑力非常強烈，以及是因為希伯來人不自在地意識到自己在很大程度和在很多方式上受到巴比倫文化的形塑。

這樣一種意識——意識到自己不願意被巴比倫文化影響卻又逃不過這種影響力——也許就是《詩篇》第一三七篇結尾處何以會奇怪地表現出暴戾之氣的原因：

> 耶路撒冷遭難的日子，以東人說：「拆毀！拆毀！直拆到根基！」耶和華啊，求你記念這仇！將要被滅的巴比倫人女兒們啊，報復妳們像妳們待我們的，那人便為有福！拿妳們的嬰孩摔在磐石上的，那人便為有福！

這種怒氣的突然勃發至今仍然讓人震撼。希伯來流人前一刻還坐在河邊哭泣，想念祖國，但在下一刻他們卻夢想把巴比倫嬰兒砸死在石頭上。讓抑鬱心情轉化為謀殺念頭的樞紐正是對耶路撒冷被摧毀的回憶。希伯來人想必清楚知道，夷平聖殿的命令不是出自巴比倫人的女兒們，而是尼布甲尼撒和他的將軍尼布撒拉旦（Nebuzaradan），但他們的怒氣還是要發向巴比倫的整個文化和全部人民。

戰勝的巴比倫人想聽他們的奴隸唱一點點歌曲。《詩篇》一三七篇的結尾表達出最赤裸裸的憎恨，而這憎恨是從被打敗的人民的沸騰仇恨湧起。詩歌的開始表現出一種拒絕的姿態（流人把他們的琴掛在了柳樹上），然後，在心情轉為哀怨後，它給巴比倫人唱了一首歌，但不是用來討巴比倫人歡心的歌。他們渴望殺死巴比倫嬰兒的夢想是取自他們對災難和自感脆弱的回憶，以此想像他們用暴力對付比自己更脆弱的人[4]。[12]

「巴比倫之囚」（The Babylonian Captivity）持續了幾十年。它本來一定看似沒有盡頭。老的一批流人死了，他們在西元前五九七年時還是小孩的兒女變老了，再下一代的子孫只見過金字形神塔，不知道自己曾經有過一座宏偉聖殿。希伯來流人保留希伯來語做為民族語言，但他們一般講的是亞蘭語（Aramaic）——亞蘭語與新巴比倫語同為巴比倫的兩大日常語言。他們和他們的俘虜者之間並沒有語言藩籬，而對那些出身好的希伯來人來說，他們和俘虜者之間更是只有低度社會藩籬。巴比倫人允許上層階級的希伯來流人在宮廷任職。[13]一些更有學問的流人也許還懂得舊阿卡德語（Old Akkadian）、舊巴比倫語，甚至蘇美語——這些古老語言都為尼布甲尼撒的王國的宗教儀式所使用，也是巴比倫書吏用來保存他們人民的神聖故事。不管希伯來人對他們四周的一切歌曲、節日、民間傳說和神話感到入迷還是反感，他們都不可能把它們當成不存在。

然後，巴比倫帝國非常出人意料地突然瓦解。尼布甲尼撒死後發生了繼位之爭，國力削弱。同一時間，一個真的危險威脅正在逼近：鄰國波斯在居魯士（Cyrus）的領導下崛起。西元

[4] 譯註：指嬰兒。

前五四七年，居魯士征服了無比富有的呂底亞國王克羅瑟斯（Croesus），接著南征美索不達米亞。西元前五三九年十月十二日，巴比倫向波斯人投降。居魯士是個狡猾的政治家，他除了向馬爾杜克致敬，還解放被擄的希伯來人，准許他們返回故國。

在虔誠的希伯來人看來，在被放逐那麼多年之後能夠返回故鄉，居魯士必然只能是他們的神選中的代理人。耶和華在《以賽亞書》（Book of Isaiah）中談到居魯士時這樣說：「他是我的牧人，必成就我所喜悅的，必下令建造耶路撒冷，發命立穩聖殿的根基。」（44:28）波斯征服者也許會驚訝於發現自己成了從未聽過的神明的工具，不過在以賽亞的想像中，耶和華直接向居魯士說明情況：「我是耶和華。在我以外並沒有別神，除了我以外再沒有神。你雖不認識我，我必給你束腰。」（45:5）

返回耶路撒冷的希伯來流人進行了重建聖殿的浩大工程，讓他們能夠恢復對耶和華獻祭的古代儀式。（時至今日，耶路撒冷的訪客站在西牆旁邊看見羅馬人在西元七〇年推倒的大石塊時，仍然可以一瞥這聖殿當初的規模有多巨大。）[14]但光是重建聖殿並不能讓他們滿足。他們也展開了一趟浩大的知識工程，要把龐雜的檔案和紛紜的故事匯編為一本聖典。

有超過一千年時間，希伯來人都沒有一部單一的、集體的聖典。但在巴比倫的時候，他們反覆聽到《埃努瑪·埃利什》的朗讀，把它對馬爾杜克的讚美和對第一批人類被創造的記述深印腦海。放逐的創傷——連同文化記憶消失的威脅——也許就是促成希伯來人把讓他們賴以成為希伯來人的故事和律法集中起來的原因。因為正是在巴比倫，我們現在所知道的《聖經》開始發芽生根。

文士以斯拉（Ezra the scribe）——他是其中一個返回耶路撒冷的流人大群體的領袖——道出了編集一本聖典這個決定背後的恐懼：希伯來人「沒有離絕迦南人。」（《以斯拉記》9:1）早在被虜之前，害怕被迦南人污染便是一大主題。先知們憤怒地指出，對耶和華的敬拜和一些被他們視為可憎的宗教習尚攪和在一起。⑮七十年的放逐只讓情況更加嚴重。希伯來人已經採納了異族的習俗、信仰和服飾，把對別的神明的祭拜摻雜到對耶和華的崇敬中。最有威脅性的是他們已開始異族通婚。

根據以斯拉，猶太人回到的土地「是污穢之地。因列國之民的污穢和可憎的事，叫全地從這邊直到那邊滿了污穢。」（9:11）以斯拉痛哭流涕，撕裂自己的衣服，發起了一場反對異族通婚的鬥爭。當種族清洗最終完成，外族妻子和小孩被遣送完畢之後，他把人民聚集在他面前，站在一個木壇上，打開一本書，開始大聲讀出來。

當警告和譴責並不足夠的時候你要怎麼辦？你要怎樣制止不斷沿著商路進入的新宗教？光是把被你視為可憎的祭壇推倒是不夠的。這種做法相對容易，特別在一神教的信仰熱情正在上升的時候。但被打壓的信仰會像野草一樣再次冒出來。你是可以在一陣仇外的熱潮中把異族的妻子和孩子遣送走，但這樣做的情感代價必然相當高，一些年之後也必然會有更多的異族妻子和孩子，以及出現一些更有魅惑力的異族信仰。你要怎樣把這些受到深信的信仰連根拔起？

方法是改寫故事。

建立不受污染的文本——這種夢想是抵抗周遭異族強大文化的努力的一部分，藉此拒絕承認他們的神明、棄絕他們的崇拜形式和否定他們對世界的說明。這個夢想甚至有可能在返回耶路撒冷之前便開始，當時希伯來人仍然在巴比倫人的河邊哭泣。這聖典的一些重要部分——比如說亞當和夏娃的故事或亞伯拉罕和以撒的故事——也許早就有了書面形式，以獨立的方式流傳了幾個世紀。把這些部分集結在一起可以做為被摧毀的聖殿的代替品。不管怎樣，在猶太人的漫長歷史中，這就是他們的聖典《托拉》所扮演的角色。

《托拉》有助於把希伯來人——一個佔據著一片非常易攻難守領土的部族——轉化成為猶太人。先知們早已期待著一份新的聖約，這聖約不是耶和華與民族締結，而是耶和華與個人締結。[16]馬爾杜克也許看似天下無敵，但他離不開他保護的城市和他支持的國王。當城牆倒塌和國王被推翻時，巴比倫便會淪為狐狸和豺狼的巢穴，馬爾杜克便會跌落神壇。在眾先知的心目中，這樣的時刻無疑正在來臨。當這樣的事情發生時，猶太人將會繼續存在。他們將會擁有一本聖典：不是跟某個城市及其祭司與國王命運相繫的深奧小冊子，而是為全人類記錄全能創造主耶和華的行為的集體寶藏。他們在希伯來語中將會被稱作「經書之民」（*Am HaSefer*）。[17]

大多數學者同意，做為一整體的《托拉》是在西元前五世紀第一次編輯而成，但又何謂「編輯」？那表示一個或以上的編者把流傳下來的多種不同材料加以對比、校勘、刪削、增補、調和，盡其所能把它們編織在一起。[18]沒有人知道這些編者是誰、有多少人，以及是由誰選出。沒有人知道這些編者之間是不是存在互相競爭的派系，或是不是有一個中心人物負責仲裁不同意見和做出最後決定。也沒有人確知，編者們參考和組合了多少材料（包括民間傳說、神話、世系表、編年史、法典、書信和部族檔案等等）。

一八八三年，三十九歲的德國教授威爾豪森（Julius Wellhausen）出版了《以色列歷史導論》（*Prolegomena zur Geschichte Israels*）一書。雖然書名平平無奇，卻馬上引起轟動。威爾豪森是路德派牧師之子，他在《以》書中技巧地總結了《聖經》學者之間一些越來越強烈的公式，指出不管摩西在西乃山得到什麼啟示（這事件被拉比們定年在西元前一三一二年或一二八〇年），《托拉》都不是出於單一個人手筆。威爾豪森推出所謂的「底本假設」（the documentary hypothesis），分離出《托拉》的四層不同的資料來源。它們各有自己的特徵、關注和稱呼上帝的方式，每個都是出現在古代以色列歷史發展的不同時期，每個都是回應不同的壓力，代表著不同的機構利益和神學觀念。

威爾豪森假設，「耶和華材料」（Jahwist）是最早的資料來源，年代為西元前九五〇年前後。接著是「伊羅興材料」（Eloist），年代為西元前八五〇年前後。他認為，「耶和華材料」和「伊羅興材料」在比較早期便被編織在一起。他推測，「申命記材料」（Deuteronomist）成於西元前六〇〇年前後，「祭司派材料」（Priestly）成於西元前五〇〇年前後。他認為，《創世記》把「耶和華材料」（更精確的說法大概是「耶和華材料」和「伊羅興材料」的融合）和「祭司派材料」湊合在一起。

現在極少學者會否認最早人類的故事和整部《創世記》有著一個以上的資料來源。讓這一點一下子就變得明顯的是，在《創世記》第一章，上帝被稱為「伊羅興」（Elohim），但在第二和第三章卻被稱為「耶和華．伊羅興」。不過自此而下，我們就進入了一片極為艱難的地形，在其中，每座小丘和每個壺穴都受到激烈爭論——幾乎常常都是基於極為專門的理由。不過，就算有關《聖經》的一切爭論都已經擺平，學界愉快地能夠建立一致的共識，我們仍然會受到一件事實的為難。那就是幾千年來，亞當和夏娃的故事都不被認為是不同的線股交織而成，而是一個單一的故事——一個讓男男女女入迷、困擾和感動的故事。

除了在信徒的圈子之外，認為《創世記》第一章裡的創世故事是由摩西寫下的說法已經沒人相信。不過這個虔誠的信念有一個很大的優勢，那就是很難讓人相信，這麼有力和持久的藝術作品是由一群編者共同完成。[19]不錯，至少有兩層資料來源可以在開頭幾章發現，但我們為什麼就要因此害怕認定它們有一個作者呢？當莎士比亞坐下來寫《李爾王》（*King Lear*）的時候，他面前擺著傑弗里（Geoffrey of Monmouth）的《不列顛諸王史》（*History of the Kings of Britain*）、霍林斯赫德（Holinshed）的《編年史》（*Chronicles*）、哈里遜（Harrison）的《不列顛島的歷史描述》（*Historical Description of the Island of Britain*）、希金斯（Higgins）的《治安官的鏡子》（*The Mirror for Magistrates*）、史賓賽（Spenser）的《仙后》（*Faerie Queene*）、西德尼（Sidney）的《阿卡迪亞》（*Arcadia*）和作者匿名的《李爾王和三個女兒的真實編年史》（*True Chronicle History of King Leir and His Three Daughters*）。仔細觀察的話，我們是可以在《李爾王》裡找到這些資料來源的斷層線和緊張關係。然而，我們會有片刻認為莎士比亞不是這齣偉大悲劇的作者嗎？難道我們會把莎士比亞稱為《李爾王》的編者嗎？

那個想要為希伯來人建構一個不同於巴比倫人創世故事的作者（或編者）面前也許擺著一個以上的資料來源；他也許記憶裡儲存著其他老故事；他也許會向同事尋求建議或支持或批評。這一切都不會讓人驚訝，因為沒有事情是沒有出處的。但到最後，總要有一個人——為方便計我們稱之為《創世記》說故事人——把各種不同的方塊拼在一起，寫出希伯來人版本的創世故事。在那個故事中，亞當和夏娃——不管他們最早是在什麼時候被構想出來，也不管他們在早前世紀是什麼樣的地位——有了自己的生命。他們是耶和華無上權力的一個證明。

耶和華不是一個地方神。《創世記》說故事人斷言，祂是宇宙萬有的創造者，無所不在和無所不能。這表示最早的人類必然是由祂創造，一如耶路撒冷的被摧毀和希伯來人的被放逐必然是出於祂的意志，是要以此懲罰他們的不順服。隨之而來的一個邏輯推論便是，尼布甲尼撒不過是上帝手中一件工具。巴比倫人佔領耶路撒冷和夷平耶和華的聖殿這兩件事情，絕對地證明了耶和華的力量，因為世界上最大帝國的存在只是為了執行希伯來人上帝的管教目的。

對懷疑者來說，這種主張大概是可憐兮兮和近乎可笑，是把失敗的最顯然證據吹噓為全能的證明。然而夠奇怪的是，這卻是一種在歷史上得勝的立場。不只在猶太人中間是這樣，在基督徒中間也是如此，他們把猶太人的論證帶到一個更高的層次。他們的全能救主就像奴隸和罪犯那樣被揍、被吐口水和被處決，但這種悲慘命運被認為正好證明了他已實現全能天父的安排。

擁有這樣絕對權力的神——祂能夠把尼布甲尼撒用作工具——除了是宇宙的主人也必然是宇宙的創造者，除了是眾神之首也必然是唯一真神，除了是猶太人的創造者也必然是全人類的創造者。所以在「巴比倫之囚」結束後被精采地編織在一起的《希伯來聖經》不能只是展開於亞伯拉罕和希伯來人的源頭。它必須從亞當和夏娃講起。

第3章
泥版

Clay Tablets

不管是相信亞當和夏娃的故事還是視之為荒謬的虛構，我們都是按照它的形象被造。❶許多個世紀以來，這個故事形塑了我們思考罪與罰、道德責任、死亡、痛苦、工作、休閒、同伴情誼、婚姻、性別、好奇心、性愛和我們共有的人性的方式。如果歷史朝一個不同的方向發展，如果《埃努瑪．埃利什》、《阿特拉哈西斯》和《吉爾伽美什》成為了我們的起源神話，我們毫無疑問會被塑造成為不同於我們現在的樣子。我們沒有變成那個樣子乃是有著重大後果。

就像《聖經》一樣，我們現在讀到的美索不達米亞作品幾乎斷然歷經許多世紀的口耳相傳。不過就連這些偉大敘事的書面記錄，其出現時間都可以回溯至極古老的時代，遠比《希伯來聖經》任何現存痕跡久遠許多。古代美索不達米亞第一次有人想要把創世神話寫下來是在什麼時候，我們並不清楚，但它們有一些流傳至今的斷片是成於近四千年前。

早期人類的大部分思辨天才已經永遠遺落。但在這些異乎尋常的作品中，就像是有一口脆弱的氣息——遠古時代那些好奇人類為什麼是人類樣子的人的氣息——神奇地留下了痕跡。這些痕跡能夠流傳下來，既和它們的發源地有關，也和它們賴以記錄下來的媒介有關。它們的發源地是底格里斯河和幼發拉底河的沖積平原，在那裡，靠著精耕密作農田的維繫，出現了有大量人口聚居的城市。讓它們賴以被紀錄下來的，是刻寫上記號然後在太陽底下曬乾或在窯裡烤乾的濕泥版。

寫在泥版上的文字是音符和意符的結合所構成。寫它們的時候，用一根削尖蘆葦的尖端壓入潮濕的泥土中，留下楔形圖案。因為「楔」的拉丁文作 *cuneus*，所以這種字體被稱為 *cuneiform*，即楔形文字。它一度受到蘇美人、阿卡德人、巴比倫人、亞述人、西台人（Hittites）和其他美索不達米亞族群廣泛使用，但後來漸漸被較早期和較容易書寫的拼音性質文字取代。到了羅馬人控制這地區的時代，楔形文字早已被廢棄不用。已知最後一篇楔形文字作品是成書於西元七十五年的天文學著作。不多久之後，楔形文字變得完全無人能夠解讀。

當泥版就像不再能讀取的磁碟片那樣沒有人讀得懂，《埃努瑪．埃利什》、《阿特拉哈西斯》和《吉爾伽美什》就陷入了一個無夢的睡眠。這樣的事情並不是一下子發生：它們一定還流連於那些在金字形神塔聽過大聲朗讀創世記載的人的記憶裡。不過，隨著被征服的巴比倫和美索不達米亞其他城市淪為廢墟，古代的故事逐漸不再有人講述。當它們消失之後，這些故事對它們軌道中每個人的想像力的影響力亦告消失。

回歸故國的耶和華追隨者在編聖典時並不打算承認自己曾受惠於巴比倫人的神話。正好相反，他們決心要擦拭掉所有帶著一絲「可憎」痕跡的東西。這種擦拭——一種大規模的集體遺忘行為——基本上取得成功。隨著一個又一個世紀過去，我們對巴比倫和其鄰近城市的所知越來越少，到最後僅知道《聖經》告訴我們的那些事情。根據《聖經》，馬爾杜克是個木石偶

❶ 譯註：這裡是仿《創世記》所說的，人是按上帝的形象被造。

像，只有蠢才才會相信。根據《聖經》，尼布甲尼撒變成了一個發瘋的暴君：「他被趕出離開世人，吃草如牛，身被天露滴濕，頭髮長長，好像鷹毛；指甲長長，如同鳥爪。」（《但以理書》4:33）後來，他恢復神智，謙卑地承認耶和華的無上權威。

拜一個馬爾杜克祭司貝若蘇（Berossus）之賜，有一小部分巴比倫宗教的資訊被保留了下來。貝若蘇活躍於西元前三世紀早期，是個有天分的天文學家，被認為是半球形日晷的發明者。他還用希臘文寫了一部《巴比倫尼亞史》（*History of Babylonia*）。這部著作後來佚失，但部分內容被摘錄在兩個後起歷史學家的作品裡。他們的作品後來又佚失了，但消失前受到兩個更後起的歷史學家引用。他們的作品一樣也佚失了，但消失前受到西元三世紀的該撒利亞主教優西比烏（Eusebius）引用。優西比烏的希臘文著作接著佚失，但它的一個亞美尼亞譯本流傳了下來。讀過優西比烏著作的早期基督徒也許會注意到，古代巴比倫人有著一個和《創世記》有幾分相似的創世神話。當然，有鑑於這個資訊的流傳過程極不可靠（經歷了三手轉述和一次翻譯），完全有理由認為所謂古巴比倫人的創世神話只是抄襲《創世記》。畢竟，後者被認為要古老得多，而且被認定是事實記載。

所以，隨著物換星移，《詩篇》作者最愛戀的一個夢想得以成真。不再有任何人膜拜馬爾杜克或巴力（Baal）或厄勒（El）——後兩者是西閃族的暴風神。他就像伊絲塔（Ishtar）、沙瑪什（Shamash）、阿舒爾（Ashur）和無數其他被征服的神明一樣已經死亡。（「馬爾杜克」在今日主要是瑞典一個重金屬樂團的名字。）在經歷暴力征服、無情劫掠和漫長忽略之後，巴比倫與鄰近城市僅剩下的只是巨大的土堆。只有偶爾冒出地面的一根折斷圓柱或一個無頭人像暗示著那裡曾經有過些什麼。

不過，靠著一個奇怪的轉折，那些曾經摧毀古代文明大量歷史記錄的災難卻也無意中促進了這些記錄的保全，因為當美索不達米亞的大城市在戰爭和入侵中被付之一炬的時候，藏於圖書館和皇家檔案庫裡的泥版經過烘烤，變得額外堅固。宮殿和神廟在大火中變成了窯。就連極偶爾會淹沒這些廢墟的洪水一樣無法沖走被「窯」烤硬的泥版。另外，也沒有回收再利用或摧毀這些無法讀懂的文書的誘因。羊皮卷有可能會被刮去原來的文字，拿來重新使用；莎草紙有可能會被用來生火。但燒硬的泥版卻是毫無價值：如果你砸碎它們，得到的只是一把泥。

在中世紀和文藝復興，到近東旅行的外國人偶爾會碰到楔形文字泥版，帶一些回家做為紀念品或做為待解之謎供思索。要到了十九世紀，人們才領略到留存下來的泥版有多麼數量龐大。從一八三〇年代開始，西方考古學家系統地探索底格里斯河和幼發拉底河沿岸的城市，發現了一個又一個檔案庫，其中包含著由書吏小心翼翼記錄下來的大量文書檔案。原來古代美索不達米亞人有系統性搜集和保存泥版的習慣：圖書館的觀念可說就是他們所發明。亞述國王亞述巴尼拔（Ashurbanipal）於西元前七世紀在底格里斯河東岸的首都尼尼微創建了歷來最大、最完備和最有組織的圖書館。被希臘人稱為薩達那帕拉（Sardanapalus）的亞述巴尼拔對這些藏書興趣濃厚，因為他與該地區大部分國王不同，曾受過寫字訓練，而且除讀得懂其時代的簡體化楔形文字以外，還讀得懂蘇美和阿卡德的古文字。早在托勒密王朝的埃及國王建立著名的亞歷山卓圖書館的多個世紀以前，博學的亞述巴尼拔就已經在今日的伊拉克北部把全世界的智慧匯集在一起。

然後一切都消失了。西元前六一二年亞述巴尼拔死後沒多久，尼尼微就受到一些敵人組成的聯盟包圍。城牆被攻破之後發生了激烈的逐屋戰，城市被洗劫，房屋和神廟遭縱火，市民受屠戮。在這場摧毀城市的大火中，圖書館的書架倒塌，數以萬計的泥版散落一地，被埋在幾噸重的瓦礫堆中。

自此尼尼微被荒廢和遺忘，要等到一八四〇年代才有考古學家開始在瓦礫堆中挖掘和有所發現。除了人像、浮雕和裝飾精美的城門外，大量的泥版和泥版碎塊被運回歐洲各帝國首都，其中又以運到倫敦的特別多。光是考古學家拉薩姆（Hormuzd Rassam）就捐給大英圖書館約十三萬四千塊泥版——他是加色丁禮天主教會教徒（Chaldean Christian），後歸信安立甘宗，最終成為英國子民。

就像埃及象形文字是靠著羅塞塔石碑（Rosetta Stone）破解，楔形文字的解讀也是有賴一篇三語銘文的發現。①這銘文一開始用古波斯文、埃蘭文（Elamite）和阿卡德文寫道：「朕是大流士（Darius），萬王之王，波斯國王，徐司塔司佩斯（Hystaspes）之子，阿契美尼德氏族的一員。」頭兩種都是可辨識字體，第三種是楔形文字。慢慢地，經過艱苦鑽研，泥版的祕密被揭露了出來。這發現的核心人物是一個勞工階級的年輕人，名叫史密斯（George Smith），工作原是鈔票雕刻師，有一次到大英博物館參觀後，對在那裡展出的泥版為之著迷。他沒有受過多少正式教育，也沒有相關的資歷，但他卻受熱情驅使，大量閱讀新興的亞述學的各種出版品。很快，他就流露出破解楔形文字的過人才智。

辛勤地過濾新發現的泥版和在書架上放置了多年的泥版，史密斯成功彙整和翻譯出《埃努瑪．埃利什》。被遺忘了兩千年之後，《埃努瑪．埃利什》顯示出希伯來人的人類起源故事並非只此一家，別無分號。《創世記》的開頭部分明顯是希伯來流人對於他們在巴比倫聽過無數遍的《埃努瑪．埃利什》的反應。這些流人決定不要膨脹「盧盧」（那些為馬爾杜克唱讚歌的黑頭人）的數目。他們將要清楚表明，創造宇宙和最早人類的不是馬爾杜克而是耶和華。

《創世記》開篇的雄渾單純性具有論戰性質。就希伯來人來說，創造人類不是亂倫、陰謀和世代衝突的結果，而是耶和華的行為，也只是耶和華的行為。祂並不是要和一個對手角力或讓一個女神懷孕。事實上，在天地初開之時，除上帝外沒有任何其他人事物。祂沒有配偶，沒有協助者，也沒有抵抗者。人類是按照上帝的形象創造，不是靠被上帝殺死的敵人的血而是靠著上帝吹一口氣活起來。上帝創造人類不是為了有人伺候或讓生活更輕鬆一些。上帝不需要僕人。他沒興趣要人興建城市、挖掘灌溉渠、照顧牲口和在田裡辛苦幹活。就像阿普蘇一樣，休息對於耶和華非常重要，但是沒有人可以打擾祂的休息。耶和華想要休息自可休息。

希伯來人決心讓自己有別於——從時間的一開始就有別於——從前俘虜他們的人。《創世記》說故事人的工作形同是埋葬一個可恨的過去。不過，在史密斯破譯楔形文字之後，我們卻有可能聽到被埋葬的東西發出的遙遠回聲②：一位神祇盤旋在一個攪動的深淵上方，創造出一切存在之物；祂把水分為兩部分，一部分形成了天，一部分形成了海；祂用土創造了最早一個人類，讓他從事農耕。我們是身在耶路撒冷還是巴比倫？

這些回聲本身就很驚人，不過它們卻被一塊更進一步的泥版放大到一個壯闊的程度。該泥版是史密斯在一八七二年十一月遇到，上面還部分固結著石灰，遮蓋著一些楔形文字。年輕亞述學家發現泥版的內容看似是記述一場毀天滅地的大洪水，其中還提到一小群人類因為登上一艘船而逃過一劫。當這塊泥版被徹底潔淨之後，史密斯意識到自己最初的猜測正確，他開始讀出上面的文字，看出「它們包含著他希望找到的傳說。」一個同事回憶說：

他說：「我是在它被遺忘了兩千多年後第一個讀到它的人。」他把泥版放在桌子上，極興奮地在房間裡跳上跳下，跑來跑去。然後，讓在場每一個人都嚇一跳的是，他開始脫衣服。

正如文學史家達姆羅施（David Damrosch）指出的，史密斯讓同事嚇一跳的脫衣服之舉也許只是解開領口：當時畢竟是維多利亞時代的英國。但史密斯的發現本就足以讓人興奮得表現出任何瘋狂舉動。③

因為這一次終於有人從遙遠的過去找到鏗鏘有力的證據，顯示古代美索不達米亞神話和《希伯來聖經》有著內在淵源。史密斯發現的洪水故事，其年代要比傳統認為摩西在西乃山領受的那個洪水故事要古老許多，可以驚人地回溯至西元前一千八百年。其中不只講述了一場大洪水，還包括了很多挪亞故事的關鍵元素：憤怒的神決定要消滅所有人類；一個得神眷顧的人類獲得了活命指示；方舟的建造和裝備；可怕的風暴和不斷升高的洪水；方舟最後停定在一個山頂上；放出鳥兒查看大水是否已經退去；為感激重新發現乾土地而獻上馨香祭品。

史密斯最初找到的洪水故事是來自偉大史詩《吉爾伽美什》，不過在《吉爾伽美什》，這故事是以簡化形式出現。繼續孜孜不倦研究之後，他找到了一個更古老和更完整的版本：《阿特拉哈西斯》。會讓人聯想到《埃努瑪·埃利什》的是，在《阿特拉哈西斯》裡，大洪水被說成是噪音引起，但這一次的噪音不是來自資淺的諸神，而是來自人類。人類當初會被創造出來本來是為了代替諸神幹各種討厭活兒，但他們卻壓抑不住地大量繁殖起來：

大地亂糟糟，人類不斷增加。
大地像一頭公牛那樣吼叫。
人類的嘈雜聲讓神不得安寧。

這位不得安寧的神試過降下各種災難（瘟疫、旱災和莊稼歉收）來削減人口的數量，但他的努力每次都被另一位叫恩基的神搞砸。恩基和一個特別聰慧的人類阿特拉哈西斯很要好（「阿特拉哈西斯」在阿卡德語裡是「極其有智慧」的意思），所以每次都會教他用獻祭的方法破解災難。每次災難過後，人類的數目和他們讓人難以忍受的噪音都會重新大增。

最終那位睡眠被剝奪的神明終於失去耐性，決定降下可怕的大洪水，一次消滅所有人類。基恩教導阿特拉哈西斯拋棄房子和建一艘船。大洪水非常兇猛，屍體像蜻蜓那樣塞滿了河流。阿特拉哈西斯看見之後「心為之碎，嘔出膽汁。」不過，拜方舟保護之賜，一小群人類活了下來。

在這個大劫之後，一個人神和平共處的方案被制定了出來。原先降災的神答應不再試圖消滅全部人類，只會定期讓一些女人不育和導致大量嬰兒死亡來減少人口。④這對人類來說不是好事，但卻讓一位想要休息的神大大鬆一口氣。

《創世記》的說故事人把這則古代傳說的大綱和很多細節借用在自己的挪亞故事。不過在這個借用裡，他又做出了某種更動，而這個更動決定性地標誌著希伯來人和巴比倫人的不同。巴比倫人的神會憤怒，是因為他的休息受到打擾，但希伯來人的神卻不是這樣。耶和華並不需要睡覺，也對人類的噪音充耳不聞。祂也沒有想要減少人類的數目。事實上，他對第一對男女的要求就是生養眾多。

那為什麼祂要降下大洪水？動機何在？在巴比倫人看來，神會因為人類嘈吵而想要消滅人類是完全說得通的，因為任何住在擁擠城市的人都清楚知道，製造噪音是人類的一大特徵。阿特拉哈西斯神話看來特別和巴比倫這樣的都市文化相適。

但希伯來人並不自視為都市居民。哪怕只是幻想，他們仍然以鄉村人口或遊牧民族自居。

因為想像全能上帝對於噪音無動於衷，他們對祂的盛怒給出截然不同的動機：「耶和華見人在地上罪惡很大，終日所思想的盡都是惡。」（《創世記》6:5）以希伯來人的思考方式來說，人類所遇到的災難必須用一個**道德**理由來加以解釋，是跟他們的行為和內心世界（「終日所思想」）有關。大洪水是對人類罪惡的一個回應。

這種對古代美索不達米亞故事的激進改寫是一個巨大成就。根據這種思路，絕不能把人類看作沒有思想的礙眼物。他們對自身的行為負有道德責任。即使那些看似是把他們和所有活物的命運拉在一起的事情——例如他們在面對洪水之類的災難表現的共有脆弱性——都是他們自己選擇的結果。另外，《創世記》說故事人看來也是用一種不屑的態度在回望巴比倫，就像是質疑那創造出人類來當奴隸或只因睡眠受擾就決定毀滅自己創造物的神，會是怎樣的一個神？

不過對神話的任何改寫都需要付出代價，而《創世記》所做的崇高改寫的代價特別高昂。畢竟，把洪水或旱災說成不是對人類道德缺失的懲罰而是一種減少人口的方法好處多多。這方法是殘忍，但它至少不會把罪惡歸咎給個人受害者或人類全體。人類繁殖不是無限制的：它受到讓人痛苦、結構性和無關善惡的束縛。承認這種無關善惡性並不必然會淪為宿命主義：智慧和虔誠——例如阿特拉哈西斯所體現的那些——可以讓人得到獎賞。阿特拉哈西斯並沒有被鼓勵去認為那些遭大洪水沖走的人是自取其咎。正好相反，當他看見有那麼多人被殺時，他的即時反應是作嘔。

另外，把某些神視為仁慈的保護者而把另一些神視為惡毒的威脅也有不少好處。它讓一個神可以公開反對另一個神的摧毀計畫，或是讓他私底下防止這些計畫發揮作用。它讓一個信徒可以想像自己和一個神聯合對付另一個神，並對宇宙的統治者們表達矛盾感情。但《創世記》卻不容許有這樣的感情存在。《希伯來聖經》裡固然有一些暗暗跟耶和華爭辯和抗議其命令的時刻，但這一切都發生在承認耶和華同時是個公義、慈悲和有智慧的神的基礎上。這種承認讓耶和華可以顯示更大的一貫性，與之相比，巴比倫的諸神（希臘和羅馬的諸神也是一樣）只是一堆互相競爭的力量的混亂大雜燴。但它打開了「責任」這個讓人不安的問題，而這個問題除了縈繞挪亞的故事，還會進一步縈繞亞當和夏娃的故事。

在《創世記》的大洪水故事裡，人類的毀滅者和人類的保護者是同一個神。這種把多神化約為單一最高神的做法保存了創造者的全能，也讓祂可以憑著自己的意志摧毀人類。不過取消多神會引起某些難題。首先是全知全能的神怎麼會後悔自己創造了人類的問題。難道這個有智慧的創造者預見不到自己的創造物會表現出什麼樣的行為嗎？一個全知的神怎麼可能會後悔自己做過的事？再來還有怎樣解釋上帝的懲罰所表現的任意性和殘忍的問題，因為被懲罰摧毀的不只是為惡的大人，也還包括小小孩、新生的羊和處女森林。⑤

在美索不達米亞的起源故事裡，不管是起了殺心的神明還是吵鬧得不可開交的人類都沒有受到道德譴責。但在《創世記》，人類卻要為自己的行為和降在他們身上的災難負責。上帝並不武斷或任性：是挪亞同時代人的惡性導致上帝後悔創造人類。這惡性也潛伏在亞當和夏娃的行為裡，導致他們被上帝趕出伊甸園。但為什麼按照上帝形象被造的人類會有惡性？

這些問題從一開始就存在，同時困擾著懷疑者和虔誠者的心靈。⑥不管先知、傳道人、宗教裁判官、藝術家、道德哲學家和系統神學家如何努力，這些問題持續排徊在舒適教堂的陰影處和蟄伏在熟悉的《聖經》書頁的僅僅表面之下。史密斯明白他的發現將會喚起半埋藏著的困擾，讓他那些沾沾自滿的維多利亞時代國人同胞惴惴不安。情形就像是你在自認為完全了解和引以為傲的文化遺產中長大，但現在這遺產卻讓你感到不那麼舒服、一貫和站得住腳。你的故事不再完全只屬於你。你有著一些你從未想像過的奇怪祖先。

史密斯在尋找這些祖先時喪失了性命。一八七五年十月，他在大英博物館的催促下前往尼尼微（位於今日的伊拉克），想要找到更多的泥版。他碰到很多麻煩：在伊斯坦堡時受到官僚主義的延誤；瘟疫爆發；他準備挖掘的地點發生政治動亂；氣溫炎熱得讓人越來越無法忍受。他因為痢疾而病倒，死在阿勒坡（Aleppo）以北一個小村子，得年三十六歲。他已經得到學者們希望得到的那種不朽，就在他跳起來和解開衣服的時刻得到——就在他發現《吉爾伽美什》的時刻得到。⑦

也許真有一個叫吉爾伽美什的人在大約五千年前統治過烏魯克（Uruk，位於伊拉克南部，今稱瓦爾卡〔Warka〕），但在史密斯解讀出來的泥版中，吉爾伽美什是個神話人物，身上有三分之二的神明血統，只有三分之一的人類血統。這些泥版載有編寫人的名字：學者／祭司辛勒奎恩尼涅（Sin-lequi-unninni）。我們對辛勒奎恩尼涅一無所知，只知道他就像荷馬（Homer）或

《創世記》說故事人那樣，是個傑出的藝術家，把年代非常久遠的既有材料、文書和口頭傳說加工成為新產品。《托拉》大約成書於西元前五世紀，《伊利亞特》（*Iliad*）要早一些，大概成書於西元前七六〇至七一〇年之間。但辛勒奎恩尼涅卻是在西元前一三〇〇年和西元前一〇〇〇年之間寫出他的文本，而現存的最早書面體吉爾伽美什史詩可溯源至西元前二一〇〇年前後。比荷馬史詩或《聖經》要古老一千年以上，《吉爾伽美什》相當可能是現存最古老的故事。

到了希伯來人被擄至巴比倫的時代，烏魯克已經喪失了它在兩河流域的很大部分政治影響力。儘管如此，它還是保持著某種程度的威望，因為它曾經在遠古時代有過一種驚人的發明：在一片涵蓋大約五．五平方公里的地區，一些小聚落曾匯合成為一種史無前例的經濟和管理集合體。即使是在他們自己的時代，人們也意識到他們參與了一種異常重要的現象。橫空出世的是古代近東的第一座城市，大概也是人類歷史上的第一座城市。⑧

《吉爾伽美什》的背景不是太初的一座花園，而是一個擁擠的城市。這作品沒有企圖重構一個有人類以前的世界。它看來是認為我們一直都住在社群中，總是分享著故事。不過雖然它沒有給我們一個無物存在以前的時刻，它卻包含一場和《埃努瑪．埃利什》相似的創造人類戲碼。在《吉爾伽美什》一開始，烏魯克的人民飽受他們統治者不受控制的慾望的蹂躪。三分之一是人、三分之二是神的吉爾伽美什是個強大的戰士和偉大的建造者，但他的無底性慾卻摧毀烏魯克的民心士氣。聽到人民抱怨之後，諸神發起了一個複雜迂迴的計謀。第一步是讓地母女神阿魯魯（Aruru）洗手後用土捏出一個人類。⑨這人「全身長滿蓬鬆粗濃毛髮」（1:105），被命名為恩奇都（Enkidu）。

恩奇都靠吃草和喝溪水維生，赤身露體，和羚羊一起在森林裡遊蕩。當他看見設置來捕捉羚羊的陷阱時，會把它們弄壞，又會把獵人所挖的坑洞填滿。有一天，一個洩氣的獵人瞥見這個野人，明白了為什麼他捕捉獵物的企圖一直失敗。之後，獵人走了三天的路去到烏魯克，向吉爾伽美什請教對付的辦法。吉爾伽美什指示獵人前往性愛女神伊絲塔的神廟，找女祭司沙哈特（Shamhat）幫忙。這女祭司是一名廟妓，精通房中術。

沙哈特陪同獵人回到森林，等待恩奇都。獵人敦促她：「脫下妳的衣服，讓他躺在妳的身上，用女人的方式對待他！」（1:184-85）事情就像獵人所期望的那樣發生。恩奇都和沙哈特熱烈做愛了六日七夜。激情結束後，恩奇都打算和羚羊及其他野生動物會合，卻發現牠們已經離開。他對不能夠再和其他動物為伍感到困惑，但他的失落感正是一種新的存有樣態的序幕。沙哈特告訴他說：「你已經變成了與神一般。為什麼還要和野獸一起在草原上遊蕩呢？」他不只身體發生了變化，心靈亦發生了變化。他不再是野獸中的一員。

當沙哈特向恩奇都提到吉爾伽美什的名字時，這個名字似乎在他內心喚起了某種嚮往。但他們無法立即前往城市。想過文明生活需要得到啟蒙，進行調適和接受一個頗長的學習過程。廟妓先是為赤裸的恩奇都穿上衣服：「她脫下自己的衣服，每給他穿上一件就給自己穿上另一件。」（2:20-21）這種穿衣服的行為不是出於羞恥感，甚至不是為了適應環境。它標誌著從自然向文化的移動。⑩

然後沙哈特把恩奇都帶到一間小屋，讓他和一些牧羊人一起吃飯。鄉村膳食很簡單，但對一個習慣嚼青草和吮吸羚羊奶的人來說，吃農家飯菜猶如嬰兒第一次吃到固態食物。沙哈特教他吃麵包和喝啤酒。恩奇都在喝了七杯啤酒後喝醉，變得快樂無憂。他「用水處理體毛，給全身抹上油，讓自己變成一個人。」（2:42-43）這幾句詩句也許只是表示他沖洗體毛，不過也許還暗示著他把身上的毛皮搓掉。我們看著的是上升為人的過程。

這個上升為吉爾伽美什和恩奇都的友誼鋪設好舞台。他們的友誼早在雙方見面前便已預作細心鋪排。沙哈特告訴恩奇都：

> 讓我告訴你吉爾伽美什的樣子。
> 他放射著男子氣概，煥發著雄性丰姿，
> 整個身體都誘人地俊美。（1:236-37）

她又告訴恩奇都，吉爾伽美什將會在烏魯克夢見一顆星星從天上掉落。吉爾伽美什把夢境告訴母親的時候說：「我愛上了它。」為他解夢時，他母親指出那顆讓他被深深吸引的星星就是他注定要認識的朋友：「你將會愛上他，像愛撫一個女人那樣愛撫他。」（1:273）

兩人以一種讓人意料之外的方式遇到。抵達烏魯克之後，恩奇都前往阻止吉爾伽美什按照他的陋習，強暴一個新娘。人民在絕望中的禱告獲得了垂聽：野人出手阻止吉爾伽美什，正是諸神拯救烏魯克計畫中最迂迴曲折的落實。

吉爾伽美什對於有人膽敢妨礙他的好事勃然大怒。他和恩奇都展開了一場讓烏魯克城牆為之震動的扭打。當吉爾伽美什最終得勝，這勝利以一個擁抱作結：「他們彼此親吻，成為了朋友。」新娘子的事被拋諸腦後。自此以後，吉爾伽美什和恩奇都成為了不可須臾離的朋友，兩人一起從事了一連串的大無畏冒險。

但到了某個時刻，眾神宣布恩奇都必須生病和死去。恩奇都大為驚恐，責怪沙哈特當初不應該把他帶離羚羊群，讓他承受必有一死的人的痛苦。他怨恨地詛咒她說：「願妳永遠沒有自己的家，願妳永遠沒有自己的孩子。」（7:71-72）這裡的問題不是生必有死的事實本身（畢竟恩奇都也知道羚羊會被獵殺），而是人類對這個事實的覺知。這種覺知——做為我們命運的特殊苦惱——乃是被啟蒙進入文明生活的可怕代價。慈惠的日神沙瑪什親自出面提醒他曾從啟蒙得到過的一切好處：他高興地享用的飲食、他穿著的漂亮衣服、他引以自豪的榮耀，還有（又特別是）他和吉爾伽美什的強烈友誼。所以到了要死的時候，恩奇都雖然仍然害怕，但卻收回對沙哈特的詛咒，為她讓他能夠完全變成一個人而祝福她。

吉爾伽美什目睹好朋友死前所經歷的漫長痛苦，陷入深深的悲痛。這種痛苦復因他害怕自己的死亡而加劇：

我親愛的朋友恩奇都化土去了！
我會不會有一天也像他一樣躺下，
永不能再站起來？（10:69-71）

無限哀傷的吉爾伽美什離開了烏魯克，展開了一段尋求不死方法的旅程。他決心要找到古代大洪水的倖存者烏特納匹什提姆（Utnapishtimt），因為據說這個人是人類中唯一獲賜永生者。

這個追尋把他帶到了大海邊，他在那裡遇到了一個經營客棧的釀蜜酒女人西杜麗（Siduri）。聽到吉爾伽美什說他準備渡海去找烏特納匹什提姆時，她勸他樂天知命，指出任何人都沒有道理用對永生的嚮往折磨自己。代之以，我們應該盡情享受人生本身提供的歡愉：

吉爾伽美什，讓你自己吃飽飽，
總是快樂，不分日夜，
讓每日都是歡樂日，
日夜戲耍和跳舞。
你應該穿乾淨衣服，
你的頭應該常洗，
應該沐浴在水中，

自豪地看著被你抱在手裡的小嬰兒，
讓你的配偶總是在你胯下欲仙欲死。（10:82-90）

釀蜜酒女人的話濃縮著日常生活的智慧。這種智慧勸人認識自己的極限，接受人類處境的限制，盡情品嚐生命能提供的普通甜美歡樂。她下結論說：「這就是人類能夠做的。」

但吉爾伽美什無法接受這種忠告。後來他找到烏特納匹什提姆，卻從他那裡得知諸神在大洪水之後賜給烏特納匹什提姆夫妻的永生是只限一次的破例事件。老夫婦看見吉爾伽美什失魂落魄的樣子，感到不捨，給了他最後一個希望。他們透露，有一株帶刺的永生草長在海底下，可以使人返老還童。我們的大膽英雄在腳上綁上沉重石塊，潛水到海底，取得了永生草。

不過他的永生夢還是破碎了。回烏魯克途中，吉爾伽美什在一個水塘洗澡，不料永生草竟被一條蛇偷走。蛇在遁入蘆葦叢之前褪皮回春，證明永生草果然有效，但現在知道這個已屬無用。吉爾伽美什坐下痛哭，知道自己對永生的追求已經失敗。他將難逃一死。但他安慰自己說，他在死後將會留下璀璨的遺產：他建造的城市、城牆、宮殿、神廟。

這就是在希伯來人決定寫下他們有關最早人類的記載之前，在近東流傳了許多個世紀的偉大史詩。那是一個有關性啟蒙的故事，一個逐漸從野蠻上升為文明的故事，一個禮讚城市的故事，一個艱難地接受人必有一死的事實的故事。最重要的是，這故事不是以婚姻和家庭為核心，而是以強烈的同性友誼為核心。⑪然後隨著美索不達米亞各大城市的崩潰，它消失了。直到在十九世紀被偶然重新發現之前，吉爾伽美什和恩奇都的愛情故事被遺忘了幾千年，用一些無人能讀懂的文字記載和被埋在一堆堆的瓦礫中。它沒有成為我們集體遺產的一部分。代之以，我們繼承了《創世記》。

雖然奧古斯丁（Augustine）、但丁（Dante）或密爾頓對《吉爾伽美什》一無所知，但我們幾乎可以肯定《創世記》說故事人熟悉這故事。除了有關大洪水和方舟的記載以外，它也提供了一個神用泥土造人的故事和一個對性愛、痛苦及死亡經驗的記載。雖然只存在於破碎的泥版中，它仍然是一個漂亮且扣人心弦的故事。如果希伯來人認為他們有必要回應《埃努瑪・埃利什》，那他們也一定覺得有必要回應《吉爾伽美什》。

《創世記》的開頭部分風格簡潔而不具人格性，沒有空間容納這樣的回應。其雄渾抽象的宇宙論甚至無法暗示《吉爾伽美什》所精采刻畫的人類生活經驗。因此，不管是誰把《創世記》拼湊在一起，他都必須另起爐灶，創造一個新的故事。⑫

《創世記》第二和第三章從第一章止於的地方談起。但它不只是一個延續。在第一章，上帝「照著自己的形象造人」，但沒有提到上帝是用什麼材料造人——一如沒有提祂是用什麼材料創造太陽和月亮。這些創造全出自祂的話語的力量。冒著矛盾的危險，第二章的作者提供了一個不同的解釋，因而更直接地回應了《吉爾伽美什》裡謂恩奇都是女神阿魯魯用土捏成之說。耶和華現在也是用土造人（「土」在希伯來語裡作'*adama*，「人」的單字是'*adam*❷），但祂沒有把自己身上的什麼物質賦予這個泥人，而是往其鼻孔吹入「生命氣息」。這一描寫精采地表現出活化的神奇過程：泥人和地上非活性的土是同一物質，但他卻不是非活性。泥人會呼吸，變成了活的。上帝捏造他，賦予他生命，但上帝不在他裡面。由此而讓他有了自由和疏遠的可能性。

在《吉爾伽美什》裡，被用土造成的人是一個野人，全身長滿毛髮，擁有動物一樣的力氣和過著動物一般的生活。但在《創世記》裡那個按照上帝形象所造的人從一開始就擁有和其他動物不同的地位：不是其他動物的同伴，而是牠們的支配者。⑬沒有邁向全面人性的演化過程，《創世記》裡被上帝氣息活化的生物從一開始就完完全全是一個人，不需要學習或經歷任何事情來建立人的身分。這讓恩奇都的啟蒙故事沒有存在的餘地。

亞當的目標不是城市，而且即使亞當的後裔注定住在城市，城市也只標誌著人類被驅逐出伊甸園之後的另一個災難。《創世記》第十一章記述，有些人決定在示拿平原（Shinar）築一座城市。就像是承認美索不達米亞是城市的發明者，《創世記》清楚表明，那些打算在示拿平原建城的人是用磚頭，而不是像迦南人那樣用石頭做為建材。

他們彼此商量說：「來吧！我們要做磚，把磚燒透了。」他們就拿磚當石頭，又拿石

❷ 譯註：即「亞當」。

漆當灰泥。他們說：「來吧！我們要建造一座城和一座塔，塔頂通天，為要傳揚我們的名，免得我們分散在全地上。」（《創世記》11:3-4）

吉爾伽美什曾自豪地對他的船夫談到烏魯克的城牆：「到那城牆上走走吧，察看它的地基和審視它那些窯燒的磚頭。」（11:95）《創世記》說故事人幾乎肯定熟悉這段話，而他看來心裡也想著《埃努瑪．埃利什》的另一段話。在該段話中，馬爾杜克批准建造一座偉大的城市：「我要按照你們要求，創造巴比倫！讓泥磚被燒製，讓神廟建造得高大！」在《創世記》，這座磚造的大都會是一個災難：

> 耶和華降臨，要看看世人所建造的城和塔。耶和華說：「看哪，他們成為一樣的人民，都是一樣的言語，如今既做起這事來，以後他們所要做的事就沒有不成就的了。我們下去，在那裡變亂他們的口音，使他們的言語彼此不通。」於是耶和華使他們從那裡分散在全地上。他們就停工，不造那城了。因為耶和華在那裡變亂天下人的言語，使眾人分散在全地上，所以那城名叫巴別（Babel）。（11:5-9）

總是害怕和憎恨大都會巴比倫的虔誠希伯來人想必喜歡極了這段故事。他們想必為「巴別」這個相關語和建塔者沒能完成他們野心勃勃的建築計畫發笑。⑭他們想必也對把城市視為人類命運的實現的思想，被改寫為人類狂妄與徒勞的象徵感到津津有味。

在《創世記》第二章和第三章的作者看來，真正的好地方是花園而不是城市。⑮伊甸園是耶和華為祂創造的人類而設，其中「每棵樹木都悅人眼目，其上的果子可作食物。」沒必要像恩奇都和吉爾伽美什那樣，砍下樹木建造宏大的城門。在《創世記》裡，伊甸園沒有任何供人居住的建築，沒有小屋，更遑論祭壇或神龕或宮殿。樹木的價值在於它們的果子和美，不是因為可以做為建材。人類在伊甸園裡的角色不是建設，而且是「耕種和看守」。

這種角色意味著勞動從一開始就是人生的本質部分。「天堂」這個字眼沒有出現在《希伯來聖經》，它是由希臘文譯本的譯者開始使用。他們也許認為伊甸園是個完全不用工作的地方，但這並不是希伯來人的想法。《創世記》的夢想不是閒閒無事，而是有目的的工作（耕種和看守），認為這種工作可以讓人快樂。另一方面，《創世記》雖然強調勞動，卻不強調辛苦勞動——辛苦勞動是蘇美起源神話的本質部分。事實上，按照上帝的設計，有河流從伊甸園流過，而這一點看來讓人免去了挖灌溉渠的粗重工作（挖灌溉渠的工作在巴比倫很吃重）。⑯上帝創造了一個讓人可以透過自己的努力餵飽自己和子女的環境。我們稍後得知，因為伊甸園不會生出野草，耕作所需要的勞動也不會讓人流汗，所以想要得到素食給養相當輕鬆。

在《吉爾伽美什》，被諸神用土創造出的野人後來成為了主角的朋友或人生夥伴。在《創世記》，上帝因為了解男人獨居不好，所以用男人身上的一個部分創造出女人。這個獨立的創造過程是對美索不達米亞故事一個具高度創意的回應。它道出了同一種對同伴的深刻渴望、對

「幫助」的強烈需要，以及對一個與自己命運相連的他人的存在的狂喜，與此同時又完全轉化了它們。

這轉化的性質何在？把人類的核心紐帶從一個男人和他的男性朋友改變為一男一女，分別何在？兩者都強調同伴的重要性，強調個人無論多麼強大有力和獨立，都不能單獨運作。兩者都看出同伴的實用性和同伴所能帶來的歡樂與刺激。兩者都認識到，在英勇成就和悲劇性失落上，人類命運是衍生自分享的決定和集體的行動。就這些方面來說，《吉爾伽美什》和《創世記》無大差別。

也許會讓人意外的是，《創世記》的作者並沒有把第一個男人和第一個女人的關係描寫為階級性。沒有任何內容暗示上帝把女人創造成為在力量或地位上不如男人。雖然在《創世記》第一章，上帝交代人類要生養眾多，但在第二章，當上帝用男人的肋骨造出女人之後，卻沒有重申這個吩咐。男尊女卑和繁殖後代都不是《創世記》說故事人關心的事。

《創世記》強調的是「黏在一起」。它的講述要簡短得多。它並沒有像《吉爾伽美什》那樣記錄兩個主角的談話、描繪他們的意見不合或是講述他們是怎樣作出共同決定。不過在他的短小篇幅內，《創世記》說故事人卻找到時間反覆重申亞當和夏娃感覺到的奇怪和狂喜的「一體」感。

當上帝把夏娃帶給亞當，亞當發出一聲歡呼。他意識到，他看見的女人也是他自己身體的一部分。

這是我骨中的骨，肉中的肉。（2:23）

《吉爾伽美什》完全沒有類似的東西。不管吉爾伽美什和恩奇都的關係有多麼親密（他們的情緒交流被描寫為非常深邃），他們並沒有在比喻意義或實質意義上是一體。反之，亞當和夏娃卻是彼此交錯。希伯來作者用一個文字遊戲來傳達這一點：

這一個可以被稱為女人（*ishah*），因為她是從男人（*ish*）身上取出來的。（2:23）⑰

吉爾伽美什和恩奇都親嘴、擁抱、牽手；他們一起從事危險的冒險；他們因為關係非常親密，以致一者的死會讓另一者失魂落魄。他們的關係比亞當和夏娃更加緊密和細緻。但他們不是「一體」。

亞當和夏娃有彼此融合的奇怪感覺大概和生育有關。畢竟，兒女就是交纏的血和肉的活生生體現。但正如任何身處熱戀的人可以見證的，一體感可獨立於子女之外，而且常常是先於生兒育女。在《創世記》，這種一體感斷然是先於生兒育女：《創世記》的一個精采之處正是把生兒育女的誡命和強烈的一體感分開來。

《創世記》強調這個和《吉爾伽美什》的關鍵差異：「因此，人要離開父母，與妻子連合，二人成為一體。」（2:24）「成為一體」在這裡被連結於一個《吉爾伽美什》裡找不到的重大觀念：離開父母，形成一個新的單位。《聖經》宣布人要離開父母，但在《吉爾伽美什》，卻是吉爾伽美什的母親促進兒子和朋友的關係，也始終處於這關係的核心。深厚的友誼並不會帶來一個新的家庭單位，但讓一男一女連成一體卻會有這樣的結果。⑱

《創世記》的描述結束於一對男女的願景——不是如「一體」這個比喻反覆暗示的是個雌雄同體人，而是兩個人：「當時夫妻二人赤身露體，並不羞恥。」（2:25）一絲神祕的渾然一體性維持著，但不是在他們的赤身露體，而是在他們對自己的赤身露體不以為恥。

在《創世記》的說故事人看來，要讓這種基原關係變為可能，無需啟蒙儀式或過渡典禮。在女人未被創造之前，生活是未完成和讓人不滿意，但現在它已完成。稍後固然也出現了衣服和羞恥心之類的東西，但它們是違反神的禁令之後，人的受苦或脆弱性的標誌。《創世記》把啟蒙改寫成為了僭越。

「你已經變成了與神一般。」廟妓在恩奇都獲得性啟蒙之後這樣說。《創世記》的說故事人記得這話，但卻是用它來描寫亞當和夏娃的滅亡，而不是描寫他們的興起。那條偷走吉爾伽美什永生草的蛇被轉化為打破亞當和夏娃永生希望的蛇。那蛇誘惑夏娃去吃禁果時，提供的正是沙哈特給恩奇都的承諾：「你將會變得成與神一般。」恩奇都並沒有實質變成一個神，但學會穿衣服和以恰當的方式進食讓他完全變成人，能夠表現出文明舉止、與別人發展出深厚友誼和締造英雄壯舉。這是有代價的：他意識到了自己必有一死。但必有一死本來就是他的命運，他只是不自知罷了。

《創世記》中的一男一女也可以說是在吃了禁果之後才完全變為人。不過，對恩奇都來說是蒙福之事，對亞當和夏娃來說卻是災難一場：他們會穿衣是因為羞慚，而他們的食物必須從滿布荊棘的泥土取得。更重要的是，他們的生命被死亡縮短了，而這是他們本來可以避免的。他們固然變得更聰明，變得知惡知善，但這種聰明卻是用讓人不能忍受的代價換取。

如果希伯來說故事人真的想要動搖美索不達米亞信仰，那他可說是成功到了極點。他把一則古代起源故事顛倒過來。在《吉爾伽美什》值得大大慶祝的事，在《創世記》卻是一場悲劇。

第4章

亞當和夏娃的人生

The Life of Adam and Eve

一九四五年年底，埃及農民穆罕默德·阿里（Mohammed 'Ali al-Samman）和六個弟弟的其中之一去到他位於盧克索（Luxor）以北的村莊附近的山脈尋找「沙巴克」（*sabakh*）——一種由古老墳墓和荒廢聚落腐敗物質形成的肥料。用鶴嘴鋤挖掘時，他意外挖出一個密封的紅色陶甕，高約三英尺。起初他害怕打開陶甕，不知道是否會釋放出惡靈，但好奇心和貪婪最終戰勝。他打開封口，向內摸索。讓他失望的是，他發現的不是一批金幣，只是十三部用皮革裝訂的書，還有一些單頁紙張。他把找到的東西帶回村莊，希望可以換一些香菸或幾披索，卻乏人問津。他把其中幾本書取出，放在用作燃料的一堆麥稈上頭。他媽媽撕下一些書頁，讓爐灶的火保持燃燒，但穆罕默德·阿里想必意識到了這些書有著比當燃料更大的價值，所以把尚餘的部分搶救回來，收了起來。①

然後，這個發現的消息慢慢傳到村外。透過不同的路徑，十三部書最終去到開羅。當地的古物商人迅速意識到它們的潛在價值。不過在書本找到買家以前，埃及政府已經風聞此事，除一本以外全部沒收，收藏在開羅的科普特博物館（Coptic Museum）。②它們在書架上待了十年，然後才有人發起了一個轉寫和翻譯的計畫。

這些甕中書本的年代約為三五〇至四〇〇年之間，是更早的文書的抄本。整批書籍後來被稱為「拿戈瑪第經集」（Nag Hammadi Library），得名於最靠近出土地點的一個城鎮。它們是由一張張莎草紙構成，但不是用膠水黏成捲軸的形式（時至今日，猶太會堂仍然使用捲軸形式的《托拉》），而是用針沿對折線縫起來，形成翻頁書（codex）——這種較簡便的裝訂形式被沿用至今日的書本。基督徒是最早使用翻頁書的人，而「拿戈瑪第經集」就是一整批的翻頁書。

它們得以留存下來，除了靠天氣和運氣，也是拜有人蓄意把它們藏起來之賜。這些書以科普特文（在阿拉伯人征服埃及以前流行於埃及的語言）寫成，被人藏在陶甕，加以封口，埋在偏僻地點。這些人是誰我們不得而知，但八成是附近一間修道院的僧侶，這麼做是為了對抗基督教當局對被視為異端的書籍越來越嚴格的取締措施。這個時期的教會認為正典建立界線非常重要，所以嚴格區分可接受的教義和不可接受的教義，把後者視為洪水猛獸。「拿戈瑪第經集」的內容就屬於不可接受的教義。不管是誰把這些書藏起來，他們都明顯是不想讓珍貴的藏書被摧毀——其中很多都已流傳了幾世紀。他們大概本來是打算等迫害結束後再取回經集。只不過對異端的迫害後來不只沒有減緩，反而更加激烈，所以抄本繼續被埋藏地底，然後被人遺忘了一千四百年。

當「經集」最終重見天日，它因為包含一本獨一無二的所謂《多馬福音》（*Gospel of Thomas*）而激起世人的強烈興趣。這書號稱包含一些耶穌未為人所知的教誨。不過在很多方面，「經集」最讓人驚訝的是有關亞當和夏娃的文書。[3]其中一本稱為《亞當啟示錄》，裡面記載了第一個人類對愛子塞特所說的話。這位父親回憶說：「當上帝用泥土造了我和你母親夏娃之後，我們經常在榮耀中行走。」亞當清楚表明，他所謂的榮耀不是他一個人所有。正相反，那是他得之於妻子：「她教導我關於永恆上帝的知識。」他們分享的這知識讓他們變得有力無比：「我們那時就好像大能的永恆天使一樣，因為我們的尊貴尤過於造我們的上帝和祂的各種大能。我們當時並不了解祂。」

「我們的尊貴尤過於造我們的上帝。」在這個版本的創世故事中，人類變得比上帝更強大，上帝因此越來越嫉妒和猜疑，而亞當需要依賴夏娃的勇氣和智慧。真正的英雄是夏娃，因為是她為自己和所有人類大膽地取得了造物主本來祕而不宣的知識。

另一本書《真理的見證》（*The Testimony of Truth*）不是從上帝的觀點或亞當和夏娃的觀點，而是從蛇的觀點看事情。根據《真理的見證》，上帝的侷限性昭然可見。因為試問什麼樣的神會不准人吃知識樹的果子？一個真正有愛心的造物主當然會想要增進被造人類的知識。《創世記》中的上帝不是我們的朋友。在這個版本的故事中，蛇才是人類的大恩人。

明顯的是，對這個社群的某些成員來說，亞當和夏娃的故事代表著和我們預期徹底不同的事情。他們對耶和華的嫉妒和小氣感到詫異。他們給予世界第一對男女一些我們在《聖經》的簡略經文中沒有讀到的談話。他們讚揚那條鼓勵人類吃禁果的蛇和那個為了追求知識而膽敢違反耶和華禁令的女人。當然，他們的詮釋輸掉了：這也是為什麼他們要把他們的書本密封在一個甕裡埋起來的緣故。這大概也是為什麼他們自己同樣被遺忘的緣故。

這些沙漠僧侶不是當時唯一對起源故事發生疑問並想辦法聽見《聖經》不提供的話語的人。以下是《亞當和夏娃傳》（*The Life of Adam and Eve*）的開始部分（這本以希臘文寫成的書也是從一世紀開始流傳）④：

亞當和夏娃被逐出天堂之後，造了一頂帳篷，連續七天在極大悲傷中哀悼怨嘆。不過七天之後，他們肚子餓，要找食物吃，卻找不到……他們四處找，找了很多天，卻找不到任何像在天堂的東西。他們只找到動物吃的食物。亞當對夏娃說：「主給了動物和野獸這些東西吃。但我們本來卻是吃天使食物。」

這番話可能是源出猶太人社群，最初是以閃族語言寫成。但這個有關最早人類的記載卻迅速傳播到早期的基督徒社群，被改寫為一系列其他語言，包括拉丁文、科普特文、亞美尼亞文、喬治亞文和斯拉夫文。它流傳了幾個世紀。

連同大批的註釋（有拉比也有教會父老的註釋），《亞當和夏娃傳》的國際性流行透露出，到了古典時代晚期，《創世記》的內容已經被認為是太過吝惜，充滿讓人困惑的沉默。讀者要求知道多一些。頭兩個人類在被逐出天堂時是怎樣反應？他們有敲打天國大門乞求上帝收回成命嗎？他們甚至能明白自己身上發生什麼事情嗎？他們去了哪裡，後來是怎樣存活下來？在被逐之後的幾個月和幾年裡，他們是怎樣互相對待？他們的愛情有持續嗎？他們有告訴幾個兒子他們做了些什麼嗎？看著他們受苦時，造物主是漠不關心還是高興，或者可能有一絲愧疚？他們對死亡——最初是兒子亞伯（Abel）的被謀殺然後是他們自己的死亡——有什麼感想？

問這些問題不是沒有風險。對於這些問題的不同回答，可對一些《聖經》沒有說明的主題有著迴異意涵：罪的源頭；婚姻的性質；男女的道德差異；上帝之怒的正義性；撒旦的隱藏身分；救贖的可能性。猶太人和基督徒都奮力要判定哪些宗教文獻是可接受和具有核心性，哪些又是位於邊界之外——前者被稱為「正典」（canon），後者被稱為「次經」（apocrypha）。這個過程漫長而充滿爭論，有些爭論直至今日還沒有完全解決。

雖然流傳極廣，《亞當和夏娃傳》並沒有被收入正典，甚至沒有能夠成為次經，以附錄的形式出現在《聖經》後頭。相反地，它總是在門外徘徊，無法得到充分肯定，也無法完全被打壓。它的匿名作者（或作者們）帶著近乎壓抑不了的衝動，想像被放逐的亞當和夏娃是如何面對一個可怕的困境。我們剛才已經看到過這困境的一部分。在天堂裡，人類的飲食和天使一模一樣。當被謫的亞當和夏娃第一次感到飢餓難耐時，他們沮喪地意識到，現在他們只能以動物吃的食物來充飢。歷來第一次，人類被迫認識到自己是動物。

這部古代傳記接著想像亞當建議進行一個懺悔儀式。他告訴妻子，他將會站在約旦河河中，只露出頭顱，站四十晝夜。夏娃身體因為較弱，所以只打算站在底格里斯河河中三十七日。但在懺悔期結束前，一個天使向夏娃顯現，告訴她慈悲的上帝已經聽到她的哀告，接受她的懺悔。那天使宣稱，他是被派來帶她去吃她一直渴望的食物——上帝已經為她準備好。夏娃簌簌發抖地走出河水——「她的肌膚被河水冷得像草」——匆匆跑去告訴丈夫這件事。亞當聽了以後苦惱地哀號說，她再次被騙了。那個光明天使是他們的敵人撒旦所假扮。

夏娃猛撲到地上，質問撒旦為什麼這樣恨他們夫妻。這時，《亞當和夏娃傳》彈奏出日後愛附加在起源故事上的其中一個主基調。魔鬼告訴夏娃，正是亞當害她和其他造反的天使被趕出天國。當上帝吩咐他們膜拜剛被創造出來的亞當時，他們因為認為自己更資深和更優越，拒絕服從。因為這個拒絕，他們被丟下了地獄。現在他們將採取一切的手段報復。

仍然泡在河水中的亞當決定要把懺悔儀式完成，對妻子極度怨憤。夏娃在絕望中向西走去，決心孤獨度過餘生。所以亞當和夏娃的關係不只是人類的第一次婚姻，也是人類的第一次離婚。不過夏娃原來已懷孕三個月。臨盆時她大聲喊痛，亞當循聲找到她，兩人破鏡重圓，重新生活在一起，照顧新生兒。「小嬰兒馬上站了起來，跑到外面，用雙手拔了一些草，帶回來給母親。他被取名為該隱（Cain）。」

《創世記》沒有任何這一類暗示。但《亞當和夏娃傳》的匿名作者和它那些殷切讀者設法想像亞當和夏娃在被放逐之後是怎樣生活，以及為蛇找到可理解的動機（和說得通的身分）。他們想要一個戲劇界所謂的背景故事（backstory），讓他們可以弄懂在《聖經》裡看似是憑空而來的事件：「蛇對女人說：你們不一定死。因為神知道，你們吃的日子眼睛就明亮了，你們便如神能知道善惡。」（3:4-5）即使撇開蛇是怎麼能夠說話的問題（哪來的聲帶、用的是什麼語言，等等），還有動機的問題需要解決。

猶太教聖人長久思索《創世記》第一章裡「讓我們按照我們的形象造人」一語中的「我

們」是誰。古希伯來語裡明顯沒有「尊嚴複數」（royal we）❶，如果是在巴比倫或羅馬的宗教，該複數代名詞大概是意味耶和華對諸神同儕說話，就像馬爾杜克或宙斯常常會做的那樣。不過，如果這是一個在遙遠古代對希伯來人來說可能成立的觀念，那任何在拉比猶太教時代這樣解釋的人都會被貼上異端的標籤——特別是在早期基督徒開始聲稱「我們」是指三位一體之後。

在三世紀晚期，納賀蒙拉比想像摩西在聽上帝口授《托拉》時聽到祂以「我們」自稱，不解問道：「為什麼你要給異端可乘之機呢？上帝回答說：『照我說的寫便是。任何想要誤解的人自會誤解。』」⑤

大部分拉比認為正確的解釋是「上帝正在和天使們商量」。不過他們進而猜測，有些天使相當擔心，分裂為幾派。「愛」一派的天使支持上帝造人的計畫，「真理」一派的天使反對。另外，「正義」一派的天使贊成，「和平」一派的天使反對。拉比哈尼納（Hanina）主張，為了動搖反對意見，上帝告訴天使，祂將會把人類做得充滿虔誠，一無邪惡。當各派天使繼續爭論不休時，上帝逕自著手進行自己的計畫。⑥

後來有些拉比猶太教的註釋家提出一個解釋，指出反對創造人類的不是某些標舉天國原理的天使派別，而是由嫉妒和怨恨驅使的天使——《亞當和夏娃傳》裡的撒旦承認自己就是這一類天使。早期的基督徒從這個猜測逐漸發展出一個以黑暗王子（Prince of Darkness）及其軍團為中心的大敘事。⑦穆斯林後來也發展出一個相似的說法，指伊布力斯（Iblis，伊斯蘭教中的魔鬼）拒絕向亞當叩拜。阿拉質問道：「是什麼理由讓你不肯照我吩咐的跪拜？」伊布力斯回答說：「我比他尊貴。你是從火中造我，卻是用土造他。」阿拉因為伊布力斯這種驕傲自大的態度，把他打入哲罕南（Jahannam，地獄）。

基督徒對於怎樣解決「我們」的難題有一個進一步的建議。《約翰福音》的一開始看來暗中指涉《創世記》的一開始：「太初有道，道與上帝同在，道就是上帝。」所以基督徒認為，「我們」也許是指聖言——這聖言後來道成肉身，成了耶穌基督。正是基督力抗魔鬼的敵意執行了上帝的創造計畫。也正是透過基督的崇高犧牲，救贖了被化身為蛇的撒旦所拐騙的人類。

但沒有任何這一類的詮釋方式可以讓每個人都滿意或取消進一步探索的需要。在《創世記》，亞當的漫長人生被一語帶過：「亞當共活了九百三十歲就死了。」（5:3-5）這是一句要求更詳細說明的句子，因為這是歷史上第一次有人自然死亡。在《亞當和夏娃傳》裡，亞當把兒子們叫到身邊，告訴他們他病了，表示自己「受到極大疼痛的煎熬」。不過他的兒子們甚至不明白「生病」和「疼痛」這些字眼是何指。在極大的痛苦中，亞當差遣夏娃和他最寵愛的兒子塞特去到天國大門，乞求能治百病的膏油，但被天使米迦勒嚴厲拒絕。

聽說這個之後，亞當知道自己將不久於人世，抓住這個機會再一次責怪妻子：「亞當對夏

---

❶譯註：指位高權重人物以複數代名詞（如英語裡的 we）自稱的方式。

娃說：『妳看妳做了什麼？妳把苦難、過錯和罪帶給了我們的全部子孫。』」他知道自己現在承受的痛苦將要被所有子子孫孫繼承，所以急於要讓全部後人都了解他們悲慘人生的緣起。他交代妻子要告訴兒子們她做過什麼。

夏娃死於亞當死後六天。就像為了實現亞當的吩咐，她把塞特和其他兒子叫到身邊。但她顯然不認為她的孩子和後代子孫應該相信罪責完全在她一個人身上，所以就告訴他們，他們和他們全部後代之所以注定一死，是因為她和亞當一起做了錯事。

然後她做出了一個關鍵的規定，要求不只用話語來進行文化傳遞，還要用更耐久的銘文來傳遞。《亞當和夏娃傳》把書寫觀念的發明歸功於第一個女人。

> 造一些石版也造一些泥版，在它們上面刻寫上我和你們父親的整個一生。我們的人生是你們已經從我們耳聞和目睹過。如果他用水審判我族，泥版就會瓦解，但石版會長存。又如果他用火審判我族，石版會被摧毀，但泥版會被烤硬。

決心要讓自己的故事流傳下去，夏娃把發生洪災和火災的可能性都考慮了進來。《亞當和夏娃傳》為簡略的《創世記》提供了很多人渴望的補充內容。但在一些猶太人和早期基督徒看來，故事的這種膨脹只加劇了那個悠久和讓人困擾的倫理問題：這一切所為何來？在一部寫成於二或三世紀的對話錄裡，靈視者塞德拉克（Sedrach）對上帝有此一問：「既然你不打算對他恩慈，為什麼又要費事用無垢的雙手創造人類？」上帝回答說，這是因為亞當受魔鬼教唆，違反禁令，吃了禁果。但是引用魔鬼並不能解決問題。「如果你愛人類，為什麼你不殺死魔鬼？」辯論繼續這樣來回往返，最後，上帝用了一個讓約伯（Job）語塞的類似問題打斷討論：「因為大海是我創造，告訴我，塞德拉克，大海有多少道浪在起伏。」⑧

要求知道大海有多少道浪在起伏也許有助於結束這次特定的談話，但這個是要求顯然無法平息亞當和夏娃故事繼續激起的更大疑問。最極端的解決方式是由一個非常早期的基督教主教馬吉安（Marcion）提出，他是西元八五年出生於黑海城市錫諾普（Sinope）。馬吉安主張教會應該拋棄《希伯來聖經》，不要用它做為基督信仰的基礎。他主張那個行為與動機被記錄在猶太人歷史裡的上帝已經明顯受到惡的污染。一個禁止人類獲得知識然後又因為人類獲得了善惡知識而給予他們可怕懲罰的神，不是一個正牌、神聖和善良的上帝。馬吉安承認耶和華確實就像《創世記》所說的是造物者，但卻是一個邪惡的造物者。他是給予猶太人那些嚴厲律法的父親，但卻不是耶穌基督的父親。馬吉安在舊神和新神之間畫出最嚴格的界線。⑨對耶和華的敬拜應該就像對馬爾杜克的膜拜那樣，被新的啟示掃地出門。

他的觀點雖然吸引了大批追隨者，但最終遭到譴責，被判定為異端。教會嚴格相信上帝是宇宙的統治者，相信耶穌實現了《希伯來聖經》中的預言。耶穌只有在做為對亞當的一個回應時才能夠被理解。使徒保羅在《哥林多前書》確立了兩者的要緊關係：「死既是因一人而來，死人復活也是因一人而來。」⑩這位使徒的話顯示，不能理解第一個人類的罪和這罪的後果，就無從理解基督。⑪基督教少不了伊甸園的故事。

於是，在基督教神學家的想像裡，古今的每個重要時刻都是嚴格對應⑫：基督道成肉身那一天對應於上帝用土創造人類那一天；聖嬰在母親胸前吃奶那一天對應於上帝創造星辰那一天；救主在十字架上受難那一天對應於亞當墮落那一天；基督從死裡復活那一天對應於上帝創造光那一天。《希伯來聖經》和《新約》的關連被不知疲倦的熱情和妙不可言的巧思鑄造了出來。這種方法被稱為「預表法」（typology），對基督信仰產生了巨大和持久的影響。

「預表法」要求《創世記》描述的事件都是歷史事件。⑬即使這些事件的終極意義只能在《新約》找到，它們也沒有因此少一些為真。創造亞當的泥土和吹入他鼻孔的氣息、上帝為取出肋骨創造夏娃而在亞當胸口造成的傷口、伊甸園和它的知識樹、亞當開始勞動後從他頭上流下的汗水——這一切都是真真實實，與此同時又在基督的人生裡獲得「落實」：在他的道成肉身裡落實、在他被士兵用矛在肋旁刺出的傷口裡落實、在他被釘上的那棵苦「樹」上落實，等等。就像馬吉安和追隨者做過的那樣，凡是質疑這些對應性的人都是在自招異端的指控。聖愛任紐（St. Irenaeus）早在一八〇年的《反對異端》（*Against Heresies*）一書就說得很清楚：基督徒不被容許否定耶和華、主張救主本來是一個未被世人認識的神或否認亞當和夏娃的故事。沒有亞當就沒有耶穌。

不過，太初男女和禁果的故事仍然讓人困擾。它是基督信仰的基石之一，但在一些人看來，這塊基石並不穩固，甚至使人尷尬。試問它和最荒謬的異教起源神話有什麼不同？文化修養極高的四世紀羅馬皇帝尤利安（Julian）用同一種輕藐態度對待所有這一類神話。他在《反對加利利人》（*Against the Galileans*）一書中指出，古希臘人杜撰出「匪夷所思和荒謬至極的故事」，但希伯來人有關亞當和夏娃的故事並沒有好到哪裡去。⑭尤利安挖苦地問道：蛇對夏娃說話時用的是哪種語言呢？希伯來上帝會拒絕讓人類有分別善惡的能力不是很奇怪嗎？這種能力顯然是智慧的一部分，所以，「蛇乃是人類的大恩人而非摧毀者。」

當尤利安在對波斯人的作戰中受傷而死後，朝廷的懷疑心態亦隨著他一起死去。基督教恢復為羅馬帝國的國教，但是對希伯來起源故事的不安並沒有消失。其中一種平伏這種不安的方法（至少在一些文化修養較高的猶太人和基督徒知識份子之間被採用），早在耶穌活躍於聖地的時期前後出現。它主要源自一個人的作品。這個人名叫斐洛（Philo），住在亞歷山卓（Alexandria），是個操希臘語的猶太人哲學家。他完全了解為什麼有些讀過柏拉圖和亞里士多德作品的人也許會覺得《聖經》的某些故事原始和道德上不一貫。

斐洛的方法激進而精采，可以用一個單字涵蓋：寓喻（allegory）。⑮他主張，絕不能按照字面解讀《聖經》，而是必須把每個細部都看成一個哲學謎題，視為是隱藏著抽象的深意。《聖經》會說上帝用了六日把世界創造出來，並「不是因為造物主做事情需要時間——上帝斷然可以一剎那創造一切。」真正的理由毋寧是，「事物進入存有需要秩序。」⑯斐洛也認為，第一個人類不是血肉之軀，而是類似柏拉圖所說的理型。伊甸園和我們見過的任何花園沒有相似之處。⑰至於它裡面的那棵生命樹，斐洛表示：「沒有任何生命樹或知識樹曾出現在世界上，未來也不可能出現。」

斐洛方法的關鍵是不要著眼於文字細節。相反地，必須把文字了解為象徵，這些象徵「邀人透過挖掘隱藏著的意義而達到寓喻性詮釋。」描述亞當在伊甸園裡工作的時候，摩西不是要求讀者想像一個赤身露體的農民在一片郊野中勞作。亞當需要耕耘的花園是他自己的靈魂。生命樹是象徵最高德行，也就是敬畏上帝。蛇是「快樂的象徵，首先是因為牠是用腹部行走的無腿生物，其次是因為牠把土塊做為食物，第三是因為牠的牙齒有毒，能夠殺死被牠咬過的人。」

斐洛的策略讓希臘化的猶太人——他們深受希臘哲學洗禮——不用抱著難為情的態度對待亞當的故事，而是可以用解釋柏拉圖《理想國》中洞穴神話一樣的細緻方式加以解釋。他的思想立場為後來世紀的猶太釋經學定了調，影響力持續到今日。⑱不過受其寓喻方法啟迪的不是只有猶太人。他也影響了早期基督教的一些關鍵人物，其中特別重要的一個是亞歷山卓學者俄利根（Origen）。

生於斐洛之後大約兩百年的一四〇年，俄利根是一個基督徒的兒子，父親在羅馬帝國對基督教的一次迫害中殉教。俄利根年輕時的宗教熱情非常強烈，認定自己的天命是為基督信仰而死。不過大概讓他失望的是，他沒有能夠殉教，而是成為了一個大有影響力的老師和神學家。由一隊助手輪流筆錄他口授的內容，據說他寫出了大約六千件作品。這裡的「作品」是指一捲軸的莎草紙，篇幅大概只相當於今日的一「章」。儘管如此，這仍是驚人成就。雖然他的很多作品已經佚失，但流傳下來的那些仍然見證了他的多產。

俄利根總是有著某種讓人震驚的成分，這種成分引起教會當局焦慮，也逼迫他自己過著一種漂流不定的生活。極端博學、極少睡眠、極為虔誠和喜歡自我懲罰，俄利根擁有很多足以讓他被封聖的特質。但他從來沒有獲封聖徒。這是因為他有些神學立場不符合教會當局最終制定的教義。例如他主張聖子低聖父一等，又暗示所有受造物（包括撒旦在內）最終都會獲得救贖。這兩種觀念最後都被判定為異端。

但問題不只是出在教義。做為一個極端的苦行者，俄利根曾經沉思耶穌對門徒說過的一番話。當門徒問耶穌，他才說的話是不是暗示不結婚比較好，耶穌回答說：「這話不是人都能領受的，惟獨賜給誰，誰才能領受。」然後又補充說：

> 因為有生來是閹人，也有被人閹的，並有為天國的緣故自閹的。（《馬太福音》9:12）

因為渴望成為一個為天國緣故而自閹的人，俄利根引刀自宮。

雖然自宮行為要到了四世紀才受到正式譴責，但教會一向對自殘採取不贊成立場。他們認為耶穌就自殘說過的話，就像他很多其他話語一樣——例如「讓死人埋葬死人」、「若是右手叫你跌倒，就砍下來丟掉」、「不要稱呼地上的人為父」——只能當成比喻來了解。教會不鼓勵按字面理解這些話。

俄利根對屬天闇人的粗糙字面理解的最大諷刺是，他成為了以寓喻看待《聖經》的最重大鼓吹者。他的立場在對一個叫克里索（Celsus）的希臘哲學家的回應中特別清楚顯明。（克里索所著的《真教義》〔*The True Word*〕沒有流傳下來，但其內容可以透過俄利根的反駁重構。）在《真教義》中，克里索取笑猶太人在巴勒斯坦某個角落過著一種卑躬屈膝的生活，是一個完全沒有受過教育的民族，卻瞎掰出一些「難以置信和枯燥無味」的故事，然後基督徒又以這些故事做為自己的信仰基礎。⑲面對這個挑戰時，俄利根盡全力擺脫字面意義的束縛。他指出，對待《聖經》的文字時，應該採取克里索之類異教知識份子對待他們自己經典一樣的方式。既然對赫西奧德（Hesiod）和柏拉圖的寓言被容許做出精微解讀，那為什麼又要按照字面詮釋摩西的深奧寓言呢？倘若直接照字面理解柏拉圖的神話而不顧它們潛藏著的重大哲學意涵，那它們聽起來一樣會很像笑話。

所以，俄利根堅持我們絕對不能把《創世記》中的亞當視為一個個人：希伯來文的「亞當」是人類的通稱。天堂不是指一個特定的地方而是指靈魂的狀態。亞當和夏娃之被驅逐出伊甸園，還有上帝用毛皮做衣服給他們蔽體，都不是某種粗糙的傳說，而是包含著「某種祕密和神祕的教義，要指出靈魂失去了雙翼，向大地沉下去，直到能夠躺臥在某種穩定的安歇之處為止。」俄利根的許多追隨者更進一步，把「伊甸園」詮釋為象徵耶穌基督，把「天堂」詮釋為象徵教會，把「女人」詮釋為象徵感官知覺，把「男人」詮釋為象徵理性。慢慢地，透過一種艱難的考古挖掘，人們從《創世記》的故事表面底下挖出了哲學寶藏。

如果俄利根的方法得勝，那亞當和夏娃一定會逐漸褪色成為神祕的象徵，雖然會因為指向幽微的哲學問題而引人興趣，但在其他方面卻不再有驅策力。⑳他們將會失去真實性，逐漸邁向被遺忘的狀態。不過，雖然象徵詮釋法看來是對字面解讀法引起的不安的一種完美解決方法，但在俄利根死後沒有多久，把亞當和夏娃的故事視為象徵的做法就受到強烈和摧毀性的攻擊。正如當代情況顯示的，在有了那麼多的科學證據之後，數以百萬計的人仍然繼續相信亞當和夏娃不是象徵，而是歷史上真有其人。這種相信和無知沒有多少關係。一切要歸因於基督教的歷史。為這歷史烙下烙印的是一個比俄利根還要經久不衰的哲學家：希波（Hippo）的奧古斯丁。

第5章

在浴池裡

In The Bathhouse

西元三七〇年某天，有一個父親帶著十六歲的兒子在外省城市塔加斯特（Thagaste）的公共浴池泡澡。塔加斯特位於今日阿爾及利亞。乍看之下，這次泡澡尋常得不能再尋常，因為塔加斯特就像古代世界其他幾百個羅馬城市一樣，有著各種可預期的城市設施，包括市場、神廟、花園、法院、學校、住宅區、劇院、廣場、工作坊、畜欄、圓形劇場、體操場、妓院、軍營和——不用說的——浴池。

浴池的大小和奢華程度各自不同，從帝國首都華美的戴克里先浴池（Baths of Diocletian）到上述父子前往的外省一般浴池一應俱全。不過，泡澡的基本體驗——浸泡、出汗、按摩、冷卻和休息——卻是到處一樣，而且持續至今幾乎沒有改變。①

那麼，當時發生的事又是怎麼可能跨越一千六百多年，傳到我們的世界來的呢？在那次上浴池的時候，那個當父親的也許瞥見了兒子不由自主的勃起，又也許只是看見了兒子最近長出的陰毛。這談不上什麼重大歷史事件，但那孩子名叫奧古斯丁，而他在事隔幾十年後仍記得當日發生的事，並把它寫入自己的著名自傳《懺悔錄》（*Confessions*）裡（《懺悔錄》寫於三九七年前後他在北非成為主教之後）。他寫道：那天在公共浴池，「我父親看見了男性雄風在我身上煥發的表徵。他為之大樂，開始想像含飴弄孫的情景。」②

即使相隔著巨大的時間和文化距離，我們仍然能夠想像一個少年的無比難為情。但難為情——強烈希望父親不要再望著他看或躲到浴池的水裡——不是讓奧古斯丁牢牢記住的事情。讓他更難忘的事情發生在回到家之後。他回憶說，他父親「高興地告訴了我母親這件事」。他想要與上帝分享的（《懺悔錄》就是在對上帝說話）並不是他對此感到的難為情：

他高興地告訴了我母親這件事。他的高興是一種酒醉的高興，就是這種高興使世人忘卻自己的創造者，不愛祢而愛受造物，這是因為世人喝了一種無形的毒酒，使意志變得倒錯鄙俗。但在我母親心中，祢已經開始建造祢的殿❶，為祢的神聖居所奠基……所以，懷著虔誠，我母親為我憂懼擔心。（2.3）

奧古斯丁性成熟的證據成為了他父母——伯特撒烏斯（Patricius）和莫妮卡（Monica）——產生重大分歧的原由。

雖然奧古斯丁很少寫到他父親，但在他父母之中，他父親看來是我們比較容易了解的。雖然不是多有錢的人，但伯特撒烏斯對長子寄予厚望：這個兒子的資質是明明白白的。當時的奧古斯丁已經在馬達烏拉（Madauros）讀了幾年書。他成績優異，獲得迦太基（Carthage）的大學錄取，畢業後注定會有一份高薪事業。他在文字、詮釋和演說上的天分顯示他將會以教書或法律為業，又或是從事公職。羅馬帝國需要大量傑出的年輕管理人員服務，富裕的非洲省分尤其如

❶譯註：指上帝在奧古斯丁心中建造自己的殿。

此，因為很多食物都是在這裡種植、打包和運送到羅馬及義大利半島其他大城市。所以，在浴池的時候，伯特撒烏斯縱情想像自己被事業成功的兒子所生的孫子圍繞。

因為當時正逢伯特撒烏斯手頭拮据之時，這種想像想必更加甜美。少年奧古斯丁會回到塔加斯特是出於一個理由：他父親沒有錢送他到迦太基上學，正在想辦法籌措。他並不窮，擁有一些物業和奴隸，但當時的大學教育極端昂貴。奧古斯丁承認，其他父親（即使比他父親富有得多的）都不會自找麻煩，花大錢讓兒子上大學。他父親的努力在城中並不是什麼祕密。「人人都稱道我的父親，說他雖然資財有限，卻肯負擔兒子留學遠地所需的費用。」但這種父愛的受益人在成年後卻沒有加入讚美之聲的行列。他告訴上帝：「那時我的父親並不考慮到我在祢面前如何成長，能否保持純潔。」

這一點把我們帶回到那天在浴池裡發生的事，以及它在奧古斯丁父母之間劈開的鴻溝。雖然受到來自極其虔誠的基督徒妻子的強大無形壓力，伯特撒烏斯仍堅不受洗。他允許兒子出生時受洗，最近又同意以慕道友身分聆聽基督的教誨，但他並不關切兒子的屬靈發展，也不認為自己兒子男性雄風的證據不值得高興。如果要他證明這種高興的正當性，他也許會指出整個宇宙就是靠維納斯女神的情色力量編織在一起，又或像莎士比亞筆下的本尼狄克（Benedick）那樣指出：「世界必須住人。」

不管怎樣，貞潔並不是伯特撒烏斯的優先關懷。奧古斯丁指出，雖然父親欽佩妻子的美德，但卻對妻子不忠。《懺悔錄》沒告訴我們奧古斯丁是何時和怎樣知道這個謠言，但顯然他和母親談過此事，而他母親也完全知道其事，只是為了避免夫妻口角選擇隱忍。他父親為人好相處，但脾氣發作起來也很驚人，所以他母親盡量避免刺激丈夫。奧古斯丁在回憶裡指出，有些女性因為挨揍而向他母親抱怨丈夫暴力相向時，她反而會責備她們，指出根據婚姻的法律，她們始終是丈夫的附屬物。

所以當莫妮卡是為了兒子而不是自己的緣故和丈夫大吵一架時，事情的嚴重性得到很好的說明。伯特撒烏斯的性行為是一回事，她兒子的性行為又是另外一回事。當她丈夫為在浴池看到的事情喜孜孜的時候，她卻開始驚恐不安，擔心兒子「會踏上歪路，眼睛不是看著祢而是背向祢。」不難看出莫妮卡是擔心兒子會學誰的榜樣。所以她蓄意和系統地離間父子二人的關係。奧古斯丁欽羨地回憶說：「她竭盡所能地使您——我的天主——成為我的父親。」（1:11）

奧古斯丁這對父母只在一件事情上完全意見一致：他們的長子應該獲得他優異天分所配得的教育。（這對夫妻還有另一個兒子和一個女兒，但完全沒有教育栽培他們的打算。）③他父親花了一段時間才籌到足夠的錢，把奧古斯丁送到了迦太基。奧古斯丁和父親在塔加斯特的這次相聚看來是父子的最後一次相聚，因為他在《懺悔錄》裡不經意地提到（口氣相當冷淡），伯特撒烏斯在他十七歲那年去世。

喪夫雖然讓莫妮卡難過，但她也因為兒子少了一個危險的壞榜樣而鬆一口氣。不過她希冀兒子守住貞潔的願望很快破滅。他寫道：「去了迦太基之後，我發現自己處身在一個沸騰的慾樂大湯鍋中。」（3.1）這個大湯鍋中煮著些什麼？「我用肉慾的垢穢玷污了友誼的清泉」一語，聽起來像是對手淫或同性戀的過熱描寫，而其他同樣謎樣的句子則暗示他和女人的一連串不快樂韻事。這種狂熱的雜交很快就沉澱為某種頗為穩定的關係。在到達迦太基一或兩年之內，奧古斯丁就和一個女人同居在一起，而根據他自己所述，他對這個女人保持忠誠超過十三年。

奧古斯丁納妾（這按當時的標準是可接受）應該不會讓母親高興，但有鑑於他性慾的過度旺盛，此舉理應是莫妮卡現階段可以接受的。她最害怕的是兒子草草結婚，因為這種婚姻有可能會妨礙他的前程。相比之下，和一個低下階層的女人同居並不構成威脅。後來，這個女人為奧古斯丁生了一子，取名阿德奧達徒（Adeodatus）。奧古斯丁自然沒有和情婦結婚的打算，他在《懺悔錄》裡甚至沒提她的名字。他明白一個道理，也預期讀者會明白這個道理：「為生兒育女而締結的婚姻與因肉慾衝動的發生的結合有很大的差別。後者並不打算生孩子，哪怕孩子生出來的時候，我們也會不能自已加以愛護。」（4:2）

性愛只是他這時期生活的一部分。因為以自己的狡猾和肆無忌憚自豪，他學習了法律；他打磨了自己的修辭技巧；他參加詩歌朗誦比賽；他找占星學家占卜；他和一些品格和才智都不如他的朋友耗在一起。

還是小孩子的時候，他就培養出對文學的熱愛。他回憶說：在學校的時候，「我為狄多（Dido）❷的失戀自盡而流淚。然而，對於這些故事讓我被分隔於祢，讓我死亡，我卻不曾流一滴淚。」（1:13）現在在迦太基，他發現自己被戲劇吸引，和其他觀眾一樣喜愛陶醉在想像出來的悲慘劇情——一些如果發生在他們自己身上將會讓他們大為驚恐的遭遇。奧古斯丁認為，虛構的悲哀之所以宜人，是因為它們只會擦破皮。④

在他看來，寓言和虛構是一個決心要讓人生過得浮面的人的最佳選擇。迴避危險的反觀內省，迴避真正的親密關係，拒絕為自己的選擇負責，奧古斯丁設法過一種活在表面的生活：維持一段不算數的關係，生一個原不打算生的兒子，野心勃勃地追求無意義的獎品，坐立不安地找尋浮面的刺激。

儘管如此，他內心有一種有什麼未得滿足的感覺。他是一個設法輕浮度日的嚴肅兮兮年輕人。有一次，記起母親的信仰和他被教導的戒律時，他拿起一本《聖經》，想要看看「它是什麼樣的書」。（3:5）但他卻失望了。它的語言（他讀的是最早的拉丁文譯本「拉丁古譯本」）完全不能和西塞羅的雄渾相比。對一個文學品味受到維吉爾（Virgil）和奧維德（Ovid）形塑的人來說，《聖經》文風簡陋，內容平庸，完全無法跟讓奧古斯丁和他的朋友深受吸引的精巧哲學論文相比。

雖然鐵了心要停留在事情的表面，奧古斯丁的文學品味仍然無法接受喜劇和輕鬆的娛樂。他受到痛苦場景的吸引，最早曾為被拋棄的狄多的悲慘命運垂淚。他反覆問自己，世界上為什麼會有那麼多悲慘事件？為什麼人類會反覆不斷做出摧毀性的選擇？做為人類處境特徵的殘

❷ 譯註：史詩《埃涅阿斯記》中的人物，迦太基女王。

忍、墮落和暴力的原因為何？他在摩尼教（Manichees）裡為這些困難的問題找到答案。摩尼教雖是非法，卻在四世紀的羅馬世界吸收到不少信徒。他成為了一個摩尼教的依附者，而這個教派是在上一個世紀發源於波斯。

雖然摩尼教的奠基人先知摩尼（Mani）自稱為「耶穌基督的使徒」，奧古斯丁皈依的卻不是莫妮卡虔誠地相信的天主教信仰。正好相反。在摩尼教看來，宇宙不是由一個獨一的全能上帝管轄，祂也沒有派自己的愛子拯救世人。代之以，宇宙是分裂成光明和黑暗兩大力量，兩者不斷爭戰，沒有修好的時候。耶穌是光明的化身之一。摩尼教沿著絲路傳播，穿過中亞最遠到達中國，讓耶穌和其他光明聖潔的人物——佛陀、瑣羅亞斯德和黑天等——平起平坐。

宇宙中善一邊的力量設法幫助住在人身體裡的純潔靈魂向上提升，趨向光明。但是惡的力量抵制這種努力，煽動貪婪、暴力、不正義和無底的性慾。就像馬吉安一樣，摩尼教完全不能容忍《希伯來聖經》。它取笑《創世記》開始的幾章幼稚和道德不一貫，認定希伯來人的耶和華不是耶穌的父親，而是創造黑暗和墮落世界的惡魔力量。光明與黑暗的鬥爭在宇宙的每一個層面重演：既在星際的巨大空間上演，也在人的內心世界上演。

處於這種信仰核心的信徒——他們除了能駕馭其複雜的思想系統，還把它的原理內化為生活方式——都是嚴格的苦修者，被稱為「膺選者」（the Elect）。這是一個奧古斯丁沒有進入也尚未打算進入的小圈子。愉快地跟情婦和幼子生活在一起，又剛剛展開教師的事業，這位年輕人很難會對摩尼教的苦行主義感興趣。他屬於外面一圈的信徒，他們被稱為「聽眾」（the

Hearers）。

能言善道又有著敏捷的哲學頭腦，奧古斯丁是個極佳的「聽眾」。加入一個反文化的祕密社團想必是一種很刺激的經驗。他大概也是受到這種信仰的祕傳、折衷性質所吸引——摩尼教號稱知道隱藏在宇宙一切背後的真理。但最重要的是，摩尼教回答了一個奧古斯丁已經焦慮地沉思了一段長時間的問題。它解決了那個折磨人的謎題：惡（不管是世界上的惡還是奧古斯丁自身上的惡）是從何而來？

如果誠如猶太人和基督徒所言，是一個全知、全能和獨一的上帝創造了一切，那為什麼祂把世界創造成為有那麼多罪惡災難？又為什麼奧古斯丁自己（他嚮往純潔和善良）感受到那麼大的內心衝突？上帝有可能同時是善和惡的嗎？還是就像某些人所說的，上帝對於善和惡都無所謂？⑤倒不如相信有一個全善但不是全能的上帝，相信祂必須和一個對像他一樣聰明和資源豐富的敵人對抗。也倒不如相信奧古斯丁在自己身上發現的純潔、善良和光明是受到黑暗的敵意力量攻擊。

這就是奧古斯丁帶著情婦和兒子從迦太基前往塔加斯特時所持的信念，當時他到塔加斯特是要當一名文學老師。後來他回迦太基教授公開演講的課程，還有更後來搬到羅馬和米蘭時，他也是抱持著相同的信念。這段時間他事業有成，圓了父親對他的夢想。他贏得了一個詩歌比賽；他用一個對亞里士多德的詮釋讓所有人驚豔；他出版了第一本著作（內容是論美學）；他結交了一批有名的朋友；他獲得了一個大有影響力的恩主（patron）支持。從塔加斯特轉職迦太基是跨出一大步，從迦太基轉職羅馬是跨出更大一步——羅馬是個人人嚮往的金碧輝煌所在。米蘭與羅馬相比雖然略微遜色，但這個城市是皇廷所在地，而奧古斯丁到米蘭也是要出任地位崇高的修辭學教授。

在這十年一步步往上爬的過程中，奧古斯丁只碰到一個大問題——莫妮卡。當他從迦太基前往塔加斯特任教職時，母親拒絕讓他住家裡。這倒不是因為奧古斯丁有同居人（當時莫妮卡還在為兒子物色一個適合的結婚對象，沒有把他的同居人當一回事），而是因為他信仰摩尼教。她厭惡摩尼教，常常就像兒子已經死掉那樣放聲大哭。後來一個天使出現在她夢中，告訴她兒子其實是和她站在同一處，莫妮卡才願意讓兒子住在家裡。即使這樣，「她的嘆息和眼淚還是沒有停。」（3:11）

就像任何受過焦慮母親過分強烈關愛的人可以作證的那樣，莫妮卡鋪天蓋地的母愛想必讓奧古斯丁五味雜陳。他小時候也許曾經設法爭取母親的愛，讓自己從她獲得比父親和手足更多的愛。如果真是這樣，他顯然已經完全得償所願。但現在有各種跡象顯示，他想逃離這種愛。

由於奧古斯丁拒絕放棄摩尼教信仰，他母親的嘆息和眼淚應該是持續不斷。當他準備離開迦太基前往羅馬時，這些嘆息和眼淚更是加倍：「她悲痛欲絕，一直跟我跟到海濱。和我寸步不離，希望我會留下，或帶著她一起走。」（5:8）因為無法把自己要離開說出口，他謊稱自己只是要去找朋友，勸母親當晚在港口附近的神廟住一晚。「到了晚上，我偷偷坐船走了。」

奧古斯丁想必意識到自己是在演出一度讓他大為感動的維吉爾《埃涅阿斯記》（*Aeneid*）：

埃涅阿斯拋棄愛人狄多，偷偷坐船離開迦太基，成為羅馬的創建者。這個文學情節一直深深印在奧古斯丁心裡。他一定是用它來解釋自己所做的事，把自己想像為一個史詩的主角，只是按照神明的指示行事。與此同時，他又承認此舉所引起的強烈痛苦，就像他是親眼所見。他告訴上帝：「第二天早上，她悲痛如狂，把嘆息和哀愁傾瀉到祢的耳裡，因為她認為祢並未傾聽她的禱告。」

他想必有點內疚。然而在回憶這個時刻的時候，他又容許自己表達他對母親蓄積已久的憤怒：「祢把她對兒子太嫉妒的愛（*carnale desiderium*）用作鞭子，做為對她的公道懲罰。」「太嫉妒的愛」一語本來更適合用在一個情人的愛，不是一個母親的愛。莫妮卡把一切不能從丈夫身上得到的東西轉而寄望於兒子。奧古斯丁因為感到窒息，必須逃走。他認為，母親的痛苦是她做為一個女人所應得：「她所受的折磨證明了她繼承了夏娃的遺產，帶著悲苦追尋她在悲苦中帶來世界的東西。」

在《創世記》，夏娃的遺產是兩方面的：一方面是女人必須承受臨盆的痛苦，一是女人必須受到丈夫的支配。在回顧自己和母親的關係時，奧古斯丁同時把自己想像為母親的兒子和丈夫：她是在悲苦中把他帶來世界，注定要帶著悲苦在世界裡尋覓他。母親對兒子的尋找並沒有結束於迦太基的港口。一些年後，在奧古斯丁前往米蘭任職之後，莫妮卡離開北非前往義大利找他。

這一次他沒有再逃走。他告訴母親自己對摩尼教越來越感到幻滅。雖然他沒有準備皈依天主教和受洗，卻對米蘭主教安波羅修（Ambrose）大為傾倒。安波羅修解釋《聖經》的方法追隨斐洛和俄利根的傳統。從一些看似幼稚的故事中發現隱藏的寓意，他的有力講道有助於消除奧古斯丁本來對希伯來《希伯來聖經》的不屑。照字面理解顯得荒謬的事，現在在他眼前顯得饒有奧義。信仰摩尼教時候，他是被一個只有少數行家能夠完全掌握的祕傳系統所吸引，但現在吸引力卻來自相反方向：《聖經》看似簡單，任何人都讀得懂，但它針對的卻是最深邃的問題。⑥

這段期間，奧古斯丁的事業繼續邁進。他會在早上接見學生，用下午時間和好朋友討論哲學。他母親和他的情婦及兒子同住一個屋簷下，忙著為兒子物色適合結婚對象。奧古斯丁自己可能也有此意：他已三十歲了。最後，一戶信奉天主教的大戶人家同意讓女繼承人下嫁。但因為該女孩只有十或十一歲，距離合法的結婚年齡還有兩歲，所以婚禮必須等一等。

這段期間，莫妮卡又導演了兒子人生的第二個轉變。「和我一直同居的那名女子因為被視為我結婚的障礙，被迫離開。這個打擊讓我心如刀割，因為我愛她甚深。」（6:15）我們沒有理由要懷疑「心如刀割」之說，畢竟這對男女已經生活在一起十三年，且育有一子。但奧古斯丁雖然對自己的痛苦有細膩刻劃——「先是劇痛和灼熱，繼而傷口開始化膿，這時疼痛雖然減小，但更沒有希望痊癒。」——卻沒有提他那個無名無姓的同居人是什麼感覺。對於她，他只是這樣說：「她回到了非洲，發誓永不和其他男人在一起，把她為我生的兒子留給了我。」然後她就完全從《懺悔錄》中消失，就像她的命運與他完全無關。她留給奧古斯丁的只是她本來負責平撫的熬人性慾。因為幾乎還有兩年要等，奧古斯丁迅速另覓一個情婦。

他一直以來都喜歡拿自己和好朋友阿利比烏斯（Alypius）比較。阿利比烏斯承認自己在少年早期曾經有過一些性交的經驗，但「並沒有成為習慣。」（6:12）現在，他覺得那是一種自貶身價的行為，所以過著絕對貞潔的生活。與此相反，對奧古斯丁來說，性慾是一種不間斷的存在。性交已經成為一種習慣。他不能想像沒有這種強烈肉體歡愉的生活會是怎樣。安波羅修在講道時強烈讚美貞潔，呼籲信徒禁慾，這看來只讓奧古斯丁更強烈意識到自己和基督信仰最高抱負之間的鴻溝。做為一個靈性上雄心勃勃的人，他渴望自己可以落實這些抱負，但知道那是不可能。

不過正如他很快會見證的，上帝以奇妙方式降下祂的恩典。在不到一年時間，奧古斯丁就皈依了天主教。不多久之後，已受洗的他解除訂婚婚約，辭去教授職位，發誓永遠守貞，又決心回到非洲建立一個修道社群。當初他有所不知的是，透過逃離母親，他已經踏上了一條實現並超越母親終極夢想的道路。

奧古斯丁非常詳細的描述了自己的轉皈過程。有兩個時刻特別突出。第一個時刻發生在他跟母親和阿利比烏斯在米蘭住所的花園裡。當時，奧古斯丁內心仍然對要不要受洗充滿掙扎，因為他知道這個決定將會對他整個人生帶來決定性和不可挽回的改變。他受到兩個相反方向的拉扯，就像他身上有兩種不同的意志彼此激烈作戰。他強烈渴望皈依。他想像貞潔之美向他招手，催促他對身體的淫穢竊竊私語關上耳朵。但是那些竊竊私語——他的所有情慾——拒絕閉嘴。他的內心衝突越來越讓他無法忍受。他撲倒在一棵無花果樹下，開始哭泣，大聲自問：「明日復明日，我還要說多少次『明日』？為什麼不就是現在？」

在他這樣著魔似地問自己這些問題時，他聽見鄰居一個小孩反覆用唱歌的聲音說道：「拿過來讀，拿過來讀。」因為知道這是上帝的命令，奧古斯丁馬上找出《聖經》，隨手翻開一頁，讀了首先看見的一段話。經文出自保羅的《羅馬書》：「不可荒宴醉酒，不可好色邪蕩，不可爭競嫉妒。總要披戴主耶穌基督，不要為肉體安排，去放縱私慾。」內心衝突消失了，奧古斯丁順理成章皈依了天主教。

他入屋告訴母親這個決定：「我不再追求家室之好，不再找尋塵世的前途，一心站定在信仰的金科玉律中。」聽到這個，莫妮卡滿心歡快，因為兒子的決定遠遠超過她一直以來的所想所求。她感受到的喜樂「純真可愛，遠超過她所想望的含飴弄孫之樂。」

莫妮卡已經贏得了多年前丈夫在浴池裡預見自己將會有孫子時所引起的衝突。不錯，一個孫子還是生了下來⑦，但那是來自奧古斯丁已經切斷的一段關係。他也將不會有婚生子和其他性關係。雖然不是所有基督徒都有責任過禁慾生活（使徒保羅即曾說過：「與其慾火攻心，倒不如嫁娶為妙。」），奧古斯丁在米蘭決意皈依時卻是抱著這樣的目的，而這個決定也深深影響著他對伊甸園的詮釋。

當亞當和夏娃被帶到一起之後，《創世記》告訴我們：「因此，人要離開父母，與妻子連合，二人成為一體。」在他自己的人生中，奧古斯丁成功地消除了這條軌跡。不錯，有很多年時間，他曾經離開父母，和同居人住在一起。他至少從來沒有再回到父親身邊。不過，雖然他曾一度在迦太基丟下母親，但母親始終是他人生中的最愛，一如他是母親的最愛。在他做出永守貞潔的誓言後不久，兩人一起獲得了一次異乎尋常的神祕經驗。

當時他人在羅馬港口奧斯蒂亞（Ostia），正準備帶著家人和一小群朋友回到非洲建立修道社群。站在暫住的房子窗前，奧古斯丁和母親單獨交談。他們的談話寧靜而愉快，讓他們得出結論：不管身體的歡愉有多麼巨大，都遠遠無法和聖徒的快樂相比。然後，「就像愛的火焰在我們裡面燒得更強似的」，有事情發生了：他們感覺自己爬得越來越高，穿過所有物質層次和所有天球，去到了他們靈魂自身的區域，然後又邁向位於時間之外的永恆。「當我們談著永恆的智慧時❸，當我們繃緊心的所有力量渴盼它的時候，有那麼轉瞬即逝的一剎那，我們搆著了它，觸著了它。」很難用翻譯傳達這經驗有多麼讓人屏息，以及它對三十二歲的兒子和五十五歲的母親來說意味著什麼。然後，一切過去了。「我們嘆了一口氣，回到我們語言的聲音中。」奧古斯丁回憶說。

兩個人回顧剛才發生的事，設法弄明白他們經驗了什麼。奧古斯丁認為，要掌握其意義，只能夠透過完全的靜默，於是設法用以一百八十四個單字構成的一句話來說明。對這句話的任

❸譯註：「永恆的智慧」指上帝。

何英語譯文都只能是一個蒼白、脫臼的近似：

我們說：如果在一人身上，血肉的蠢擾，地、水、氣、天的形象都歸靜寂，並自己的心靈也默爾而息，脫然忘我，一切夢幻，一切想像，一切言語，一切動作，以及一切倏忽起滅的都告靜止——這種種定要向聽的人說：「我們不是自造的，是永恆常在者創造我們的」，言畢也請它們靜下來，只傾聽創造者——如果上帝直接說話，不憑其他而自己說話，讓我們聽到祂的言語，聲音不出於塵間的喉舌，不由於天使的傳播，不借霹靂雷聲，也不用朦朧比喻，而逕自諦聽祂自己說話；我們本在萬物之中愛祂，現在離開萬物而聽祂自己，一如我與母親現時的奮發，一轉瞬接觸到超越萬有、永恆常在的智慧；如果持續著這種境界，消散了其他不同性質的妙悟，僅因這一種真覺而控制，而吸取了諦聽的人，把他沉浸於內心的快樂之中；如果永生符合於我們所歎息想望的，那時一剎那的真覺，則不就是所謂「進入主的樂境」嗎？⑧

奧古斯丁和母親分享的屬靈高峰經驗是他人生中最強烈的經驗，甚至大概是——正如麗貝卡·韋斯特（Rebecca West）所說的——「歷來曾被銘記的最激烈經驗。」⑨幾天後莫妮卡病倒，在第九天辭世。自此而下，《懺悔錄》沒有再講述奧古斯丁的人生。它轉入對時間的哲學沉思和展開一個對《創世記》的詮釋。

在他的出竅時刻之後的四十多年裡，奧古斯丁花了相當多時間設法弄明白亞當和夏娃的故事。每當他在主教寶座坐下看書，每當他對神職人員和教眾講話，每當他和複雜的神學問題角力，每當他不知疲倦地口授寫給朋友和盟友的書信，他都會想到亞當和夏娃的故事。他會在和異端激烈論戰時思考這個故事。四一〇年，在聽到西拉里克（Alaric）領導的西哥德人軍隊洗劫羅馬三天的恐怖消息之後，奧古斯丁繼續思考這個故事的奧祕。幾十年來，他都堅信亞當和夏娃不是一個寓言或神話意義下的故事，而是歷史事實，也因此是理解一切的關鍵。

透過智力上的博通、利用制度的手腕和強大的靈性魅力，奧古斯丁以一人之力慢慢把整個西方基督教世界導向同一個方向。主要是拜他所賜，亞當和夏娃的故事才會在我們的世界佔據如此核心的角色。他當然遇到很多反對者，因為當時一如現在，《聖經》有關人類第一對男女的記載乍看更像是虛構而不像是歷史。但奧古斯丁沒有屈服。他堅持主張，上帝的計畫——連帶著個人和國家的命運——都是和曾經發生在伊甸園的事情息息相關。沒有事情可以動搖他的這種信仰。在他漫長人生的盡頭，隨著羅馬對非洲統治的崩潰，八萬汪達爾戰士包圍了希波，但即使在這個時候，奧古斯丁對降臨在他的世界的災難，仍然試圖從亞當和夏娃在太初所做之事尋求解釋。

第6章

原自由，原罪

Original Freedom, Original Sin

在異教和摩尼教知識份子的陪伴下，年輕的奧古斯丁一度看不起貌似簡陋的古代聖經敘事。然後在米蘭聚精會神聽了安波羅修講道之後，他的看法有了變化。他聽到安波羅修這樣宣稱：「我在亞當之中墮落，在亞當之中被逐出伊甸園，在亞當之中死去。」又說：「除非基督在亞當之中找到我，他不會把我召回。」①不過這個講道讓人激動的字句引起了一個緊急的問題：究竟何謂「在亞當之中」？

奧古斯丁知道，他投入思考的是一個難倒此前所有基督教偉大神學心靈的難題。他能夠帶給這個問題什麼新的見地呢？他從小對自己的優秀充滿自信，但光是提出另一個精巧的寓意詮釋並不足以解決問題。他深信，唯一能夠讓他真正理解自己和亞當之間關係的方法就是反觀自省。沒有其他方法可以回到太初。除了《聖經》裡面的謎樣文字之外，所有的記錄都已佚失無蹤。但他可以在自己內心世界的隱密角落找到一把鑰匙。

反省自己在米蘭花園因為對於受洗猶豫不決所受的煎熬時，奧古斯丁努力分析自己備受折磨的內在狀態。他寫道：

> 當我打算如我計畫已久的那樣獻身於我的主上帝時，願意這樣做的是我，不願意這樣做的也是我……那是我頭一個父親——亞當——犯下的罪的懲罰的一部分。（8:10）

這個自我分析把他帶回到他父親的罪性——這裡所說的「父親」不是指伯特撒烏斯，而是指他的「頭一個父親」。亞當的罪——一如憤怒上帝對這罪的懲罰那樣——仍然活在奧古斯丁裡面。反過來說，奧古斯丁仍然「在亞當之中」。

奧古斯丁認為他甚至能夠在自己的人生裡找出一個像亞當那樣的原罪時刻。該時刻發生在他不快樂地回到塔加斯特，等待父親籌錢供他上大學之時。有一天入黑後，十六歲的他和幾個朋友跑到鄰居的梨樹下面，把樹上的果子搖下來。樹不是他們的，他們也不餓。他們把不好看又不好吃的梨子扔給豬。為什麼他們要做他們知道是錯的事呢？「我們以做犯禁的事為樂。」（2:4）

這種行為的不可理喻正是重點所在：如果其中真正有一個巨大的動機或一種可怕衝動，那麼我們就可以認為，世界就像摩尼教所說的那樣，有一種獨立的邪惡力量存在。但奧古斯丁已經拋棄了摩尼教。身為一個正統的天主教基督徒，他現在相信全宇宙只有一個全知、全能和全善的上帝。在這樣一個架構裡，「惡」只能是空洞和派生性，是對「善」的一種拙劣模仿。

雖然要弄懂某種具體的犯罪行為是模仿上帝的何種權能並不容易，這個「惡」只是模仿的觀念有助於解決奧古斯丁長久以來與之角力的那個摩門教挑戰。但這個解決方法並沒有減少人類罪惡和人類苦難的幅度，而且事實上，很多時候在奧古斯丁筆下的「惡」都不只是對「善」的一種蒼白模仿。在幾個毛頭小伙子偷竊梨子的個案中，他們的過錯也許看似小得可以忽略不管，但如果加以正確理解，它卻包含著我們有需要理解的人類罪性的一切。寫出《懺悔錄》的幾年後，奧古斯丁認為，有一整系列的罪都是從亞當偷吃禁果的行為衍生出來，包括驕傲、褻瀆、通姦、偷竊、貪婪甚至謀殺（「因為他把死亡帶給了自己」）。②看似無足輕重的小事是一切的源頭。

當時一如今日，世界充滿各種壞不堪言的罪行：大人虐待毫無防衛能力的小孩，惡人肆意傷人和殺人，男人強姦沒有保護的女人。然則，細緻入微和無比聰慧的奧古斯丁又怎會宣稱通姦與謀殺都是源自吃了一顆禁果，把所有後來的罪行和災難歸因於單一的遠古行為？他當然是繼承了《創世記》的故事和使徒保羅主張的亞當犯罪的災難性後果已被耶穌解除的說法。但伊甸園裡的不順服又怎麼能夠解釋人類邪惡和人類苦難的巨大規模？要是把宇宙理解為有一個惡神和一個善神並存，這種規模將很好解釋。但如果宇宙只有一個上帝——一個創造一切並把一切看為美好的造物者——那為什麼人的生命會那麼艱辛？為什麼那麼多嬰兒會死掉，而且常常是連同生他們的母親也一起死掉？為什麼會有挨餓或被虐待的小孩？為什麼有人會眼盲或耳聾或瘋掉？

有些受苦的人明顯是罪有應得，但這種情況在絕大部分的人類苦難並不明顯。奧古斯丁決心要讓上帝免於受到任何歸責的可能。但如果上帝不是不公正或有所不能，那麼人類就必須背負責任。③必須辛苦勞動、承受疼痛和必有一死，人類只是罪有應得。上帝固然是善良，祂也是公正，而這公正要求祂賞善罰惡。

奧古斯丁完全知道，摩門教有關宇宙中既有善神又有惡神的主張並不是正統基督教一神論的唯一代替選項。希臘哲學家伊壁鳩魯（Epicurus）的追隨者相信宇宙沒有內建的道德秩序。道德是人類創造出來和維持的。人們也許會聲稱他們的行為守則是由一位立法之神發布，但這種主張純屬迷信和幻想。任何法律都完全是世俗的產物，只具有偶然性。道德判斷只在今生有意義，因為並無來生這回事。伊壁鳩魯派主張人的靈魂就像身體一樣，是由原子構成，當身體死去，靈魂也會死去，所以並沒有死後的獎懲。

奧古斯丁了解這種說法的誘惑力，在和朋友設法了解善惡的性質時，曾對伊壁鳩魯派有過詳細討論。他在《懺悔錄》裡說：「如果我不是相信靈魂會在人死後繼續活著和得到它應得的獎懲，伊壁鳩魯一定會在我的思想上佔盡優勢。」（6:16）奧古斯丁不想活在一個有道德功勞不會獲得回報、邪惡行為不會獲得懲罰的宇宙。與其相信上帝不存在或對善惡漠不關心，倒不如相信有一個會記下每筆功過的全知上帝。

奧古斯丁認為，有鑑於人類苦難的巨大規模，一些看似純潔無邪的行為必然潛藏著可怕的惡性。因為不如此的話，上帝的善性——祂的耐心、寬容和仁愛——就會變成是可質疑的。上帝所創造的世界是盡善盡美，要不是亞當和夏娃倒行逆施的話也將會繼續保持盡善盡美。所以後來發生的一切悲慘災難——層出不窮的罪行、暴君統治、戰爭、地震、火災和洪水等等看似是出於自然災難，還有哈姆雷特（Hamlet）所謂的「血肉之軀不能避免的無數自然打擊」——都只是一個公正上帝所安排的懲罰。這就是「在亞當之中」一語的意義。

乍看之下這種說法很荒謬。我們真有可能把人類的一切痛苦歸因於一個遠祖所犯的一個罪行嗎？這個罪行遙遠得不可能記憶，其嚴重性也輕微得不能正當施予任何嚴厲懲罰。難道有任何人可以主張一個死於消耗性疾病的可愛小孩是罪有應得嗎？

奧古斯丁清楚知道他的主張包含著什麼樣的困難。只不過在他看來，其他主張要更糟糕得多。他拒絕相信神明對人類行為的善惡漠不關心，堅持主張有一個全能、全知和全善的造物者。然而，這要怎樣解釋那些看似無辜的人所受的痛苦呢？

對這一點，奧古斯丁的說明方法典型地是從自身說起。小時候念書的日子，他痛恨挨打——當時就像後來的許多個世紀一樣，「打」是警惕小孩要勤奮學習的主要方法。他曾殷切向上帝禱告，希望不用挨打。但全無用處。只要懶散，他一定會被揍。這看來非常不公平，因為大人本身不不會因為懶散和其他更要不得的毛病而挨打。《懺悔錄》提到這個的時候，忿忿不平之氣還隱約可見。④但這種不平之氣並沒有引起他譴責打小孩。正好相反，奧古斯丁認為小孩被打雖然不公道，但卻對小孩有好處，因為那可以壓抑小孩的玩心，驅使他們勤奮學習。奧古斯丁指出自己小時候合該受到懲罰，因為他「年紀雖小，但已罪大惡極。」（1:12）

「罪大惡極」：所以小孩子應該被打，哪怕打他們的人是出於錯誤理由，而且自己的行為比被打的小孩還要糟糕。奧古斯丁對自己的兒時挖掘得越深——他在這方面有著整個古代世界無可匹敵的能力——他看到的事情就越讓人困惑：

> 稍後，我開始笑了，先是睡著笑，接著醒時也會笑。這些都是別人告訴我的，我相信，因為我看見其他嬰兒也是如此，但對於我自己的這些情況，一點也記不起來。逐

漸地我感覺到我在什麼地方，並向別人表示我的意願，使人照著做。但是不可能，因為我的意願在我身內，別人在我的身外，他們的任何感官不可能進入我的心靈。我揮手擺腳，大聲叫喊，盡一切所能做出一些顯示我的意願的表示。這些動作並不能達意。別人或不懂我的意思，或怕有害於我，沒有照著做。我惱怒那些行動自由的大人不順從我，不服侍我，我便以啼哭做為報復。（1:6）

任何觀察過小嬰兒的人，又特別是任何曾設法滿足一個哭泣小嬰兒需要的人，都一定會體會到奧古斯丁這個觀察的銳利。這個觀察八成可以把我們帶到他和情婦一起坐著專心觀察他們襁褓中兒子的房間裡面。

正是在這個看來熟悉和讓人安心的環境，我們遇到了奧古斯丁的神學目的。因為原來他觀察到的東西——意願、憤怒和報復——在他看來乃是成人的道德災難的源頭。大人各種要不得的心態（酷愛暴力、喜歡役使別人和把自己任性的慾望看成最緊急）完全縮影在嬰兒身上。嬰兒的軟弱無力——他們只能擺動雙手和哭泣——並沒有改變那個在奧古斯丁看來是鐵一般的事實：我們從生下來一開始就有著道德瑕疵。

奧古斯丁認為小嬰兒為了要吃奶或得到注意而大哭完全應該受到斥責，哪怕習俗和常識不允許我們這樣做。習俗和常識好心有餘：它們讓我們不會在鄰居眼中顯得可笑或奇怪。但它們妨礙了我們看見事情的真相，那就是，包括只出生一天的嬰兒在內，沒有人是沒有罪。（1:7）

所以看似是殘忍的人類苦難乃是完全公道。上帝雖然有充分理由恨罪人，但仍然滿有憐憫：他讓他的獨生子滿足公正的嚴格要求，為犯錯的人類贖罪。熱烈接受這個啟示真理的人最終將會得到拯救。所有其他人將會遭天譴。如果你湊巧活在基督降生以前或活在福音到不了的世界角落，你只能自嘆倒楣。又如果你沒有受洗的話，那你是不是一輩子過著有德的生活都沒有分別。在這兩種情況下，你都將永遠在地獄裡受罪，也合該如此，因為你已經受到你繼承自亞當和夏娃的罪所污染。

這種立場後來成為了基督教正統教義的奠基石之一。不過，一開始，它並沒有處於毫無爭議的支配地位。在奧古斯丁的同時代人之中，他的主要反對者是一個出生不列顛的僧人，名叫伯拉糾（Pelagius）。伯拉糾在三九〇年前後到達羅馬，以學識廣博、口才流利和生活簡樸打動許多人。幾乎和奧古斯丁一樣年紀，他某個意義下是奧古斯丁成功祕密的分享者：兩人都是在羅馬世界邊陲崛起的新星，靠著智力、魅力和野心打入首都，對帝國的精神生活帶來重大影響。

伯拉糾和他的追隨者都是道德樂觀主義者。他們相信所有人類都是生而清白無邪。嬰兒來到這個世界時並不帶有特殊的美德，但也沒有與生俱來的罪性。⑤棄惡揚善屬於我們的選擇能力之內。不錯，我們全都是亞當和夏娃的後裔，而我們生活的世界也充滿著他們當初違逆上帝的後果。但這種發生在遙遠過去的行為並沒有讓我們陷入無可逃避的罪性。沒有那樣的感染機制存在。仁慈的上帝不會允許那麼令人髮指的事情發生。所以，我們完全有自由形塑自己的人生，決定要侍奉上帝還是侍奉撒旦。

那麼，為什麼會有那麼多男男女女罪孽深重？伯拉糾認為答案基本上要從社會層面去尋。我們會成為什麼人，主要是透過模仿，而我們用一生建立起來的習慣極難擺脫。我們從童年開始就慢慢習慣於犯罪，這讓我們越來越處於它的控制底下，乃至最後「它看來就像一種天性。」⑥不過，明白我們會犯罪不是被天性所迫非常重要。

我們沒有從我們的頭一對父母繼承了犯罪的傾向，而是繼承了一段累積的歷史。但歷史是一個我們能夠從其中醒來的夢魇。伯拉糾指出：「人總是能夠同時犯罪和不犯罪。」為什麼？「因為我們全都擁有自由意志。」正是為了捍衛這種自由，伯拉糾否定生而有罪的主張，堅持新生兒都是清白無邪。亞當的罪對於後代子孫沒有決定性作用，每個個人在原則上都有到達至善的可能。至於死亡，奧古斯丁認為死亡乃是罪的直接結果，伯拉糾則主張那只是人類的生理特徵使然。不管亞當有沒有犯罪，他本來也一樣會死。死亡不是一種懲罰，只是生之為生的意義的一部分。⑦

當這種觀點傳到北非之後，奧古斯丁又驚又怒。他對人類處境的整個觀念——人人都因亞當和夏娃的墮落而自出生就受到污染且注定必有一死——看來受到了攻擊。伯拉糾的觀點受到很多羅馬世家大族的青睞，但奧古斯丁在羅馬一樣有許多有權有勢的朋友。他寫信給他們，呼籲他們發起反擊。伯拉糾被指控為異端⑧，提交審判奧古斯丁和他的朋友寫出長篇和激烈的神學論文寄去羅馬，做為起訴的證據。因為擔心光是寫文章不足以讓自己教義上的敵人被定罪，奧古斯丁透過一個盟友送給教廷送去一份大禮：八十四努米底亞駿馬。伯拉糾遭到譴責，被革除教籍，放逐到埃及。

伯拉糾在四二〇年前後死去，但是教義之爭完全沒有落幕。一個跟教會和朝廷關係都極好的義大利貴族尤利安（Julian of Eclanum）迅速舉起伯拉糾的大旗。他主張奧古斯丁在天罰說上的強硬立場既邪惡又荒謬，是企圖把一種不自然和特別殘忍的教義強加給基督徒社群。受到一個心理扭曲的非洲煽動家炮製的怪異和不文明信仰的毒害，教會正在陷入危險。尤利安質問說：難道基督徒真的會認為一個慈悲和有愛心的上帝會只因為嬰兒沒有受洗而虐待他們嗎？⑨如果一個外邦人（即一個非基督徒）給一個赤身露體的人穿上衣服，他會因為「此舉不是出於信仰而算是犯罪」嗎？難道一個異教女子的貞潔不是貞潔嗎？當一個非基督徒解救別人的危險、為別人包紮傷口或雖然受到折磨仍然拒絕做假見證，難道他不算好人嗎？難道這個人因為不是基督徒就會受到上帝的恨嗎？難道在基督誕生以前出現的所有有德者都注定受到永罰嗎？根據奧古斯丁，答案絕對是「是」：他們全都是罪人，全都受到天譴。⑩

尤利安挖苦說：「如果堅持主張非基督徒的貞潔不是貞潔，那麼基於同樣理由，我們也必須說異教徒的身體不是真的身體，異教徒的眼睛不是視覺器官，異教徒田裡種的莊稼不是真的莊稼，還有諸如此類一籮筐讓有識之士發笑的說法。」但奧古斯丁不為所動，堅稱伯拉糾的立場才是荒謬：「你的發笑會讓有識之士哭泣而非發笑，一如瘋子的笑聲只會讓他們的不瘋朋友哭泣。」不存在妥協的餘地。

尤利安主張奧古斯丁的核心問題是他對性的觀點，對此，奧古斯丁自己完全同意。尤利安相信性交對人類來說是自然和健康，是上帝設計的一個本質部分，所以當初他才會吩咐人類的第一對男女要生養眾多。但是奧古斯丁認為伯拉糾正是在這裡犯了吃緊錯誤。因為我們所知道的性交既然不自然也不健康，問題不只出在婚外性行為（一種不以繁殖為目的的性交）和同性戀，哪怕奧古斯丁認定它們都是可憎的。問題在於即使最合法的性交形式——夫妻為了生兒育女而進行的那種——一樣有污染性。因為性交正是讓罪性一代傳一代的機制。人類罪性是一種透過性交傳播的疾病。

奧古斯丁知道，要能夠說服別人相信這一點非常困難：當時一如現在，大多數人認為性歡愉是正當和美好。尤利安指出，根據奧古斯丁的瘋癲邏輯，所有父母都是謀殺犯，因為他們生育兒女的行為也帶來了兒女的注定毀滅。被波希主教譴責為罪的事情只是「生之火」⑪，是上帝為人類設計的自然繁殖方式。

奧古斯丁反駁說，我們的繁殖方式已經受到亞當和夏娃的污染，而且自他們之後一直是如此。現在，就連最虔誠的夫妻都不可能把他們的性交限制在最狹窄的許可範圍內，即「沒有性激情刺激的情形下發生。」（《論婚姻》〔*On Marriage*〕）奧古斯丁給了這種激情一個專門名稱：淫慾（concupiscence）。「淫慾」不是一種天然稟賦或神的祝福，而是一種詛咒，一種懲罰的標誌。奧古斯丁主張，已婚男女想要生育小孩的意願不是惡，而是善，但「生育小孩的行為卻不能不帶有惡」。（《反對尤利安》〔*Against Julian*〕）⑫如果能夠不透過刺激性器官的方式就能把小孩帶到這個世界來，那是多麼好啊。⑬

在我們所知道的世界裡，這種虔誠的願望不可能實現。奧古斯丁對一件事耿耿於懷：性興奮不只出現在夫妻的交媾，還「可悲地出現在我們的夢中，出現在貞潔男人的身體上。」這個事實形塑了他最有影響力的觀念。這個觀念重壓在後來的十幾個世紀，至今我們還沒能完全擺脫。這個觀念就是原罪。⑭

我們全都是自出生便帶著惡。像伯拉糾那樣相信我們剛生下來的時候是一塊白板，或相信我們有能力選擇為善乃是無可救藥的膚淺和幼稚。我們結構上和本質上便有著強烈缺憾。奧古斯丁把整個人類物種稱為一塊「罪的團塊」（*massa peccati*）。

耶穌傳世的話裡沒有絲毫這種說法的痕跡，而不管是在流進《米德拉什拉巴》（Midrash Rabbah）和《塔木德》（Talmud）的龐大拉比著作，還是在伊斯蘭教的傳統裡，這個主題並不顯著。⑮它的前身是可以在二世紀晚期的《禧年書》和里昂主教愛任紐的著作裡找到，但沒有人曾經像奧古斯丁那樣強調它的核心重要性。在奧古斯丁之前也不曾有人膽敢證明，我們全都是透過性興奮來到世界。我們起源於罪，而罪從來不停止顯示它對我們的控制。

尤利安和其他伯拉糾派人士認為，奧古斯丁只是在復興摩尼教認為肉體是由一個邪神所創造和擁有的信念。這當然對基督教構成一種背叛，因為基督教相信一個彌賽亞曾經道成肉身。奧古斯丁反駁說：非也。上帝確實是選擇變成人，但祂是透過一個處女做到這一點。⑯耶穌的存在並不依賴所有其他人類被產生出來的方式。我們所有人本來都可以像耶穌那樣，在不受性慾污染的情況下生存於這個世界並在這個世界裡繁殖。我們沒有不受性慾污染乃是我們的過錯，是我們做了的某件事情的結果。

正是在這裡，當奧古斯丁必須提供我們個體和集體背信的證據時，他找出亞當和夏娃來作證。因為那污染我們所有人的原罪不只是一種從我們個人源頭所繼承的罪（亦即不只是來自讓我們父母能懷上我們的性興奮），還是一種可溯源至我們賴以起源的那對男女的罪。它是一種疾病的道德等值體，是一種基因缺憾，是我們繼承自我們的最遙遠祖先。雖然它是我們無可逃避的祖產，我們卻為它擔罪——一種附著在我們物種上的罪。

為了保護上帝，讓祂免於因為祂的造物的固有缺陷而被指控，奧古斯丁必須顯示，性交在天堂可以是別的樣子，也就是說按照原來的設計，亞當和夏娃是採取不同於後來的方式繁殖。為此，他對《創世記》的謎樣文字進行比之前任何人更深的挖掘。他決心要重構我們遙遠祖先的失落生活，找路回到伊甸園觀看我們頭一對父母的做愛過程。

早在他和伯拉糾派對壘之前，甚至在他被安立為教士之前，奧古斯丁已嘗試過破解這道謎題。三八〇年八月底，在他歸信後寫出的最早其中一部作品《論創世記：對摩尼教的一個否證》（*On Genesis: A Refutation of the Manichees*）中，他把《創世記》的開頭幾章視為一個隱晦的寓喻。⑰按照他的解釋，上帝在按照自己形象造人時並不是給了人一個物質性的身體，而是給了人一個精神性的身體。伊甸園與其說是一個地方，不如說是一種屬靈經驗。夏娃是象徵每個人都應該愛的靈魂。「生養眾多」的命令本來不是指肉體，而是指「對充滿全地的知性和不朽喜樂的精神孵育。」樹木同樣是屬靈歡樂的象徵。至於那句讓人困擾的經文——「現在恐怕他伸手又摘生命樹的果子吃，就永遠活著。耶和華神便打發他出伊甸園去。」（3:22-23）——它的意義很可能和字面相反：「那人會被打發去從事累人的體力勞動，**是為了**讓他在什麼時候也許可以伸出手摘生命樹上的果子來吃⑱，永遠活著。伸出手顯然是十字架的一個絕佳象徵——透過十字架人可以重獲永生。」

後來，奧古斯丁慢慢覺得，這種效法俄利根的詮釋方式是一種錯誤。⑲那隱藏不了它假裝要熱烈擁抱的經文的令人尷尬之處。它對肉體的厭惡等於是向它希望否證的摩尼教做出重大讓步。因為把亞當和夏娃當成象徵，耶穌也有了淪為象徵而不再是活生生的救主的危險。這種詮釋也完全沒能為原罪找到任何基礎。

到了四〇〇年，奧古斯丁——當時他已寫完《懺悔錄》——開始改變方法。他現在相信，想要取得進展，首先和最重要的就是把《創世記》的文字按照字面理解。他年輕時因為覺得亞當和夏娃的故事幼稚而看不起，但真正信徒的工作不應該是把這故事當成用幼稚的表面掩蓋什麼深奧的哲學真理。他的工作毋寧是把它視為歷史事實，並說服其他人也這樣看待。

投入這個計畫之後，奧古斯丁刻苦研究並熱烈寫作。⑳他開始寫一本叫《創世記的字面意義》（*The Literal Meaning of Genesis*）的書，目的是「按照確實發生的事對經文進行正確理解，而不是按照它們對未來事件的謎樣指涉加以理解。」他寫了大概十五年還沒有把書寫完，沒有理會朋友的催促。在他寫過的許多書中，這本十之八九是他投入最長時間和心力的。㉑

到頭來他失敗了。他努力按照《創世記》的字面去理解上帝創造宇宙的過程，但他卻無法讓自己相信上帝創造宇宙萬物的六天和我們理解的「天」有相似之處，或上帝在第一天帶來的光（當時還沒有創造太陽）和我們理解的光有相似之處，或上帝在第七天的休息和人類工作後的休息有相似之處。《聖經》固然說過上帝用地上的泥土造人，但奧古斯丁承認，說「上帝用物質性的雙手把土塑成人形是極端幼稚的觀念。」同樣地，《聖經》中的上帝固然對亞當說話，但相信上帝有聲帶乃是愚不可及。不管他望向哪裡，都遇到類似的難題。所以在接近生命終了，回顧他在《創世記的字面意義》寫過的內容時，他承認那是「一本問題問得多而回答得少的書。而在找到的答案中只有一小部分讓人放心，其他的仍然需要進一步的探索。」㉒

然而，他還是反覆不斷主張必須按照字面理解亞當和夏娃的故事——即使不是每個元素皆是如此，至少它的核心元素必須如此。克服自己的抗拒，奧古斯丁斷定亞當是有血有肉的人，從土造裡出來，一出現便是個成人。真的有一棵樹的果子是亞當被吩咐不能吃，吃了就會死亡。㉓上帝不是用神祕的方式對亞當說話，而是「運用了一些他能夠了解的聲音符號。」所有動物確實曾被帶到亞當面前命名，但不是由上帝本人「像獵人或捕禽人那樣把動物趕到網子裡」，而是由天使帶領牠們在正確時間出現在正確地方。為什麼要懷疑上帝真的用亞當的肋骨造了夏娃呢？畢竟，我們「不是也不知道一棵樹是怎樣從另一棵樹的樹幹上的芽長出來」嗎？

不按照字面了解《聖經》的人有禍了。㉔夏娃不理會上帝的警告，是因為她假定上帝的話不能按照字面理解，寧願相信上帝因為恩慈，可以輕易原諒任何過犯。「這就是為什麼她摘了

一些果子，咬了一口，又把一顆遞給丈夫。」以最嚴格的字面方式理解上帝的禁令會對她有好處得多。㉕

問題是，不管你怎麼努力，《創世記》總有些地方是不按照字面解釋，也找不到一條簡單和可信賴的規則判別哪些部分必須按字面理解，哪些部分不必。《聖經》告訴我們，當亞當和夏娃吃了禁果之後，「兩人的眼睛都張開了。」（《創世記》3:7）這是不是表示，他們被造之初眼睛是密閉的，「是盲眼地在天國裡用手摸路而行，所以完全不知道自己去到了長著禁果的樹，也不知道自己摘到的是禁果？」不對，《聖經》不可能是這個意思，因為我們知道，所有動物曾被帶到亞當面前，讓他命名。我們也知道，夏娃看過知識樹，認為「那棵樹的果子好作食物，也悅人的眼目。」儘管如此，我們不能因為某些字句是用作比喻就認定整段文字都是個寓喻。發現一個必須以字面理解的核心部分重要無比。

這就怪不得奧古斯丁為了寫《創世記的字面意義》而奮鬥了十五年。這是一件生死攸關的事——不只是攸關頭一對父母的生死，還攸關他們所有後代子孫的生死。只要可能，奧古斯丁竭盡全力執著於字面意義。他承認，亞當和夏娃在吃禁果之前不是真瞎。但除了把「你們的眼睛將會被張開」理解為一種修辭格之外，還有其他可能的理解方式。他堅持主張亞當和夏娃在吃禁果後確實看見了一些本來沒有看見的東西。但那會是什麼呢？奧古斯丁想出了這個答案：「他們的眼睛望向自己的生殖器，產生了他們本來不認識的生理衝動。」

這個理解的關鍵藏於奧古斯丁十六歲時在浴池的經驗，當時他父親觀察到兒子的「男性雄風」表徵。讓奧古斯丁父親高興和母親驚恐的生理衝動，現在可以一路追溯到亞當和夏娃同時感覺到興奮和慚愧的最初瞬間。他們看見了他們以前沒有看到過的，但如果說他們看到的事情讓他們興奮㉖，它也讓他們充滿羞愧，要伸手採無花果葉去「把那不由自主地動起來的東西」❶遮住。直到這一刻之前，他們都擁有完全的自由——奧古斯丁認為這是人類整個歷史上唯一的一次。現在，因為他們選擇了為自己而不是為上帝而活，他們失去了他們的自由。㉗而隨著他們失去自由，我們也失去了自由。

奧古斯丁相信這種失去的表徵不在性興奮，而是在性興奮的不由自主。在過了五十多年之後，他仍然沉思這事情的意義。他寫道：如果我們健康，就有自由按照自己的意願移動我們的身體部分（眼睛、嘴唇、舌頭、手和腳等）。「不過在生兒育女這件事情上，被創造來從事這個功能的身體部分卻不服從意志的指示，而必須等待情慾來驅動，就像情慾對它們擁有法定權利。」

奧古斯丁認為，我們無法控制身體的關鍵部分是一件奇怪的事。我們變得性興奮——這性興奮是內在於我們，然而它卻不受我們的意志的左右。陽具的堅硬或拒絕堅硬端視乎看來有自己法則的力比多（libido）的自行其是。從男性角度看待性生活在奧古斯丁乃至他的整個時代來

❶譯註：指不由自主勃起的陽具。

說是典型，但他斷定女性有著某些和男性性興奮等值的經驗。㉘這就是為什麼在《創世記》裡夏娃吃過禁果之後就像亞當一樣感到羞慚，要用無花果葉遮蓋生殖器官。「女人要遮住的並不是同一種的可見運動❷。她感受到和男人的相似感覺，而她的感受是隱藏著的。他們為他們的相互吸引力感到羞愧。」

奧古斯丁對性興奮的經驗非常濃烈、堅持和神祕，把他一再帶回到同一組問題：我這個身體到底是誰的？慾望是從何而來？為什麼我指揮不了我的肉體？「有時候它拒絕接受心靈的指揮，又常常違背心靈的意願！」㉙少年時候的他經驗到意志和身體的奇怪分裂。現在，做為年老的僧人，他承認他在自己的僧房內有時一樣會受到「淫邪思想」的入侵，感受到「下流想像的怒吼」。當然，還有其他身體慾望也是即使最虔誠和律己的人一樣會出現。但奧古斯丁指出，人對飲食的慾望還是有可能用心靈加以某種程度的控制，而在這些慾望獲得滿足之後，人也是可繼續思考心靈和靈性層面的事，但性慾卻是另一回事：「難道它不是把整個靈魂與身體都捲進來嗎？」㉚

但亞當和夏娃——還有我們——永遠失去的代替選項是什麼？說得更具體的是，如果亞當和夏娃原定不是使用所有人類一直使用的方式來繁殖後代，又是使用什麼方式？伯拉糾派主張性愛是上帝的設計中一個自然和愉快的部分。第一個男人和第一個女人都是人類，和我們是人類的方式一模一樣，所以理應是用我們一樣的方式繁殖。尤利安這樣質問說：難道奧古斯丁認為亞當和夏娃不是屬於我們的物種嗎？

這時的奧古斯丁已經不能用他一度用過的方法，主張亞當和夏娃是靈體而不是有身體的生命來迴避這個問題。在提倡字面的理解方式後，他開始轉而相信人類的第一對男女就像我們一樣，有著物質性的身體。他們不是像某些人猜測那樣是巨人，也並不擁有超人力量。他們無疑比我們完美，但仍然和我們是同類。

但是他們和我們卻曾經有過一個重大差異。㉛奧古斯丁主張，根據原來的設計，亞當和夏娃用不著靠不由自主的性興奮來進行繁殖。「他們的身體內沒有動盪的色慾在活動，只有平靜的意志在指揮身體的其他部分。」對奧古斯丁來說，不被擾亂的自我支配——只有在想要興奮的時候興奮，不會在不想興奮的時候興奮——乃是自由的真諦。

對於習慣從政治或社會層面思考自由的我們而言，這個視自由為不受滋擾的內在平靜的概念看來非常奇怪。但對於一個被不由自主性興奮問題深深困擾的人來說，這樣看待自由很有道理。奧古斯丁斷然相信自己不是特例。他引用一個歷史悠久的道德哲學傳統（其中既有異教徒亦有基督徒）為自己作註腳，這個傳統力求自我控制，不受任何事情（包括莫大的疼痛）干擾。他在《上帝之城》（*The City of God*）裡寫道：在天國裡，亞當和夏娃因為沒有疼痛、沒有對死亡的恐懼和沒有內心擾攘，所以過著絕對靜謐的生活，而這種靜謐也延伸到他們的性交。

---

❷譯註：指男性的勃起。

絕對的平靜，沒有任何激情的感覺，沒有受到什麼奇怪力量的驅策，丈夫可以在妻子的胸膛上完全放鬆享受心靈的寧靜。㉜

伯拉糾派會質疑，如果亞當和夏娃的身體和我們的身體實質上一樣，上述的情形又是怎樣可能？奧古斯丁回答說，即使是在我們當前的狀態，仍然有些人能夠讓他們的身體做出其他人認為不可能的事情。「有些人甚至可以擺動耳朵，或是一次一隻，或是一起擺動。有些人可以光靠意志讓頭皮在頭上滑向前或滑向後。」還有些人可以選擇什麼時候流汗，或從屁股發出音樂聲而沒有同時發出臭氣。」所以我們為什麼不能想像，亞當在他未受污染狀態時可以平靜地憑著意志指揮陽具勃起，堅硬得剛好夠進入夏娃的身體。這過程是那樣平靜，以致「精子可以在無損妻子完整性的情況下送入子宮，一如月經可以產生自一個處女膜未破處女的子宮。」亞當自己的「身體完整性也完全沒有受到損害。」㉝

想像亞當和夏娃做愛是彆扭的事。奧古斯丁知道，那將會讓他的讀者不舒服或（這是更糟的）讓他們發笑。他盡了最大努力想像一個性交還不會讓人羞慚的時代，但正因為我們已經墮落，所以無法重新發現那個時代。雖然他為了樸實刻意抑制自己的口才，但他知道任何描述我們頭一對父母性交情形的嘗試都會引起尷尬。還有進一步的彆扭之處：在講道或談話時討論性活動無可避免會引起對性畫面的想像，而這些畫面又會被帶入夢中，在那裡，想像和真實乃是無法區分。「當肉體受到刺激而活動，其結果就會是這些活動總是會帶來的結果。❸」奧古斯丁在《創世記的字面意義》的結尾這樣指出。

但他看來承認，不由自主的綺夢是個值得冒的險——對他自己或他的讀者來說都是如此。因為，為了明白亞當和夏娃是誰和原有的人類狀態，我們有必要明白原來為他們設計的生殖方法。我們設法想像他們做愛情景時會感到的尷尬是這個問題的一部分。奧古斯丁在《上帝之城》指出，每個人都知道一對夫妻為了生兒育女必須進行什麼樣的行為。全部的婚姻儀式都是為了把該行為神聖化。「然而當這行為被執行以便生育小孩時，卻不容許那些已經被生出來的小孩見證這行為。」這麼說，難道奧古斯丁認為在天國裡，小孩是被容許目睹他們的父母交配？對，他正是這樣想，因為這種交配乃是平淡無奇，毫不惹人注目，沒有一絲不由自主性興奮的痕跡。㉞

這就是為亞當和夏娃所做的原有安排。但這樣的事情卻從未發生，甚至沒有發生過一次。他們的罪發生在更前面，「讓他們未及在不受激情干擾的情況下結合，便受到被逐出伊甸園的懲罰。」然則，奧古斯丁花了那麼大工夫去想像人類最早一對男女的性生活又是所為何來？奧古斯丁也許從未能夠令全世界的基督徒相信他們的性衝動是不自然或是罪惡，但他卻可以試著贏得一場跟摩尼教和伯拉糾派的重要教義辯論。而在教義的問題上，每逢一種溫和及常識性的立場和一種強硬及極端的立場發生對峙，後者都有很大的機會勝出。

❸ 譯註：指夢遺。

除了這種教義目的外，奧古斯丁對於亞當和夏娃故事的入迷還道出了一些和他本人有關的事。他對天堂性愛的看法向他證明了人類本來不是被設計成要感受到他少年時代在塔加斯特經驗到的感覺。它證明了他在迦太基的時候本來不是非要受到那情慾大湯鍋的吸引不可，特別是證明了他本來不用對情婦有那種他反覆感受到的感覺。這情婦是他唯一兒子的母親，是他愛了十三年的女人（幾乎和他為了寫《創世記的字面意義》而奮鬥的時間一樣長），是在他母親的要求下被送走，走的時候聲言永不會和別的男人在一起，而她的離開讓奧古斯丁感覺就像有東西從他的胸口被拔走。

奧古斯丁在《上帝之城》指出，亞當會墮落不是因為受到蛇的欺騙。他會選擇犯罪是因為驕傲（「渴望得到過分崇高的地位」），也是因為「他不能忍受和他唯一的伴侶分離。」奧古斯丁在自己的墮落狀態的可能範圍內竭盡所能消解亞當的選擇。他設法在他的聖徒母親幫助下離開情慾，擺脫性興奮的箝制。不錯，他仍然有他那些不由自主的夢，那些不受歡迎的擾動，不過對於亞當和夏娃天真無邪狀態的所知，讓他深信有朝一日在耶穌的幫助下，他將會徹底控制住自己的身體。他將會成為自由。

第7章

謀殺夏娃

Eve's Murder

奧古斯丁對自己母親一心渴望丈夫和兒子得救的描寫是那麼動人，乃至形成一種膜拜。當莫妮卡的遺骨最終從奧斯蒂亞被帶到羅馬時，據說行經的沿途都出現了奇蹟。在納沃納廣場（Piazza Navona）附近一間獻給奧古斯丁的大教堂裡，她的遺骨被存放在大祭壇左邊一間小禮拜堂。漂亮大教堂的立面覆蓋著從大競技場剝下的石灰華，此舉的象徵意涵奧古斯丁母子不會不明白。祈求她幫助的禱文被收入了《時辰禮儀》，聖莫妮卡日被定在每年的八月二十七日——聖莫妮卡是忍氣吞聲妻子和嘔心瀝血慈母的主保聖人。加州一座由小型西班牙人營地發展而成的城市仍然以她為名。她為走歪的兒子提供了一條返回天國的天真無邪道路——又透過兒子的雄健文字為很多其他人提供這樣的道路。

至於奧古斯丁愛過的另一個女人——他的性伴侶和他兒子的母親——則既從他的人生消失，也從他卷帙浩繁的著作消失。他不想把她看成是情慾誘惑的象徵或要她為他自己的性慾負責。畢竟他對於情慾的基本模型乃是孤獨的性衝動：一個年輕人在浴池裡的無意中勃起和一個老年人的綺夢。

雖然奧古斯丁沒有把女人說成是誘惑的來源和純真失落的原因，卻有其他人這樣做。因為他把亞當和夏娃的故事放置在人生戲劇的核心，是以為此後很多個世紀對夏娃的憎惡情緒大開方便之門。拉比猶太教固然不太感興趣於怪罪夏娃，《古蘭經》也把亞當和夏娃看成為要負一樣程度的責任①，但於事無補。基督教在草創時期固然歡迎女性加入（一如歡迎奴隸和罪犯等其他受羅馬社會秩序壓抑的人加入），讓她們在主前同樣蒙恩，但於事無補。奧古斯丁和繼他之後的很多神學家固然力主該為人類墮落負主要責任的人是亞當，但於事無補。包括教會在內的很多其他權威都樂於把幾乎全部責任歸咎給夏娃。

這樣做的時候，他們至少可以間接借助一個指責女人禍害世界的異教傳說。不管是基督徒還是異教徒，幾乎人人都一定聽過潘朵拉的故事，其最著名的講述者是西元前八世紀的希臘大詩人赫西奧德。根據這個故事，宙斯因為受到泰坦巨人普羅米修斯捉弄，大為憤怒，而由於普羅米修斯對人類表現出特殊關愛，所以宙斯決定拿人類來開刀。他命令鐵匠之神赫菲斯托斯（Hephaestus）用泥土做出第一個女人，然後吩咐每個神明送給女人一份禮物。雅典娜教她編織，阿芙蘿黛蒂教她散發誘惑魅力，美惠三女神送給她金項鍊，時序三女神送她一頂春天鮮花編織的花冠，狡猾的赫爾墨斯送她「一顆忝不知恥的心」。②

然後，讓人無法抗拒的潘朵拉——她的名字意指「擁有所有禮物的」——被送給了普羅米修斯的弟弟厄毗米修斯（Epimetheus）。厄毗米修斯曾經得到警告，不要接受宙斯送的任何禮物，但他卻被潘朵拉迷倒，把警告忘到九霄雲外。一到他家裡，潘朵拉就打開一個廣口瓶的蓋子（十六世紀把「廣口瓶」誤譯為「盒子」），在她來得及把蓋子重新關上時，此後糾纏人類的疾病災殃統統飛了出來。唯一還留在廣口瓶裡的東西是「希望」。

根據這個故事，人類被夾在一個神祇和一個泰坦巨人的鬥爭之間。因為從一開始人類就沒有犯過，所以也沒有人類的懺悔儀式可能平復神明的憤怒。人類一度不用受疾病和勞苦的折磨，但因為潘朵拉攪和，這種情況已經一去不返。這個故事不包含重大道德教訓。唯一可以讓人從中得知的，除了是宙斯總是勝利，便是女人乃人生的悲苦泉源。

早期基督徒對潘朵拉神話並沒有好感——他們對希臘和羅馬宗教的一切都沒有好感。不過信徒忍不住會越過肩膀望向他們所拒絕的文化。二世紀神學家特土良（Tertullian）主張，潘朵拉也許從來不存在，但她象徵的魅惑性誘惑力卻繼續造成可怕傷害。在他論女性穿著的著作中，特土良把上帝對夏娃和她所有女兒的懲罰複述了一遍，然後以越來越憤怒的語氣指出：

妳們難道不知道妳們每個人裡面都有一個夏娃？上帝對女性的懲罰在這個時代繼續存在，所以女性的罪必然繼續存在。**妳們**是魔鬼的大門；**妳們**是禁果的啟封者；**妳們**是神的律法的第一個逃兵；是**妳們**說服他魔鬼不夠勇氣攻擊。**妳們**輕易就摧毀了上帝的形象，即男人。因為**妳們**的罪，甚至上帝的兒子都必須死。難道妳們只會想著打扮自己嗎？

雖然特土良的作品受到廣泛閱讀，但正統基督徒看來對他存有戒心。不過他對女人無可救藥的虛榮心和道德缺陷卻擁有很多迴響。③

在早期基督教中，更屬於主流派的是奧古斯丁的同時代人耶柔米（Jerome），他以把《聖經》翻譯為拉丁文知名，大有影響力而且受人敬畏。耶柔米一次又一次地像特土良那樣激烈批評女性梳妝打扮。「在雙頰刷上胭脂，在眼睛塗上顛茄，在臉上覆蓋粉末……再大的年紀都無法讓她們認老，在頭上堆滿借來的髮絡，雖然滿臉皺紋仍然假裝年輕。」④

但沒有結婚的耶柔米比有結婚的特土良還要更進一步。他不只反對女人化妝，還要求女人用布蒙頭或留在家裡。雖然有一批極虔誠的女人慷慨資助他，而他也和她們大量通信，但耶柔米仍大力反對婚姻。他無法讓已出嫁的女人終止婚姻，但強烈呼籲寡婦不得再婚。

他在西元三四〇年寫給一個名叫瑪榭（Marcella）的女士的信上說：「一個擺脫婚姻枷鎖的女人只有一個責任，那就是繼續當寡婦。」寡婦是什麼年紀或身處什麼環境並不相干。守寡的女基督徒必須決心避免第二次陷入婚姻：「如果有蠍子嫉妒她的決心，用甜言蜜語敦促她再吃禁果，那就用一句詛咒代替靴子把牠碾扁：『撒旦，走到我的後邊去。』」。「再吃禁果」：對耶柔米來說，婚姻就是「墮落」。

有事情已經發生改變。希伯來的創造人類故事看來包含著對婚姻和生育的狂喜歌頌。拉比們把「生養眾多」詮釋為一種莊嚴戒命。根據《塔木德》，如果你結了婚又能夠生育兒女卻沒有生育兒女，就等於犯了謀殺罪。

奧古斯丁和耶柔米徹底重新思考了真正虔誠的基督徒應該立志過什麼樣的生活。他們知道大部分信徒無可避免會結婚和生兒育女——這是世界的自然傾向。但如果一個人的最高召喚是守貞，一生在其他僧尼的陪伴下沉思諦觀，那麼亞當和夏娃的整個故事就必須重塑。

在和一個為文讚揚婚姻的基督徒作家約維尼安（Jovinian）的激烈論戰中，耶柔米主張亞當和夏娃在伊甸園的時候都是處子之身，過著禁慾的蒙福生活。他寫道：只要亞當保持齋戒，「他就可以留在天堂，但他因為吃東西而被趕了出來。他娶妻沒有多久便被趕了出來。」他也提醒一個女性追隨者，夏娃在天國時是個處子。他告訴她：「天國是妳的家，所以保持妳出生時的樣子。」⑤那年輕女子因此發誓永守獨身，追隨耶柔米去了巴勒斯坦，在那裡過著一種極端清貧的生活。

這種觀點在四世紀的基督徒社群並不是沒有引起異議，但耶柔米和他的朋友取得了勝利。約維尼安讚揚婚姻的著作受到譴責和燒燬，被他的敵人貼上「基督教的伊壁鳩魯」的標籤，人則被鞭打和放逐到亞得里亞海一個小島。其他主張婚姻就像守貞一樣神聖的人同樣被視為異端和受到懲罰——常常是殘忍的懲罰。很多基督徒也許私底下覺得婚姻生活不比修道院的苦修生活低下、夫妻的性關係完全美好、女人在道德和智力上面和男人旗鼓相當，應該有權在教會裡暢所欲言，不過這些人都被奉勸不要把他們的意見說出來。

有一群女人追隨耶柔米，放棄她們富有和尊貴的生活。她們大膽、有決心和極為博學，幫助他在嚴酷和危險的環境建立女修道院。她們著手重新恢復第一個女人在未嘗禁果以前曾經有過的真純。但這些屬靈成就和隨之而來的力量並沒有能夠讓她們完全擺脫繼承而來的污染。這是因為夏娃絕無疑問地犯了罪，而這罪的結果會顯現在哪怕是她最虔誠的後人。她得到的其中一個懲罰是要受男人支配：「妳丈夫必管轄妳。」所以，人人都必須明白，女人能夠發揮的任何權柄都受到第一個女人所犯的罪的嚴格限縮。

就像很多和他有著類似觀點的人那樣，耶柔米仰仗基督教一份奠基性文件的支持。他引用被認為是出自使徒保羅手筆的《提摩太前書》指出⑥：

> 女人要沉靜學道，一味的順服。我不許女人講道，也不許她轄管男人，只要沉靜。因為先造的是亞當，後造的是夏娃。且不是亞當被引誘，乃是女人被引誘，陷在罪裡。（2:11-14）

保羅曾在《加拉太書》指出：「不再有男人女人之分，因為所有人都在耶穌基督裡合一。」（3:28）但現在，在給提摩太的書信裡，性別差異卻以猛烈方式捲土重來。這種差別的正當性不只是基於以弗所（Ephesus）的風俗（以弗所是提摩太的服務地點），還是基於可回溯至太初的不可擦拭的差異。

「不是亞當被引誘，乃是女人被引誘，陷在罪裡」：這幾句話在後來的世紀被人反覆重申。它們被釘入小小孩的腦袋，每逢夫妻權力平衡受到威脅就會被提起，凡是有聰慧和能言善道的女人看似咄咄逼人時就會被引用。在耶柔米之後近一千年，一個教會法學者指出：「女人是說謊的始作俑者，這就是被譴責的有力原因。」當然不應該允許女人施教。十三世紀一名西班牙托缽修士這樣說：「一個女人曾經執教鞭，結果天下大亂。」⑦

這樣沒完沒了複述夏娃的罪和她所有女兒的缺陷，明顯符合那些誓守貞潔的僧人和托缽修士的心理需要。它也符合那些設法支配妻子和女兒的人的心理需要。夏娃帶來的災殃變成了兩性戰爭中的標準論據，因為它的權威看似來自《聖經》本身。

十四世紀喬叟《坎特伯雷故事集》中那個難駕馭的「巴斯婦」（Wife of Bath）為這種典型的爭吵提供了幽默的一瞥。話說，她丈夫詹金（Jankin）異常愛讀有厭女癖作者所寫的書——不讓人意外地，這些作者的其中一個便是名叫聖耶柔米的紅衣主教，該人「寫過一本反對約維尼安的書」。「巴斯婦」回憶說，有一晚，她丈夫——

坐在爐火旁讀著他的書，
書裡面說因為夏娃的惡搞
全人類都遭了殃。
耶穌基督為此被宰。

詹金刻意大聲說出自己讀此書的心得：「女人是全人類的禍水。」

「巴斯婦」受夠了，伸手搶過老公的書，先撕去三頁，再在丈夫臉上打了一拳，打得他向後仰。詹金跳起來還擊，一拳打在她頭上，把她打昏過去。不過他以為自己殺了妻子，大為懊悔，發誓放棄自己對妻子的支配權：「他把韁繩完全交到我手中，讓宅子和土地都歸我。」為了表示由衷的悔悟，詹金還燒了那本引起夫妻齟齬的書：耶柔米的《反對約維尼安》。

喬叟的故事也許是根據真人實事寫成，但夏娃的過犯卻是出現在無數的圖像和講道中，顯得鐵證如山。

不是只有男人會提這個故事，用它來證明女人理應受到低貶。許多虔誠的女性——例如資助和陪伴耶柔米的那些——一樣接受和深信這個對女性本質的判斷。偶然也會有例外的情形出現：有些大膽的女性會挑戰這種習慣性的低貶。不過，大多數時候，具支配性的是前一種態度，哪怕是在那些對於自己時代的主導性社會假設不以為然的基督徒中間照樣如此。社會成規是一回事，夏娃的過犯又是另一回事：它被呈現為一個歷史事實、一個人類學真理、一種生物學本質和一種宗教教義。人類可悲的存在狀態完全可以追溯和歸咎到夏娃身上，而她的所有女兒都受到了污染。

對夏娃的激烈譴責常常是和對聖母的熱烈讚揚並行，後者被認為解除了第一個女人所犯的罪。兩者的對比從很早就被仔細勾勒出來：夏娃從舊亞當的身體被抽取出來／新亞當從聖母的身體被誕生出來；遇到處女夏娃時，蛇悄悄對她說話／遇到處女馬利亞時，上帝的聖言悄悄對她說話；蛇的話語透過夏娃建立起死亡的大廈／上帝的聖言透過聖母建立起生命的結構；夏娃用她的不信所打上的不順服的結，被聖母的信和順服打開；夏娃生出了罪／聖母生出了恩典。

Eva 變成了 *Ave*❶。⑧

這種細緻的對位見於無數的書本插圖、雕塑、壁畫和油畫。在十一世紀的希德斯海姆（Hildesheim）大銅門上，夏娃在左邊一扇門為該隱餵奶，聖母在右邊一扇門為耶穌餵奶。在荷蘭大師范德魏登（Rogier van der Weyden）的一幅油畫中，聖路加（St. Luke）畫了一幅描繪聖母給嬰兒耶穌餵奶的畫。她坐著的木頭寶座的扶手上雕刻著小小的亞當和夏娃。如果你湊近一看，可以看見夏娃正在伸手摘一個蘋果。所以原罪和救贖被擺在了一起。同樣地，安傑利軻（Fra Angelico）在科爾托納（Cortona）所畫的一幅精采祭壇畫中，前景是天使報喜，遠處則刻畫天使米迦勒把亞當和夏娃驅逐出天國。但丁《天堂篇》一幅十五世紀的義大利插圖對於時間和空間有更極端的戲耍。在插圖右邊，一座小禮拜堂的前面，天使加百列向聖母下跪。在他們後面，赤身露體但遮蓋著無花果葉的亞當和夏娃聚精會神地看著這一幕。⑨

由於中世紀的聖母崇拜常常有著反猶太教的用意（畢竟猶太人被說成要為聖母的悲傷負責），所以描寫夏娃和聖母的對比常常暗示著猶太人和基督徒的對比。在一四二〇年版德意志《聖經》的一幅插圖中，夏娃站在知識樹的一邊，聖母站在另一邊。赤身露體的夏娃伸出一隻手要摘一個蘋果，另一隻手觸摸一個猶太人手上拿著的骷髏頭骨。穿長袍的聖母伸手握住一個十字架，慈祥的回望一群教士和僧侶。這個對比是猶太會堂和教會之間的對比⑩，也因此是律法和恩典、死與生的對比。

在一幅令人難忘的油畫裡（作於一六〇五至〇六年，現藏羅馬的博爾蓋塞美術館），卡拉瓦喬（Caravaggio）刻畫聖母彎著腰，赤腳踩在一條痛苦扭動的蛇的頭上。⑪她抱著赤裸的兒子，兒子把腳踩在母親的腳背，兩人合著力量把蛇踩扁。小孩的外婆——滿臉皺紋和疲倦的聖安妮（Saint Anne）——看著這一幕。雖然看不見夏娃，但她卻是隱含在畫面裡，因為這事件在太初便已經被預言過。當時上帝告訴那條引誘夏娃犯罪的蛇說：「我又要叫你和女人彼此為仇。你的後裔和女人的後裔也彼此為仇。」（3:15）現在，《新約》中的救主和他的童女母親實現了《舊約》的預言。這是基督教的一大勝利，也因此，畫中的小孩耶穌是顯著的未受割禮。

整個象徵性對比可以用來暗示夏娃的犯罪乃因禍得福。畢竟她的行為最終導致了聖母出現，又透過聖母導致了救主出現。但由於聖母擁有一切夏娃沒有的優點，把兩人並放在一起常常會強化夏娃的魯莽、虛榮心重和驕傲形象。看來，神學家在貶低女人時互不相讓。即使無比聰慧和富於惻隱之心的哲學家阿奎那（Thomas Aquinas）一樣認為男人要比女人得到更多上帝的形象，指出女人乃是有缺憾或是受到傷殘的男人。⑫這是一個古老的觀念，有著異教的根源：阿奎那是從亞里士多德那裡把它借過來。但它在中世紀思想裡找到現成歸宿，看來可以用來解釋為什麼女人被造的時間比較晚，解釋她為什麼是源於所謂的一根彎曲的肋骨（a crooked rib），以及解釋她為什麼會被蛇的甜言蜜語所惑。

❶譯註：即「夏娃變成了聖母」。*Ave* 為「萬福馬利亞」中的「萬福」，借指馬利亞。

阿奎那提出了這個問題：上帝一開始為什麼要創造夏娃？她本來是被當作幫手，但正如奧古斯丁在幾個世紀前已經指出的，一個男性幫手對亞當的農作勞動會更有幫助。阿奎那寫道：「為了生活在一起和互相作伴，兩個男性朋友會比一男一女更好。」所以阿奎那斷定，把夏娃的被造理解為以繁殖後代為目的才講得通。

女性的生殖能力——特別是在數不勝數的聖母子畫像裡——受到承認和尊榮。雖然聖母崇拜越來越熱門，但夏娃的罵名卻未因此而減少。至少在一些中世紀基督徒中間（特別是生活在修道院社群的那些），厭女症達到了明顯病態的程度。這種厭女症在當時並未顯得病態，是因為它們在一個更大的信仰架構和一些讓它們可被接受的制度中找到相對舒適的位置。十一世紀本篤會的聖伯多祿．達米盎（St. Peter Damian）對敬拜聖母非常熱心（著名的《榮福瑪利亞日課經》即出自其手筆），但這種熱心並沒有減少他對「導致我們遭殃的原因」❷的熱烈攻擊⑬：

妳這母狗、母豬、夜叉、夜梟、母狼、吸血者，不間斷地喊著：「給啊，給啊！」（《箴言》30:15-16）現在聽著，妓女，妳用妳那淫蕩之吻，為肥豬提供打滾的地方，為惡靈、半仙、塞壬、巫師、戴安娜的信徒提供躺椅。因為妳是魔鬼的受害者，注定被永遠的死亡切斷。從妳，魔鬼被妳的氾濫色慾養肥，被妳誘人的筵席餵飽。

在這種瘋狂的憎恨語言中，《創世記》中的一男一女——他們原被說是上帝照著自己形象所造——被轉化為某種邪惡的東西。特別是，夏娃不再被認為是亞當的伴侶，而是成為了他的死敵。雖然夏娃終究來說也是撒旦的受害者，但她同時是撒旦的盟友和人類墮落的主要促使者。當聖伯多祿·達米盎坐在他的僧房裡沉思默想時，潛伏在他心靈裡的是一種比基督教甚至比猶太教還要古老的猜疑：女人不只是撒旦的盟友，還是他的情人，在骯髒的儀式中把自己的身體結合於撒旦的身體。

在這些淫穢想像中，蛇有時表現為撒旦與夏娃交媾的形式。又或是夏娃被刻劃為真正的蛇。博學的註釋者指出希伯來文的「夏娃」和亞蘭文的「蛇」字有關，但厭女者不需要靠語文學（philology）指引即能走向這個方向。女人利用她的性吸引力誘惑並最終摧毀男人。女人的受害者身分被便利地給忘記了，又或是歸咎於女人自身。畢竟，做為夏娃的女兒，她們學會了撩起男性的慾望。

在這種論證最極端的形式中（與其說是論證，不如說是一種精神障礙或強迫症），女人不再完全是人。一個教會法的早期註釋者這樣寫道：「女人是有月經的動物，若與她的血接觸，酒會變酸，植物會死掉，樹會不結果子，鐵會生鏽，空氣會變暗。」⑭把女人非人化就像把猶太人非人化那樣，為暴力開了方便之門。

---

❷ 譯註：指夏娃。

一四八六年，多明我會修士克雷默（Heinrich Kramer）和司布倫格（Jacob Sprenger）出版了知名的《女巫之槌》（*The Hammer of Witches*）一書，其中描述了教宗授權他們在德意志和瑞士進行的宗教審判。他們用刑求取供的方法讓一大批人（大部分是女人）自認是巫師。這些巫師因為被控和魔鬼打交道而被處決。兩位宗教裁判官熱切地為自己所做的事辯護，又鼓勵其他人效法。⑮

克雷默和司布倫格引用教會父老❸和很多其他人的說法，解釋為什麼被巫術吸引的女人比男人多出許多。那是因為所有女人都有為惡的天性。當然有些女性確實是虔誠，甚至神聖：就像聖伯多祿．達米盎那樣，司布倫格特別崇拜聖母。但真正善良的女人鳳毛麟角：女人就一整體來說非常要不得。兩位宗教裁判官寫道：「因為女人在靈魂和身體兩方面都有缺陷，這就不奇怪她們會更多地對她們所嫉妒的人施以巫術。」

兩位宗教裁判官堅持主張，巫術並非想像出來的。施巫術的人會和魔鬼定下有約束力的契約。這些人透過崇拜和服侍魔鬼交換邪惡力量。克雷默和司布倫格指出：「魔鬼可以透過女巫說話，透過她們看見，透過她們聽見，透過她們吃東西，透過她們生育。」巫師獲得的魔鬼力量通常是相當地區性，只限於殺死鄰居的乳牛、讓一個小孩變殘廢或讓一個男人性無能。但有時他們的法力也可以達於村莊之外：「我們發現世界幾乎所有王國都是因為女人而被推翻。」

這一切都可以回溯至夏娃。女人的致命缺點「可以在第一個女人的身上看出來，因為她是由一根彎曲的肋骨所造，因此有別於男人。」不錯，她是受到魔鬼的誤導，但誤導亞當和導致他羅禍的卻是她而不是魔鬼。這一點只印證了女人是不完美動物的理論：「在智力和對靈性事務的理解上，她們看來是屬於一個和男人不同的品種。」

只有一個小小的謹慎措詞——「她們**看來**是屬於一個和男人不同的品種」——讓克雷默和司布倫格沒有直接說出他們在書中常常隱含的論點：女人不是完全的人。雖然《女巫之槌》有一個官方加持的前言，但科隆大學的神學家卻在其中找出異端的痕跡，所以書在出版的三年後被宗教裁判所譴責為謬誤。雖然受到譴責，這本書仍然廣為流傳，克雷默也反覆得到教會當局授權搞他的女巫審判。無辜女人繼續因為她們被認為可以一直回溯到夏娃的為惡天性而被處決。

雖然《創世記》內含的厭女偏見被用來合理化苛待女人的態度，又雖然夏娃的過犯讓人有權侮辱或透過法律謀殺女人，但《創世記》並不總是被用來證明所有女人有著天生的缺陷。⑯基督教的所有大神學家——從奧古斯丁和阿奎那到路德和喀爾文——都主張第一個女人就像第一個男人一樣，是按上帝的形象被造。這種信念讓詆毀夏娃的最激進言論受到抑制。有時候，甚至女人天生有缺陷之說，也有助於為她們辯護或至少減低她們的罪責。在十五世紀，淵博的人文主義者諾加羅拉（Isotta Nogarola）雄辯地主張，女人的不完美性——她們的無知與不一

❸譯註：基督教會早期把基督教信條神學化和理論化的著作家，涵蓋時期為二世紀至六世紀。

貫——是上帝賦予的天性，也因此可以減輕她們的罪性。若能正確地理解，夏娃「就像一個罪要少於老人的小孩或一個罪要少於貴族的農民。」但亞當因為被造得完美且被賦予自由意志，對自己的罪就不能有所推託。⑰

很多基督徒（男女都有）相信，亞當的責任要大於夏娃。夏娃是受撒旦所欺騙，亞當卻是完全本著自由意志犯罪。即使第一個女人被認為應該為全人類負主要的責任，仍然有一種方式可以沖淡她的罪：那就是像早期的教會父老那樣，強調她的行為有助於帶來救贖。

十五世紀早期，一位異常博學的女人——法國人文主義者克里斯蒂娜·德·皮桑（Christine de Pizan）——想像自己和「理性女士」（Lady Reason）談話。⑱「理性女士」向她保證：「如果任何人說亞當因為夏娃女士而被放逐，那麼我告訴你，他透過聖母之所得要多於透過夏娃之所失。」正確地理解的話，夏娃是人類的恩人：「男人和女人都應該為她犯的罪高興。」

一些大膽的詮釋者走得更遠。最不尋常的大概是一位非常能言善道和非常不快樂的修女，她生活在威尼斯的本篤會女修道院。阿坎潔娜·塔拉波提（Arcangela Tarabotti）有十一個兄弟姊妹。出生於一六〇四年，她就像父親一樣是個瘸子，很早就被送入女修道院。（這是當時的父母常常採取的一種策略，目的是為了省下一筆嫁妝，又或認定女兒不會找到適合的丈夫）。到了十七歲生日，阿坎潔娜就發下不能收回的誓言，承諾在女修道院度過一生。但她不願認命，一生中多次找到方法和她小房間以外的世界聯絡。

她最著名的書籍《父母暴政》（*Paternal Tyranny*）在一六五四年出版，當時她已去世兩年

（得年四十八歲）。書中她指控導致她和其他像她那樣的人受苦的那種殘忍，以及指控人們用來合理化這種殘忍的說詞。若能正確地理解，《聖經》清楚表明，第一個女人不是和第一個男人不相伯仲，而是比他優越。亞當只是用土所造，夏娃卻是用更高貴的物質（人體的部分）製作。亞當是出生於伊甸園之外，夏娃卻是誕生在天堂裡面。她是所有完美的集大成者，是上帝最後和最高的傑作。

男人雖然明明白白低一等，卻想方設法透過暴力和欺騙壓制女人，又把一切怪罪夏娃，用這個方法來遮蓋他們的邪惡。她被不公道地指為要為降臨人類的一切疾病負責。不利於她的惡毒謠言，幾百年來都用於合理化和加強對所有女人的奴役。阿坎潔娜指出，上帝「並沒有告訴亞當：『你將會管轄女人。』那是一個彌天大謊。男人和女人都是生而自由，擁有上帝所賜的珍貴禮物，亦即自由選擇的無價權力。」[19]但男人不願意讓異性擁有他們自己非常珍愛的自由。他們用壓迫性的婚姻禁錮女性，更糟的是用陰暗的女修道院囚禁她們。沒有幾個修女是真有宗教使命，但她們卻被迫過著悲慘的生活：「她們的生活沒有開端，沒有盡頭，會啃咬人但不會銷蝕人，會殺人但不會讓人死掉。」

一個十七世紀的修女很難會懷疑整個有關最早人類的故事。但如果《父母暴政》的作者不能否認《聖經》的真理，她至少可以把對《聖經》的詮釋扳向一個更加人道的方向。夏娃想吃禁果不是因為驕傲，而是因為渴望知識：「這很難說是一種該被責備的慾望。」她的美也許促使亞當的墮落，但那很難算是夏娃的過錯：「男人痛恨女人的美，因為你們的不潔心靈讓你們不能在沒有色慾的情形下享受她的存在眼前。」

一生被禁錮在女修道院的房間裡，阿坎潔娜勇敢地揭發亞當和夏娃的故事遭挪用於邪惡用途。她寫道：「我找不到半點字面或象徵的暗示，表示上帝渴望違背女性的意願，把她們關在女修道院裡。蒙福的造物者本來可以委託我們的頭一個父親為女人建立敬拜祂的宗教教團，但祂卻沒有那樣做……」在《聖經》裡，夏娃受到化身為蛇的魔鬼的甜言蜜語誘惑，不過在阿坎潔娜的改寫中，上帝清楚表明，夏娃和所有女人自此受到的對待是多麼不公平。「事實上，」上帝這樣告訴夏娃。「魔鬼代表的是男性，他從現在起將會把他的缺點歸咎於妳，一心只想著欺騙妳、背叛妳、解除我的全能所授予妳的所有支配權利。」

可能有其他女人同意阿坎潔娜的看法，也有可能她還找得到男性盟友。不過即使這些人存在，他們也沒有膽量把心裡話公開說出來。《父母暴政》一出版馬上受到攻擊，在一六六〇年遭宗教裁判所全面取締，被收入禁書目錄。

雖然有阿坎潔娜、諾加羅拉和其他人的英勇努力，要想在基督教裡面完全抹去夏娃罪魁禍首的罵名幾乎不可能。不管人們有多麼強調亞當的罪咎或多麼讚歎聖母的救贖力量，對夏娃和女性的厭惡繼續存在。只有堅定地站在亞當夏娃故事之外的立場，女性主義者瑪麗・沃斯通克拉夫特（Mary Wollstonecraft）才能夠在一七九二年的《為女權辯護》（*A Vindication of the Rights of Women*）一書中指出：

認為婦女是為男人而創造的這一流行的看法，可能是起源於摩西富有詩意的故事。但是認真考慮過這個問題的人中（我們這樣假定）只有極少數認為夏娃真是用亞當的一根肋骨所造，所以我們必須承認這個看法是不能成立的，充其量也只能承認，這個看法證明：自遠古時候起，男人就覺得使用自身實力來征服他的終身伴侶對他有利，並且用捏造的事實來說明她應該甘受壓迫，因為整個宇宙都是為了他的便利和享樂而創造的。

十八世紀晚期，在啟蒙運動和美、法革命的尾流中，瑪麗．沃斯通克拉夫特假定只有「極少數」深思的人把亞當夏娃的故事當真，所以她才可能公開主張這個故事一直被用來合理化男性對女性的壓制。

一七八〇年代的人可沒有一四八〇年代的人那麼輕信。所以，在一七八〇年代，有證據顯示人們（包括教會內部的人）對於女巫指控有著廣泛的懷疑。有關巫師飛過天空或用神祕力量殺人的說法常常被認為是出於幻覺，是有精神疾病或別有用心的人的想像。但奧古斯丁成功奠定了照字面理解伊甸園故事的關鍵原則。因為堅持認定夏娃和蛇曾經有過交談，克雷默和司布倫格之類的獵巫者得到了他們需要的入口，而他們的主張也受到大量生產和越來越有力的伊甸園圖像所增強。

在這些圖像裡，其中最偉大的一批是十六世紀早期德意志藝術家格里恩（Hans Baldung

Grien）所作的油畫、木版畫和蝕刻畫。除此以外，他還創作了很多讓人強烈困擾的女巫形象。長頭髮像火焰一樣環繞著赤裸圓胖的身體，這些女巫集體進行著淫穢的撒旦儀式。這些儀式從來都離格里恩想像夏娃的方式不遠。他其中一幅最著名的油畫（現藏渥太華的加拿大國家美術館），一個長髮飄逸的豐滿夏娃站在要命的知識樹旁邊，一隻手拿著蘋果。樹上沒有一根多出來的樹枝小心翼翼遮掩她的裸體，正好相反，她的身體全部向觀畫者呈現。但她卻沒有望向我們，而是以一個狡猾的表情眼睛斜睨在盤捲樹上的蛇上，又以一個性暗示昭然若揭的手勢觸摸那蛇。

畫家讓這個小小性愛遊戲的結果一清二楚。在樹後面站著亞當，他向夏娃微笑，一隻手捉住她的手臂，另一隻手伸手去摘果子。不過他卻不是我們會預期在天堂看見的亞當。他業已是一具屍體，皮肉像碎布那樣紛紛從骨頭上掉落。蛇在樹上繞了一圈，咬著亞當捉住妻子手臂的那根腐爛手臂。倒不如永遠不要有妻子，倒不如永遠不要產生性衝動，倒不如永遠不要看見一個女人的身體。不過這幅油畫卻把焦點放在夏娃的身體，而它的目的很明顯是要引起觀畫者的性興奮。

第8章

賦以血肉

Embodiments

在現代羅馬的路面底下有著一個巨大的地下墓穴網絡，一座死人之城，大部分都未被發掘。在石灰華中掘出的隧道綿延好幾公里，盤旋曲折，就像迷宮。在第三和第四世紀，異教徒大部分都是把死者火化，骨灰密封在骨灰甕，放置在納骨塔。不過，這個時期的基督徒因為相信世界的末日近了，所以選擇土葬而不是火葬。他們認為把身體火化為骨灰會讓復活變得困難，所以把死者屍體放在地下墓穴的凹槽狀壁龕裡。①

富人的屍體有時會被放置在有拱頂的壁龕。更昂貴的選項是葬在稱為 *cubiculae* 的小房間。這些房間可用於安葬全家人，今日吸引到最大的興趣，因為它們的牆壁和天花板上都裝飾著壁畫。許多個世紀下來，因為潮濕的空氣和油燈的煙霧，這些壁畫蒙上一層黑色油脂，結果起到了保護作用。除去油脂層後，壁畫光輝燦爛，就像是昨天所繪而不是成於一千六百多年前。

在聖瑪策林及聖伯多祿堂（Saints Marcellino and Pietro）的地下墓穴中，某些人物在壁畫中反覆出現：拉撒路的復活；挪亞打開方舟門，看見一隻鴿子啣著樹枝；但以理在獅穴中；約拿故事的連續敘事（他被拋到船外，被一條大魚吞下，又被吐回陸地，愉快地在一棵葡萄樹下休息）。這些克服死亡的場面除了安慰死者的親屬，也是為了給那些到地下墓穴來向聖徒和烈士的遺骨禱告的朝聖者打氣。縱橫交錯的墳道裡還畫著其他讓人安心的畫像：做為好牧羊人的基督；基督在使徒的環繞下坐在寶座；血漏的女人觸摸耶穌長袍的下襬；耶穌在井邊和撒瑪利亞女人說話。甚至還有奧菲斯（Orpheus）的畫像：在異教神話中，奧菲斯曾經下到冥界再回到人間。

繪製這些圖畫的藝術家也對創造地下墓穴的人致敬。有好些大型繪畫以異常寫實的筆觸描繪掘墓工穿著工作服和攜帶工具的樣子。他們背對觀畫者，勤奮地挖著石灰華以挖出更多的墳墓。更讓人驚訝的是，在火炬照亮的幽暗中，參觀者抬頭便可以看見牆壁上畫著赤裸的亞當和夏娃站在一棵樹的兩邊。②

不管是誰創作這兩個最早人類的形狀，他們都完全沒有模特兒可供參考。不錯，亞當和夏娃一直都被想像為擁有某些特殊種類的身體。例如有些拉比認為他們有著巨人的身體，有些認為他們的身體覆蓋著保護性鱗片，還有些認為他們的身體是以某種神奇的臍帶連接在伊甸園的土地上。由於猶太人禁止墳墓畫像，這表示幾乎沒有這些方面的畫像可供參考。

早期基督徒墳墓畫像沒有忌諱。因為擁抱基督教的羅馬人有好幾世紀曾經是希臘和羅馬藝術的繼承人，我們也許會預期，他們會把第一對男女刻劃為對自己的赤身露體毫不害臊。但地下墓穴裡的亞當和夏娃卻是彎腰和謙卑，幾乎就像是被羞恥感攫住。他們低垂著頭，交叉雙臂，急著遮掩性器官。他們四周全是希望的符號：在左邊的牆上，仍然包著裹屍布的拉撒路從墳墓中站起來；在右邊的牆上，摩西從岩石擊打出水流。在他們頭上，挪亞像個驚奇箱木偶那樣從一艘小小方舟探出頭來。但這裡的亞當和夏娃卻沒有救贖的意味。他們完全有理由羞愧：他們正是需要為地下墓穴有必要存在而負責的兩個人。

到了三世紀，各種派別的羅馬人都已經不再追隨古希臘的風氣，在公開場所赤身露體（希臘單字 *gymnasium* 就是指一個赤身露體做運動的地方）。不過，即使端莊成為風尚，當時羅馬的人像繼續是以希臘人像為模型，因此諸神和英雄的人像繼續是赤條條、膚色漂亮而比例勻稱。基督徒一定在各處都看見這種人像。不過，地下墓穴中的亞當和夏娃在風格上卻是距離阿波羅或維納斯的人像都無比遙遠，因為他們都受到羞愧的輾壓。

隨著君士坦丁大帝的皈依，基督教得以走入日光中，但是信徒繼續留戀地下墓穴的羞愧形象。三五九年前後，權大勢大的羅馬元老朱尼厄斯．巴薩斯（Junius Bassus）死去，被葬在一副華美的大理石石棺中。做為一個新皈依的基督徒，他的石棺雕刻著很多新、舊約的圖像。赤裸的亞當和夏娃也在上面，但他們代表的不是朱尼厄斯．巴薩斯所希望得到的天國福樂，而是代表——用使徒保羅的話來說——「這取死的身體」。他們站在知識樹兩旁（蛇盤旋在樹幹上），低著頭，避免望向彼此。他們羞愧難當，雖然有彼此的陪伴卻仍然孤單痛苦，用力把無花果葉按在性器官上。

同一時期和後來世紀的其他基督徒石棺也有著同樣情景。③即使亞當和夏娃被刻劃為身處吃禁果之前的時刻，他們業已對身體感到羞愧。他們一隻手去摘禁果，另一隻手笨拙地掩蓋重要部位。他們固然尚未嚐到禁果的滋味，但墮落卻已經發生，更精確地說，是對任何看到這畫面的人來說已經發生。畢竟，觀看者業已因為發生在伊甸園的事而墮落，也因此無所逃於羞慚。

在中世紀早期對亞當和夏娃的刻畫中，只有以故事較早期階段為題材者才會離開「羞慚」的公式。四世紀前後的一件象牙雕刻描繪動物被帶到亞當面前讓他命名的情景。雕刻中的亞當並不像我們預期那樣，檢閱部隊似地站在動物隊伍的前面。相反地，他跟熊、獅子和其他野獸看似一起漂浮在空中，處於一種類似桑達克（Maurice Sendak）筆下的夢幻空間中。這個亞當對自己的赤裸身體也完全不以為恥。這時期的作品更常見是刻劃創造人類的情境，特別是創造夏娃的情景。亞當正在熟睡，而上帝從他胸口取出肋骨創造夏娃。兩人都赤身露體，但沒有伸手遮蓋性器官。這是一個身體還沒有察覺自己的不光彩的時刻。

不過，即使這些被想像為處於絕對純潔無邪狀態的身體，看來也在慢慢皺縮，就像它們還沒有墮落便已知道羞慚。這些人物失去了典型見於大部分異教徒畫像的勃勃生氣，邁向憔悴和瘦弱。八四〇年前後的「格蘭維爾─蒙特華聖經」（Grandvier-Montval Bible）和「禿頭查理第一聖經」（First Bible of Charles the Bald）在刻劃未墮落前的赤裸亞當夏娃時，幾乎把他們的身體畫得像是爬出墳墓的拉撒路。

這種把第一對男女畫成皮包骨的表現方式持續了幾世紀。我個人最喜歡的一幅見於一本十五世紀的有插圖手抄本（現藏梵諦岡圖書館）。其作者是十二世紀法蘭西神學作家考麥司脫（Peter Comestor）──他的姓是一個拉丁文外號，意指「饕客」，但他會得這外號不是因為性好吃喝，而是因為他對書本有不知滿足的胃口。很多中世紀讀者都不是在《聖經》讀到《創世記》（當時的人不常讀《聖經》），而是在考麥司脫流行的且常常有插圖的轉寫本讀到。在梵蒂岡圖書館收藏的版本裡，赤裸的亞當躺在岩石上熟睡，穿長袍的上帝站在一旁，左手拿著一根肋骨，肋骨頂上是夏娃的頭。因為上帝還沒有造出夏娃的身體，所以她看起來活像一個棒棒人偶。不過上帝已經用右手對肋骨加以祝福。就像奧古斯丁所主張的那樣，這位藝術家執著於

照字面理解這段經文：「耶和華神就用那人身上所取的肋骨造成一個女人。」（《創世記》2:22）

這些創造場景中的人物形同是對於亞當和夏娃的赤裸的一種姿態，但在古典時代晚期和中世紀早期的大部分基督教藝術，亞當和夏娃的身體只是概念性的。創造這些形象的藝術家並不是對異教徒藝術茫然無知。他們舉目環顧的時候仍然可以看到很多古典裸體人像的殘餘，如果他們願意，大可以以這些裸體人像做為模特兒，來刻劃第一對人類男女的完美無缺和天真無邪。但他們卻選擇了另一種表達方式——一種表示已經跨過了信仰門檻的方式。

那門檻當然不表示放棄藝術野心。情形正好相反。無數裝飾著華美繪畫和雕塑的羅曼式和哥德式教堂可以作見證。在這些教堂的裝飾配置裡，亞當和夏娃出現得相當頻繁：或是做為被雕刻在大門上的裸體小雕像，或是被畫成為獲得基督從寧薄獄（Limbo）釋放的年老男族長或女族長。亞當有時會被畫成各各他十字架下面的一個頭顱骨。

有數以萬計的這種彩繪頭顱骨可以在教堂牆上、中世紀禱告書或世界各大博物館看到。現在很少觀看者會像中世紀的觀看者那樣，馬上知道頭顱骨代表把死亡帶到世界來的亞當。在聖坎迪多村（San Candido，位於多羅米提山〔Dolomites〕普斯特里亞區〔Alta Pusteria〕一個沒沒無聞的山谷）有一座古老教堂，它的祭壇上掛著一個彩繪木頭十字架。一個蓄絡腮鬍的耶穌從十字架上向外張望，流血的雙腳直接踩在一個頭上。這個頭不完全是一個頭顱骨，因為它仍然有血肉和五官：做禮拜的信徒事實上是望向了亞當的臉。他因為吃了禁果而遭貶謫，但卻會透過基督的犧牲而得到救贖。

中世紀採取這種視觀的一件傑出藝術品，創作於一千年前德意志北部漢諾威附近一個古老城市。一個富有和博學的貴族曾當過神聖羅馬帝國皇帝奧托三世的老師，為獎勵他的服務，他在九九三年被立為希德斯海姆（Hildesheim）的主教。造訪過義大利和看過古代世界的各大奇蹟之後，這位叫本華（Bernward）的貴族決心要把他的主教教區改造成一個新羅馬。他在大教堂所在的山丘建造了一圈城牆，又展開裝飾計畫，親自監工。其結果至今只剩下一部分還看得見。這部分是因為大教堂後來歷經重建，但更重要是，盟軍飛機在一九四五年三月二十二日——大戰結束前的兩個月——大舉轟炸希德斯海姆的中世紀城區。幸而，大教堂的藝術瑰寶事先轉移到安全地方存放，得以逃過一劫，在戰後大教堂重建時歸回原位。最重要一件藝術品是兩扇巨大的銅門，上刻浮雕，亞當和夏娃在其中佔有顯著地位。

本華的兩扇銅門一體成型，是一項重大的技術成就：自羅馬帝國陷落之後就未曾有過這種規模的青銅製品。④上面刻畫的十六幅畫面構成了井然有序的敘事系列：左邊一扇門最頂端是亞當和夏娃的被造，然後講到人類的墮落，再講到亞伯的被謀殺；右邊一扇門最頂端是天使向馬利亞報喜，然後講到基督被釘死在十字架上，再講到復活的基督在花園裡向著抹大拉的馬利亞顯現。整個佈局是經過精心安排，《舊約》裡的事件和《新約》裡的事件在兩扇門上被仔細並列。

亞當和夏娃是左邊一扇門的核心人物，他們的整個故事被刻劃在連續的畫面上。即使是在墮落之前的畫面，他們已經不是自信、獨立或漂亮的人。他們的姿勢和形象都更像是笨拙的小孩，對世界或自己的身體並不感到完全自如。他們特別能夠傳達出中世紀對不光彩身體的觀點；在墮落之後，半彎腰的夏娃一手用無花果葉遮蓋性器官，另一隻手指向地上的蛇（蛇被畫得像一條龍，尾巴穿過夏娃的雙腳之間）。畏縮的亞當也是半彎著腰，用無花果葉覆蓋下體。他試圖把吃禁果的罪責歸咎夏娃，但上帝（當然是穿戴整齊）用一根指控的手指指著他。試問誰不會在這樣一根手指面前退縮？

浮雕的第一幅（刻劃人類被造）構成了一個謎題。在畫面中央，上帝彎著腰，用手指雕塑著一個躺在地上的人類。我們有理由假定這個人就是剛用土造出來的亞當。但在他的右手邊，在一棵心型樹木的另一邊，還有另一個人驚訝地看著這一幕，而他顯然也是亞當。位於畫面中央那個受造物也許是夏娃，但那裡沒有看見肋骨，而那個驚訝的旁觀者也是完全地醒著。❶會不會像是有些學者主張的，上帝已經從亞當腋下取出肋骨，此時正在補上一些泥土？又也許這幕是描寫亞當回顧自己的被造過程？還是說藝術家想表現的不是《創世記》的第二章（該處描述上帝用土造了亞當之後才用他的肋骨創造夏娃），而是第一章：在那裡，男女是同時被造。這至少有助於解釋，為什麼他們看來缺乏性徵。直到墮落之前，浮雕裡的亞當、夏娃都是男女不分，然後到了夏娃把禁果拿給亞當的畫面，我們才看見她有著蘋果似的乳房。性別差異明顯是即將要降臨他們的不光彩的一部分。這種不光彩讓中世紀藝術家不可能給予他們的裸體自豪感和不羞慚感。

明顯見於十一世紀希德斯海姆銅門的「羞慚」原則持續到了中世紀晚期。⑤不過，有些藝術家開始探索表象裸體的新方式——哪怕是繼續把它當作不光彩。這些探索最精采的一個可以在法國東部的歐坦（Autun）找到。一一三〇年前後那裡有個叫吉斯勒貝爾（Gislebertus）的石匠於聖拉撒路教堂大門的上方雕刻了一個真人大小的夏娃像。這人像只是更大裝飾方案的一個片段，但其餘部分已經佚失。如果夏娃像不是和一棟房子的結構結合在一起，一樣會佚失：它在房子於一八五六年要拆除時被人重新發現。

吉斯勒貝爾的夏娃帶有傳統的羞愧標誌：她的性器官小心翼翼地被一顆小樹的樹幹和樹葉遮住。雖然是橫陳在地上，但她卻是跪著，就像正在懺悔。她把頭倚在右手上，姿勢看似是表達憂傷或懊悔。然而可鄙身體的傳統意象奇怪地消失了。這個夏娃有著強大的色情誘惑力。她的頭髮鬆垂在肩膀上，上身朝我們展開，袒露出漂亮的乳房。她的左手向後伸，要摘一棵樹上的果實，有條蛇在樹上盤旋。夏娃的手看似是獨立自主運作，不受她的意識控制。

你把這人像看得越多，越會感到這個中世紀的夏娃既招引又抗拒堅定的決心。她明顯正在摘禁果，但她還沒有把禁果送進嘴巴。事實上，她把頭倚在手上，看什麼看得怔怔出神，看來仍然遠離那致命時刻。她大概仍然是天真無邪，這樣的話她就不會有羞恥感，而會有樹葉遮住

❶譯註：根據《創世記》，上帝在亞當胸口取出肋骨時，他正在熟睡。

1. 羅馬地下墓穴一幅三世紀的壁畫，為流傳至今的最早亞當夏娃像。

2. 一個羅馬基督徒石棺上的亞當夏娃像。「朱尼厄斯．巴薩斯石棺」（細部），c. 359 CE。

3. 亞當和一些他命名的動物。《伊甸園中的亞當》，五世紀。

4. 這兩扇青銅門上的畫面構成一個井然有序的故事系列。左扇門的畫面取材自《創世記》，右扇門的畫面取材自《福音書》。「本華青銅門」，c. 1015。

5.　一個著名的問題：那個旁觀者是誰？「創造夏娃」（「本華青銅門」細部）。

6.　亞當怪夏娃，夏娃怪蛇，上帝怪他們三個。「上帝審判亞當和夏娃」（「本華青銅門」細部）。

7. 由上帝親自推著，亞當和夏娃離開伊甸園，隨身攜帶勞動需要用的工具。十二世紀。

8. 聖拉撒路大教堂入口上方的十二世紀夏娃像。這個夏娃又像在懺悔又像在挑逗。吉斯勒貝爾《夏娃的誘惑》，c. 1130。

9. 就像這尊十三世紀基督受難像那樣，被耶穌流血雙腳踩著的頭傳統上被認為是亞當，c. 1200。

10. 上帝剛開始把取自熟睡亞當的肋骨變為女人。《上帝用亞當肋骨創造夏娃》，十五世紀。

11. 夏娃在猶太人的陪伴下把死亡帶給世人，反觀舉著十字架的聖母則讓信徒獲得救贖。《因夏娃得死亡，因瑪利亞得生命》（*Mors per evam, vita per mariam*），c. 1420。

12. 但丁和貝雅特麗斯在天國看見了整部救贖的歷史：從人類墮落到天使報喜到基督受難。保祿《救贖的奧祕》，見《天堂篇》第七首，c.1450。

13. 在十七世紀，馬薩喬畫的亞當和夏娃被加上無花果葉，直至1980年代才被移除。馬薩喬《放逐》，1424-1428。（這裡所見是修復前在大約1980年所拍的照片）

14. 馬薩喬強調亞當和夏娃的赤身露體和悲哀。馬薩喬《放逐》，1424-1428。

15. 亞當和夏娃站在各自的畫框裡，看起來栩栩如生，呼之欲出。亞當上方的畫面是該隱和亞伯獻祭，夏娃上方的畫面是該隱殺死亞伯。艾克「根特祭壇畫」最左和最右一幅，1432。

她的私處純屬巧合。她的身體誘惑力因此不會是**她**覺醒的性意識的一個標誌：由於是我們感覺性興奮，它毋寧是**我們**的墮落的一個標誌。與此同時，她的跪姿和她的憂鬱凝視又錯不了地顯示出她已經墮落。她必然業已失去天真無邪，而在我們面前扭動她的漂亮身體乃是一種蓄意的挑逗。所以她是一個賽壬（siren），一個女妖，一條蛇。

那麼到底她是天真無邪還是有罪？是個妖媚婦人還是懺悔者？是個我們進入教堂時應該捨棄的一切的象徵，還是一個行為合乎神聖空間要求的榜樣？難說。難題的中心在於那遮蔽著她腰身的蛇狀植物後面隱藏著什麼。因為正是在那裡，她的身體扭曲成為真實人體不可能做到的角度。⑥吉斯勒貝爾利用中世紀藝術的非自然主義成規和中世紀哲學的知性，巧妙創造出一個同時意識到和沒意識到罪的夏娃。這位雕刻家犧牲的是一個完全可信的人類身體——就像希臘人和羅馬人曾經精采雕琢過的那種身體。不過古典的遺產屬於遙遠的過去，如果吉斯勒貝爾能認識到這是他付出的代價，他準會認為，那是為了達成他所達成的輝煌效果所付出的少少代價。

中世紀藝術家不需要仰賴古代繪畫和雕刻來探索《創世記》中起源故事的幽深意義。在大量的雕飾過梁、詩班席位、繪畫方塊和手抄本插圖裡，他們描繪了亞當在上帝從他胸口取出肋骨時的神祕睡眠、上帝形塑第一個女人的過程、那條盤捲在樹上的狡猾的蛇、伸手摘禁果的要命行為、最早的羞愧經驗，還有被逐出天堂大門的一刻。被逐出天堂一幕特別有戲劇性，因為它標誌著人類從一種一切不缺的生活決定性地轉向一種嚴苛和邁向死亡的生活。所以，在十二世紀上半葉製作於英格蘭的《聖奧爾本斯詩篇》（St. Albans Psalter）中，上帝親自把亞當和夏娃推過代表天堂大門的細長圓柱。他們穿著獸皮，帶著工具：亞當帶著鐮刀，夏娃帶著紡紗桿。亞當回望上帝和奉命守衛天國大門的基路伯，夏娃向前看，指著什麼在前頭的東西。他們漫畫似的臉上是什麼表情難以判斷，不過夏娃看來帶著一個淺笑，就像她並沒有被完全擊倒。在一個世紀之後製作於法國的漂亮《十字軍聖經》（Crusader Bible）中，亞當和夏娃被一個揮劍的天使驅趕，走出一座窄塔的門，顯得還沒為被下放到世界做好準備。他們沒有衣服，也沒帶著工具。仍然赤裸裸和羞愧，他們用無花果葉遮住性器官。兩人都低著頭，以此表示他們的悲傷。

但在對這一幕的無數描繪中，沒有一件作品可以預期得到那幅在一四二五年前後為佛羅倫斯加爾默羅會修女的教堂而製作的壁畫。該壁畫是一個托斯卡尼年輕藝術家托馬索．西蒙（Tomasso di Ser Giovanni di Simone）所作，他更為人知的名字是馬薩喬（Masaccio）。他代表著在被稱為文藝復興的思想和藝術運動的壓力下所發生的巨大劃時代性轉換。

我第一次看這幅壁畫是在一九六〇年代，當時亞當和夏娃都很端莊，身體上遮蓋著無花果葉。⑦不過一九八〇年代的一次徹底清理移去了無花果葉——它們被發現是後來添加。在馬薩喬的原畫中，亞當和夏娃是完全赤條條。在一個揮劍天使的驅趕下，連同天堂大門放射出的神祕光線的逼迫下，亞當和夏娃向前走著：夏娃的身體重量集中在右腳，亞當的身體重量集中在左腳。

兩人都極端悲苦。夏娃的頭偏斜，眼睛緊閉，嘴巴張開，發出無聲的哭泣，又設法用一隻手遮掩性器官，用另一隻手遮掩乳房。強烈意識到自己赤身露體。就像納粹那些無比殘忍的照片裡的裸體女人一樣，她是回應一種與自己處境無關的羞恥感。也就是說，她遮掩性器官不是出於一種社會情緒，不是為了保存尊嚴：那是一種面對令人不能忍受的暴露時的本能反應。亞當的反應方式卻不一樣：他低著頭，雙手掩面，悲不自勝。

藝術史家巴山戴爾（Michael Baxandall）主張，這幅油畫在男人和女人之間做出道德區別：夏娃的姿勢顯示她經驗到羞慚，亞當的姿勢則透露出他有罪惡感。大概是這樣。不管如何，馬薩喬筆下這對讓人難忘的人物強烈依賴他們給人的強烈實體感。這是一種由透視法製造的錯覺，再經兩人的影子和移動方式加強。亞當的右腳仍然踩在天堂的門檻上，但將不會維持太久。他們已經走入了世界。和那個穿著漂亮衣服、手持寶劍的有翼天使不同，兩個人類完全沒有準備。他們悲慘的主要來源無疑是吃了禁果之後產生的羞恥感和罪惡感，不過，腳下走過的貧瘠土地透露出他們的悲慘還有另一個來源——一個物質性的來源。他們正在進入一個非常嚴酷的環境，而他們完全沒有可資保護的事物。從這個觀點看，亞當的陽具（位於整幅油畫構圖的中心）與其說是男性雄風的表徵，不如說是莎士比亞所謂的「沒有文明裝點門面的人」表徵。

馬薩喬死於一四二八年，死時只有二十六歲。雖然人生短暫，他卻幾乎隻手改造了義大利藝術。年輕畫家研究他畫過的畫，模仿他開創的革命性新技術——這種技術讓他的人物深具戲劇性力量。他筆下的亞當和夏娃不再只是人類罪惡的象徵：他們都是特定的人，受苦的人，身體有體積、有重量，特別是會移動。

幾乎在同一時間，北歐另一個偉大的藝術家、佛萊明大師艾克（Hubert van Eyck）找到一個同樣極端的新方式，給予亞當和夏娃一個有血有肉的身體。在他一四三二年畫的著名「華根特祭壇畫」（Ghent Altarpiece）裡面，亞當和夏娃沒有像馬薩喬筆下那麼戲劇性。他們沒有在悲苦中哀號或在罪惡感中瑟瑟發抖。他們也沒有被暴力地驅趕出伊甸園。他們分別站在一個透過神祕上帝羔羊救贖世人的巨大場面兩端的畫框裡。

在世界末日獲得救贖的會是那些被上帝選中的人。艾克在中央畫框刻劃他們聚集在一個活水噴泉的四周。因為亞當和夏娃被認為也包含在這些獲救贖之人的行列，所以他們會被置於祭壇畫的兩端畫框，除了因為他們是罪的肇始人，還因為他們是得救者。

這種神學主張並不新鮮。新鮮的是赤裸的亞當和夏娃在他們各自的畫框裡看似栩栩如生，呼之欲出。他們近乎真人大小，而由於畫家的神奇筆觸被隱藏起來，他們看似存在於畫面完全打磨光滑表面的每個毛孔下面。在今日的根特，觀賞者不再被允許靠近這幅大祭壇畫：畢竟這幅畫有過一段飽受侵犯的歷史，包括曾遭納粹搶掠和亞當夏娃在十九世紀時被畫成穿上衣服。不過靠著數位影像，我們現在能以極近的距離觀看他們，而他們仍然看似有血有肉。他們用無花果葉遮蓋性器官，但這種端莊姿態只加強了他們給人的暴露感，讓人產生一種想要細細檢視他們的裸體的衝動。亞當表情肅穆，手微微發紅（大概是做工導致）。夏娃一隻手上握著一顆樣子奇怪的水果（八成是某種柑橘），腹部顯眼地鼓突。兩人身上的一切纖毫畢現，彷彿開放參觀。亞當剪短的腳趾甲和凌亂的頭髮特別讓人感到困惑。

沒有藝術家（包括八十年後在西斯廷教堂穹頂畫出著名亞當被造壁畫的米開朗基羅在內）能夠匹敵艾克刻劃亞當和夏娃時的驚人寫實手法。他完全意識到自己在做什麼。這一點特別顯示在一個看不見的小小細節。一種紅外線反射映像技術（一種能穿透顏料層的現代檢視技術，讓人可以看出藝術家原來的企圖和作畫過程中的改動）透露出，亞當右腳的位置有過重大改變。艾克原是要把亞當畫成完全直立，雙腳和畫框構成平行。但到了某個時候，因為看見亞當的身體越來越有實感，艾克改變主意，把腳改為向外，讓腳趾看似要突出畫框，邁向觀畫者。情形就好像亞當活了起來，正在向著我們的世界邁步。

在十五世紀，當這幅祭壇畫畫成後，觀畫者只有親自去到根特的聖巴夫大教堂，才能夠一睹畫中亞當的神奇效果。同樣情形也適用於馬薩喬為加爾默羅會畫的亞當和夏娃，以及數以百計其他以人類第一對男女為題材的文藝復興時代繪畫作品。所有這些作品都是場地綁定（site-specific）。有時，它們也許會名聲鵲起，被畫成素描流傳開來。但它們的實際效果卻是要你親赴它們所擺設之處才能體會。

這種情形在一五〇四年發生了改變，當時三十三歲的德意志藝術家杜勒（Albrecht Dürer）製作出版畫《人之墮落》（*Fall of Man*）。這幅版畫迅速知名，由於銅版技術意味著可以不斷複製，全歐洲有數以千計的人看過這幅有力的畫像，並因此相信自己知道了伊甸園的第一對男女在未被貶謫之前是長什麼樣子。在亞當和夏娃的漫長歷史裡，幾乎沒有其他作品可以起到如此讓人滿意的效果。

在杜勒的版畫中，亞當和夏娃身體正對著我們，站在知識樹的兩邊。這一次，背景不再是封閉和仔細修剪的花園或裝飾性的哥德式塔樓。他們站在一個樹林深處，在他們背後的陰影處看得見一隻兔子、一頭麋鹿和一頭牛。天空在遠處隱約可見，一頭小得幾乎看不見的山羊站在一座懸崖上作勢欲跳。畫中的知識樹和四周其他樹木無多大不同，但它結的果子就懸垂在夏娃頭頂上方的樹枝。她左手握著一顆這種果子：摘它的時候，她連帶摘下了一段枝葉，現在枝葉剛好遮住她的性器官。不過她的姿勢中沒有羞慚的痕跡。她的另一隻手也是用指尖拿著一顆果子。我們有理由認為這果子是盤在樹上的蛇給她，但是她的姿勢十足曖昧，讓人覺得是她在餵蛇而不是蛇在餵她。她轉過臉，頭髮在背後飄逸，聚精會神地看著蛇和水果。

亞當也是轉過臉，但卻是直視著夏娃。他的右手向後抄住一棵樹（有理由假定是生命樹）的樹枝，同一棵樹下方的小樹枝湊巧遮住他的性器官。他的左手向夏娃伸出，手掌張開，就像準備好去接她從蛇嘴巴裡拿出的果子。當時他們仍然完全純潔無邪和毫不害臊，但這是最後一剎那。亞當馬上就要放開他對生命樹的握持。人性（human nature）將會永遠改變，而在同一剎那，大自然（nature）的一切也會發生改變。

《聖經》沒有說伊甸園中的動物是不是也注定有一死。《創世記》的經文只暗示最初所有生物都是吃素：「至於地上的走獸和空中的飛鳥，並各樣爬在地上有生命的物，我將青草賜給他們作食物。」（1:30）這種飲食方式很快將會永遠改變。版畫中的亞當幾乎踩到一隻小老鼠的尾巴，一隻貓正在他的另一隻腳旁邊打盹。我們知道，亞當一旦吃下禁果，貓就會跳起來，把老鼠吃掉。不過就像那隻停格在畫面遠處的山羊，這件事仍然是屬於未發生的範疇。

這個對天真無邪最後時刻的描寫——就像是用高速快門的相機拍下——足以解釋《人之墮落》為什麼會迅速走紅。鑑賞家都驚異於杜勒的極高明技術。正如一個研究杜勒的著名學者指出：杜勒「對於人類皮膚的溫暖光澤，對於蛇的冰冷滑溜，對於髮絡金屬顏色的起伏波動，對於動物毛皮的順滑、蓬鬆、柔和或短硬性質，還有對處女森林的幽光，全都表現得恰如其分。」⑧不過，最讓杜勒同時代人神迷的卻是兩個畫中人不受拘束的美，特別是亞當的美。情形就像以前從未有人看過這麼完美的身體：這種美不見於馬薩喬畫筆下表情絕望的亞當，和艾克的電燈泡形狀夏娃，更是斷然不見於希德斯海姆銅門上的羞慚象徵。

當然，很多同樣璀璨的裸體也在差不多同一時間或稍後被創造出來。抱著讓古代藝術復活的渴望，文藝復興時代的畫家和雕塑家把眼光轉向亞當和夏娃，想要表現他們未墮落前的肉體榮美。這一類作品在整個十六世紀都異常豐富，特別著名的畫家有義大利的提香（Titian）、丁托列托（Tintoretto）和委羅內塞（Veronese），以及北方的老、小克拉納赫（elder and younger Cranach）、萊頓（Lucas van Leyden）、格里恩和戈塞特（Jan Gossaert）。當然，名副其實籠罩在所有這些畫作之上的是米開朗基羅在西斯汀教堂穹頂畫的巨大亞當。

然而，即使在這個人才濟濟的領域，杜勒《人之墮落》的影響力仍然出眾。這幅銅版畫就像是被扔到一個池塘裡的大石頭那樣，持續不斷產生漣漪。即使有些藝術家故意衝著杜勒反其道而行——例如當格里恩把亞當畫成一具腐朽的屍體時——杜勒的影響仍然斑斑可見。一五〇四年的《人之墮落》是那麼廣為人知和那麼完美，幾乎是個讓人逃不開的楷模。

這種完美來得並不容易。那是幾十年探索的結果，奠基於杜勒的整個繪畫生涯和人生。從小就表現出巨大繪畫天分，杜勒最初是在當金匠的父親的工坊受訓，後來才跟從一個畫家學師。杜勒精通於表現幾乎一切吸引他熱烈專注力的東西：例如森林裡的池塘、鳥翅微微閃亮的顏色、一叢草或一隻甲蟲。他常常用他的巨大才能描繪平庸事物，不會為此感到難為情。他寫道：「我相信沒有任何活過的人能掌握最卑微的受造物的全部的美。」⑨他對於事物不可窮盡的多樣性感到驚奇和興奮。他說，如果可以活幾百年，他會滿足於為人和其他生物畫出更多從沒有人看到或想像過的新形象。正是藝術技巧——上帝所賜天分和無比勤奮的一種結合——讓觀察者可以察覺到這種神奇的多樣性，以及能夠捕捉得到它無數顯現的至少一小部分。在未受過訓練的眼睛看來是單調重複的東西，杜勒卻看見了巨大的變異性。他做為木版畫和銅版畫創作者所受過的特殊訓練，讓他對多樣性特別敏感，因為他知道，即使技巧最高明的藝術家，一樣不可能用同一塊銅版印出兩幅一模一樣的畫面。

十三歲那一年，杜勒把他的可畏觀察力用於自己。他望向一面鏡子（當時有鏡子的人家不多），畫下他看見的東西。大約四十年之後（當時他已經非常有名，甚至隨意畫出的東西都會受人珍視），他偶然翻出這幅自畫像，在畫像頂部寫下一句話：「這是我在一四八四年還是小孩的時候憑著一面鏡子畫出的我自己。」展現出令人動容的技巧，這幅畫像肇始了杜勒一生喜歡畫自畫像的習慣——藝術史家科爾納（Joseph Koerner）對這種習慣有一個非常精采的研究。這些自畫像中，最不尋常的其中一幅畫於一五〇三年，也就是創作《人之墮落》的一年前。靠著一枝鉛筆和一枝畫筆，他畫出自己的裸體。在幽暗的背景中，畫中人微微向前探身，重量集中在其中一條腿，長頭髮套在一個網中，表情凝重和警覺，肌肉緊繃。他沒有對自己的裸體流露出絲毫羞慚的神情。說這幅自畫像不尋常還是輕描淡寫，因為正如科爾納指出，直到十二世紀初的埃貢．席勒（Egon Schiele）之前，整個西方藝術沒有類似的東西。⑩

不管杜勒認為自己是在做什麼，不管他是要自我炫耀還是診斷自己受到一種疾病的多大影響，這幅畫都必然和《人之墮落》裡的裸體有著某些關連。杜勒想要創作《人之墮落》已經有一段時間，考慮過各種可能的姿勢，素描過很多握住果子或伸手去摘果子的手，常常沉思人體的理想形狀。他研究並畫了很多裸體——當文藝復興重新恢復對希臘和羅馬人像的興趣之後，繪畫裸體成為了任何藝術家訓練的核心部分，也是畫室工作的一個重要部分。不過杜勒的一五〇三年裸體自畫像是一種截然不同的東西：他是要摸索最早和本質性的身體。

杜勒深信自己是亞當的後裔，而這意味著他的身體至少在一個程度上和亞當的身體相似。當然，在天國裡，亞當的身體是完美的，而自從他和夏娃被貶後，人類的身體便不再完美。儘管如此，杜勒仍然感覺若想要掌握亞當的身體，他必須先掌握自己的身體。⑪在他之前沒有藝術家走得那麼遠並不重要：他就是受到驅策，要以他典型的強烈專注去望向、評估和表象他自己那沒穿衣服和不受保護的身體。他不但沒有遮蓋他的生殖器官，反而把它畫在畫的正中央，就像要突顯本來被無花果葉遮住的東西。不過他和第一個人類的家族相似性（family resemblance）

到底是加強還是動搖了他的自戀卻並不清楚。

但清楚的是，杜勒覺得他不能夠用他觀察過的任何身體（包括他自己的身體）做為亞當的模型。他必須把亞當畫得完美。雖然世界到處都可以瞧見美（包括他在鏡子中看到的影像），但這些美與第一個男人和第一個女人體現的美並不相同。畢竟，他們是唯一由上帝所造的人類。杜勒寫道：「最初，造物主按照人類應該是的樣子創造人類。」要用想像力構想這美近乎不可能，更遑論把它畫出來。畢竟就像他相信的，沒有一個活著的人可能窮盡一片草葉全部的美。

另一方面，一如他在著作《人類比例四書》（*Four Books on Human Proportion*）和其他理論性論文中表明的，他把重現上帝當初創造的最美赤裸人體視為己任。雖然這個挑戰大得不可思議，杜勒仍然認為自己適合迎戰。⑫他寫道：「讓我們不要像牛一樣想事情。」雖然他知道他可能會失敗，卻深信以他所受的訓練、他的鑽研和他的特殊天分，他比任何人都更勝任這項使命。

杜勒有著一雙能看出無限差異性的利眼，甚至可以在同一物種看似相似的成員之間看出差異。他曾經到處遊歷，了解到天地之間有比在紐倫堡（Nuremberg）所能想像要多上更多的事物。到了一五〇〇年，他幾乎必定聽過哥倫布的發現，這些發現讓世界的地理地圖和民族地圖變得搖搖晃晃。（日後，他看過科爾特斯〔Cortés〕從墨西哥寄回來的東西之後指出，這些寶貝「在我看來比奇蹟還要漂亮得多。」）身為基督徒，他相信人類一體，但不認為這個事實可以抹去一切差異。在一個地方被認為美的事物在別的地方不必然會被認為是美。他寫道：「不同的地方住著很多不同的人。任何旅行得夠遠的人都會發現這個事實和親眼看見。」

不過在尋找亞當和夏娃的本真形式時，杜勒立志要找出「可想像的最美人類形體」，也就是不分時地的最完美人類樣態。他寫道：「我不會建議任何人效法我，因為我只做我能夠做的，但那甚至不能滿足我。」他斷定，最好的前進辦法——可能也是唯一的前進辦法——就是模仿古希臘畫家宙克西斯（Zeuxis）的做法。宙克西斯生活在西元前五世紀，作品無一流傳下來，但有關他如何成功畫出世界上最漂亮女人（特洛伊的海倫）的故事卻流傳了下來。因為找不到一個適合的模特兒，他找來五個美女，選出她們身上最美麗的特徵，用它們來合成一個絕世美人的畫像。所以杜勒也開始觀察和搜集個別的人體特徵。

杜勒有一幅這種圖畫流傳了下來，其中以敏銳觀察力畫出手是怎樣握住果子，特別注意手腕在從事這個動作時所出現的皺紋。這手腕是誰所有我們無從得知，重點是它屬於一個特定個人，是藝術家望著他的手畫下來。正如杜勒指出的，你在畫你想畫的東西時，不能只是憑空想像。就連最偉大的藝術家都必須多觀察和素描，把看過的東西在心靈裡儲存起來。「然後，心裡祕密累積起的寶庫就會展現在作品中，而那個新的受造物——一個在他心裡創造的人——就會顯現。」

在杜勒的心靈祕密寶庫裡，儲存著很多特定的身體和身體部分（例如這個人的手腕、那個人的肩膀），此外還儲存著一些要緊的細節（例如當身體重量由一隻腳承載時腳趾的著地方式或手臂伸出時肋旁的起皺情形）。⑬看來，杜勒就是仿照自己的肋旁（見於他的裸體自畫像）畫亞當伸手取禁果時肋旁看起來的樣子。⑭因為時代相隔久遠，我們已經不可能斷定《人之墮落》中亞當和夏娃大部分身體部分的來源。

不過可能有一個線索存在。在他其中一本筆記本裡，杜勒寫下他對非洲人的觀察心得。他指出，他們的顴骨太突出，膝蓋和腳太過皮包骨。不過，在指出這些問題之後，他又表示：「他們其中有些人的身體之漂亮是我從未見過。我也想像不出來還會有比他們的手和腳更好看的。」沒有流傳下來的證據可以證明杜勒畫亞當和夏娃的時候曾經使用黑人做為模特兒，但由於他執著於追求完美的形象，而他又表示自己在非洲黑人中間看到過沒有更好看的人，我們有理由猜想，他在把亞當和夏娃畫入版畫的時候，用了這些優秀的四肢。

問題在於，當杜勒搜集和合成他能找到的最好人體部分時，他知道一個天分夠高的藝術家總是可以找到更漂亮的人物。他感覺自己在文藝復興使之再次流傳開來的古典裸體像裡看到過這種更高的美。它們的優異性不是寄託在人體部分，而是在比例。但由於個人之間有那麼多差異，要計算出完美的美的正確比例讓他備感困難⑮：「在我看來，一個人不可能說他知道人體的最佳比例，因為感官會說謊。」

一五〇〇年，杜勒遇到了一個自稱找到答案的藝術家：威尼斯畫家德巴爾巴里（Jacopo de' Barbari）。「他向我顯示他根據一條比例法則畫出來的一個男人和女人的身體部分。」這比例法則是杜勒正在找尋：一組客觀的幾何數據，讓藝術家可以畫出理想的人體。可惜的是，德巴爾巴里顯然認為，這法則的關鍵細節是商業機密，拒絕和年輕的杜勒分享。杜勒後來寫道：「我寧願知道他的方法多於擁有一個王國。」

在杜勒遇到德巴爾巴里的時候，他也許業已擁有自己的商業機密。一四九〇年前後，在羅馬以南的安濟奧（Anzio）附近出土了一尊古代的大理石像。石像近乎完好無缺，是二世紀的羅馬人複製自古希臘的太陽神像。根據教宗儒略二世的命令，石像被安放在梵蒂岡中庭，自此被稱為「觀景殿的阿波羅」（*Apollo Belevedere*）。這人像引起藝術家很大興趣。杜勒一四九四年至九五年遊義大利時沒看過這人像，因為他當時沒有去到羅馬那麼遠，但他必然看過它的圖畫或青銅製作的複製品。他開始認為它就是那個他急欲解開的謎底。他又測量又計算。以下是他求得的精確比例：頭是身體長度的八分之一，臉是身體長度的十分之一，胸膛是身體長度的六分之一，是頭頂到胸膛的長度的三分之一。

從一四九五年開始，杜勒便把阿波羅像一畫再畫，不只設法掌握比例，還設法掌握精確形式，例如全身重量集中在一條腿的方式、膝蓋彎曲的方式、一隻手臂向後伸而一隻手臂向上伸的方式、頭轉動的方式。一五〇三年前後，他再次畫了一幅阿波羅像。這一次手臂和手都是未完成——有可能本來是打算畫成一五〇一年的一幅圖畫那樣是握著高腳杯和蛇，也可能本來是打算畫成一五〇二年的一幅圖畫那樣是握著權杖和太陽盤。但這一次他卻把畫紙翻過來，按著阿波羅像畫出一個一手握著樹枝，另一手握著蘋果的男人。他把阿波羅變成了亞當。

這就是杜勒創造出亞當的經過：根據一個異教神明的黃金身體比例把一些漂亮的身體部分

縫合在一起。他創造夏娃的方法也是一樣（不過在我看來，他創造的夏娃略遜於亞當）。然後，他在銅版上塗上一層蠟，把兩個人物以左右相反的方式畫在上面。接著使用雕刻刀，把複雜的線條刻在銅版上。當銅版加熱和上墨後，他印出了第一幅《人之墮落》。他完全有理由為自己創作的這幅版畫深感自豪。一再被複製和賣到整個歐洲（最後是賣到全世界），這幅版畫成為了亞當和夏娃的確定形象。當然，就像其他每個拿起畫筆的人那樣，杜勒繼續為亞當和夏娃畫像，不過所有後來的圖像（不管是他自己的或是出自他人）都以有意或無意的方式模仿一五〇四年那幅版畫，要不就是唱反調。

《人之墮落》讓杜勒聲名大噪。在畫中，亞當握住的樹枝後面有另一根樹枝，它距離前面的樹枝是那麼地近，看起來就像是前者的延伸。在這樹枝上面坐著一隻鸚鵡，鸚鵡旁邊掛著一塊牌匾，上面寫著：ALBERT DVRER NORICUS FACIEBAT 1504（紐倫堡杜勒所製作，一五〇四年）。其中的拉丁文動詞有延續意味，不是指「已製作」而是指「正在製作」。這暗示著正是因為杜勒的製作——他在銅版上作畫和後來的每次複印——讓我們在我們的墮落狀態中可以看見存在於時間、勞動和死亡開始以前的完美身體。

16. 天真未鑿狀態的最後一刻，就像是用快速的快門拍下。杜勒《人之墮落》，1504。

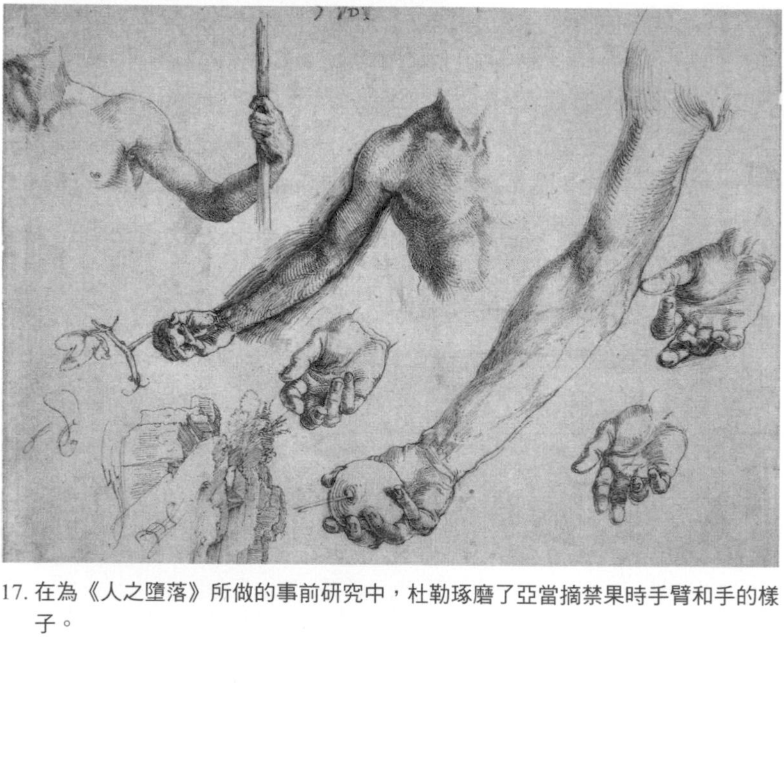

17. 在為《人之墮落》所做的事前研究中，杜勒琢磨了亞當摘禁果時手臂和手的樣子。

18. 杜勒透過自己的裸體摸索亞當的裸體。杜勒《裸體自畫像》，1505。

19. 夏娃是個狡猾的勾引者，亞當是具腐爛的屍體。格里恩《夏娃、蛇與死亡》，c. 1510-1515。

20. 當伊甸園裡的動物彼此相吃時，亞當全神貫注看著夏娃。波希《樂園》（細部），1504。

21. 一個漂亮的女人（大概是夏娃）從旁看著上帝的手指把生命的火花傳給亞當。米開朗基羅《亞當被造》，1508-1512。

22. 亞當業已被墮落削弱。戈塞特《亞當與夏娃》，c. 1520。

23. 困惑的亞當接過夏娃給他的吃了一半的蘋果。老克拉納赫《亞當與夏娃》，1526。

24. 這裡亞當是阻止還是協助夏娃取得基路伯蛇（cherubic serpent）遞來的果實？提香《亞當與夏娃》，c. 1550。

25. 聖母和兒子一起把蛇踩扁。卡拉瓦喬《教宗轎夫禮拜堂聖母》（細部），1605-1606。

26. 以讓人不安的坦白筆觸，林布蘭描繪了亞當和夏娃的老邁軀體。林布蘭，《亞當與夏娃》，1638。

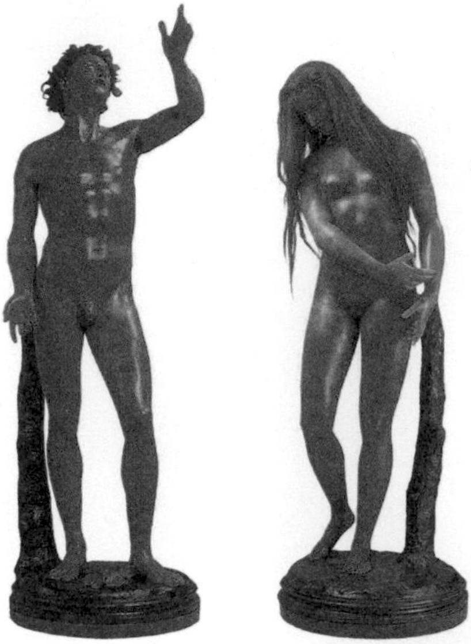

27. 萊利（Ercole Lelli）的超寫實亞當與夏娃像是以蠟敷在人骨頭上製成。萊利《亞當與夏娃解剖蠟像》，十八世紀。

28. 畫中夏娃提供給亞當的果實看來是她的乳房。貝克曼（Max Beckmann）《亞當與夏娃》，1917。

29. 根據殘留的腳印重構而成，這幅露西與配偶的畫面讓人聯想起亞當和夏娃被逐出伊甸園的情景。霍姆斯（John Holmes）在塔特索爾（Ian Tattersall）指導下重構的《阿法南方古猿「露西」及其配偶》。

第9章

貞潔及其不滿

Chastity and Its Discontents

如果說對亞當和夏娃的圖像最有影響力的貢獻是杜勒在一五〇四年所做出，那麼，對他們的故事最有影響力的貢獻則是在幾乎兩個世紀之後，由英國作家密爾頓（John Milton）所做出。《失樂園》（*Paradise Lost*）是最偉大的英國英語詩歌——至少我和很多其他人是這樣相信。但它還有著其他意涵：對奧古斯丁所主張的按照字面詮釋《創世記》的一個驚人實現。密爾頓接過這個把亞當和夏娃描繪得栩栩如生的挑戰。就像杜勒那樣，他在迎戰這個挑戰時動用了文藝復興所能提供給他的一切資源，還有他自己的動盪人生和時代。他的《失樂園》永遠改變了亞當和夏娃的古代敘事。

密爾頓人生中的決定性事件不是他在佛羅倫斯見到了伽利略、不是英國內戰的爆發、不是國王被斬首，甚至不是他自己的雙目失明，而是在一六四二年夏天他和他的年輕新娘子瑪莉·鮑爾（Mary Powell）共度的五個星期。對於當時發生了什麼事，我們幾乎一無所知：密爾頓給它拉上了一塊我們不可能拉開的布幕。然而，在一六四二年的七月（當時他三十二歲）卻斷然發生了什麼事，這事情改變了密爾頓的人生，決定性地形塑了他最後將為亞當和夏娃所寫的那首偉大長詩。

密爾頓是家中長子，父親是熱愛音樂和富有的放債人暨公證人。他學業傑出，有著不知饜足的求知慾。他在倫敦名校聖保羅中學和劍橋大學基督學院所受的一切教育——希臘文、希伯來文、亞蘭文、對《聖經》的鑽研和對神學的沉思——都表明，按照常理，他會成為教會人士。①只不過密爾頓不喜歡按常理出牌。他從來沒有出任神職，反而成為了教會建制的一根肉中刺。

早在劍橋大學念書時，他就表現出麻煩製造者的跡象。十七歲的密爾頓和導師沙佩爾（William Chappell）發生了嚴重爭吵。詳細情形我們不得而知，但密爾頓為此挨了一頓鞭子，遭停學一學期，被趕回倫敦家中。他憤怒的導師原主張應該將密爾頓「同時趕出大學和趕出男人的圈子。」但密爾頓不以為意。他在寫給最好朋友的一首拉丁文詩歌裡稱，他一點都不懷念劍橋大學。返回倫敦的家中反而讓他有更多時間讀書、上劇院看戲和跟漂亮姑娘眉來眼去。②

這似乎透露出密爾頓是個放浪的大學生，但實際情形卻正好相反。做為一個強烈知性和留長頭髮的唯美主義者，他看不起大學落伍過時的課程以及大學生沉迷酗酒嫖妓的風氣。他的同學給他一個外號加以嘲弄：「基督的女士」。

我們不難想像這位有潔癖的詩人受到了多殘忍的揶揄，但他不是沒有武裝：除了擁有不可動搖的自信，他還有著犀利的口才。他告訴同學，他用不著靠豪飲和嫖妓去證明自己的男子氣概。③他將會用寫作而不是妓院證明自己的男性雄風。他的散文咄咄逼人而鋒利，他的詩歌充滿情色想像，披著一層古典薄紗。

密爾頓和同伴分享他的詩歌，特別是和好友迪奧達蒂（Charles Diodati）分享。正是對這位親密朋友，他透露了自己的最大文學野心。④他在一六三七年的一封信中寫道：「聽著，迪奧達蒂，但要為我保守祕密，否則我會臉紅。且讓我大言不慚一下。你問我，我想要得到什麼？我但願上帝幫助我得到不朽名聲。」他知道一個年輕和未經試煉的作家想像自己像飛馬一樣翱翔著實有點難為情。從劍橋大學畢業五年後，他住在鄉村的家裡（他父親不久前從倫敦搬到溫莎附近的一個小村莊），繼續不停閱讀。他的很多同輩人都已結婚和展開事業。迪奧達蒂追隨父親的步伐，成為醫生。二十九歲的密爾頓卻繼續獨身，繼續是個學生。不過正如他向好朋友透露的，他夢想成為名滿天下的大詩人。⑤

但他幾乎沒有怎樣向著這個目標邁進。他一直沒有寫出有價值的作品。不過，他承認雖然「生活在藉藉無名中」和應該感到臉紅，但卻感到自己可能是個偉人。而且在一六三七年秋天，他並不是沒有樂觀的理由。當時他已經寫出過好幾首異常美的作品，包括談歡樂與憂鬱的姊妹詩作〈快樂的人〉（L'Allegro）和〈憂思的人〉（Il Penseroso）、紀念一個遇溺大學同學的感人至深哀歌《利西達斯》（Lycidas），以及戲劇詩《考瑪斯》（*Comus*）。《考瑪斯》相當雄心勃勃，是受有財有勢的布里奇沃特伯爵（Earl of Bridgewater）委託創作，於一六三四年九月二十九日在魯德婁城堡（Ludlow Castle）演出。

《考瑪斯》是所謂的假面劇，為一個特殊場合而創作：慶祝布里奇沃特伯爵被任命為威爾斯的主要管理者。演員包括伯爵的三個子女：十五歲的女兒愛麗絲和她的兩個弟弟。布里奇沃特家位居英格蘭社會階層的近頂層，不過卻曾鬧出醜聞：幾年前，布里奇沃特伯爵的妹夫因為雞姦罪和強姦罪而被處決。細節是黑色電影的題材：貪婪、性變態、亂倫和謀殺全糾結在一起。在導致伯爵妹夫被定罪的轟動審判中，不利被告的主要證人是他太太。

這件醜聞足以讓布里奇沃特家對任何有損他們公共形象的事情都十分敏感。也許因為這樣，他們才會情商年輕的密爾頓寫一齣讚揚端莊守禮的詩劇。密爾頓當時二十五、六歲，明顯覺得這個題材合意，也大有可能整個主意都是他自己想出來：一齣讚揚貞潔的特殊力量的假面劇。劇情集中在一個女孩——被簡單地稱為「女士」。她和兩個弟弟前往與父母會面的途中，迷失在森林裡。當兩個弟弟前往尋找食物和水卻始終沒有回來時，「女士」發現自己落入了邪惡巫師考瑪斯的手中。考瑪斯把這個純潔的處女帶到他的歡樂宮。坐上一張被施以魔法的椅子之後，「女士」發現自己不能動彈，被一些「又黏又熱的樹膠」黏住。狡猾的巫師讚揚縱慾的愉快，又拿魔法杯子裡的酒讓她喝。女孩拒不肯喝，又呼喚「節制」和「貞潔」前來幫助。受到自己的堅定美德的保護，她最後得救，與兩個弟弟團聚，然後又和父母會合。

密爾頓把這個年輕女子守身如玉的童話故事，變成了一個博學和詩歌技巧的展示場。《考瑪斯》超過一千句詩句，富於古典典故和音樂效果。本來，這假面劇是為尊榮布里奇沃特伯爵而設，不是作者的私人宣言。⑥不過密爾頓對這齣假面劇卻投入了強烈的個人感情。在劇中，女主角的弟弟警告說：「下流和放蕩的罪惡行為會為內心帶來污染，讓靈魂因為感染而日益混濁。」必須不惜一切代價避免「下流和放蕩的罪惡行為」。《考瑪斯》是要展現詩人保存自己童貞和不讓靈魂變得混濁的決心。

被同學取笑為「女士」顯示密爾頓的觀點在他那時代的年輕人中並非典型。當時就像歷史上大部分的時期那樣，貞潔主要是人們對未婚女孩的一種要求。⑦密爾頓相信，這是完全擺錯重點。他後來指出，自己曾就這個問題想得很透澈。如果不貞潔對一個女人來說要不得，那它對一個男人來說就更要不得，因為男人「同時是上帝的形象和榮耀」。⑧

奧古斯丁和他的朋友阿利比烏斯如果知道密爾頓此說，一定會完全同意：在發誓為僧時，他們做出了終生禁慾的承諾。不過密爾頓雖然整個二十歲都保持處子之身，他卻不是要為天主教的僧尼理念辯護。做為一名新教徒，他熱烈接受「婚姻貞潔」（married chastity）的理想，相信致力於保護和保全貞潔乃完全能夠和性交相容——只要該性交是得到婚姻授權。他必須把他的貞潔保存到新婚之夜。

十七世紀早期的熱烈宗教氛圍在其他認真的年輕人身上激起了相似的焦慮和信念，哪怕他們始終是鮮明少數。但密爾頓在這一點上有一個和其他年輕人大異其趣之處：他害怕「下流和放蕩的罪惡行為」——婚前性行為——會威脅他的詩人靈感，讓他永垂不朽的夢想破滅。這種害怕非常獨一無二。當時一如之前的許多世紀（和之後的許多世紀），人們大都把詩歌和性視為密不可分。創作力一般被認為可透過性慾加強，不會被性慾殺死。浸淫在奧維德、莎士比亞和多恩（Donne）的詩歌中的密爾頓充分了解這一點。他筆下的巫師考瑪斯就是使用「及時行樂」（*carpe diem*）的魅惑性語言說話，不過「女士」——假面劇中的「女士」和「基督的女士」——堅定反抗這種魅惑。⑨

密爾頓為婚姻保存貞潔的努力——先是在劍橋，接著在倫敦，然後是在鄉下——也許極不容易。妓院在劍橋近郊公開營業，妓女在密爾頓常常光顧的倫敦劇院外頭兜生意，書呆子年輕人也至少會偶爾對擠奶女工想入非非。但他仍然堅定抵抗。在後期的一部作品中，他提到人是有可能透過飲食（避吃某些會刺激性慾的食物）和運動控制性慾。這看來是他回顧年輕時代的夫子自道。當然他也不遺餘力地發展男性之間的友誼，埋頭在書本之中。

真正的考驗想必在一六三八年來到。當時三十歲的密爾頓在一個僕人的陪同下前往歐洲大陸旅行。在巴黎短暫停留後（他看來不喜歡巴黎），他前往義大利，住了一年，走訪了很多城市，在佛羅倫斯、羅馬、拿坡里和威尼斯都各待了一段不短時間。因為義大利文流利又有文化修養，密爾頓受到知識份子、詩人、藝術家、科學家和他們的貴族保護人歡迎。在佛羅倫斯時，他拜訪了七十五歲的伽利略。當時伽利略受到居家拘禁，「因為提出的天文學主張不同於方濟會和多明我會所允許者而成了宗教裁判所的一個囚犯。」⑩在義大利，密爾頓不管去到哪裡都會走訪圖書館，參加音樂會，寫拉丁文詩歌和新認識的朋友唱和。在他寫回家給外甥與其他人的信中，他讚揚義大利風景優美、氣候宜人、語言精煉、「建築高貴，居民文明而有禮。」⑪

在他此行留下來的很多記錄中，完全沒有性活動的蛛絲馬跡。這看來並不讓人意外：因為他為什麼要留下痕跡呢？不過根據密爾頓自己所述，他是帶著完好無缺的童貞（還有新教信仰）返回國內。如果此說為真（我們沒有理由懷疑其為不真），那麼密爾頓就是帶著處子之身回國的極少數英國年輕人之一。⑫因為對於從事壯遊（Grand Tour）的英國紳士來說，義大利乃是拉蒙蒂（Marcantonio Raimondi）的《姿勢》（*Modi*）中的世界（《姿勢》是刻劃做愛體位的版畫冊，配有阿雷蒂諾〔Aretino〕的淫穢十四行詩），是羅馬諾（Giulio Romano）、卡拉奇（Annibale

Carracci）、科雷吉歐（Correggio）和其他許多情色油畫大師的世界，是把裸體的觸感捕捉在雕刻裡的世界。這種快感也不只是虛擬的：當時到義大利旅行的英國人，對於義大利女人的美和義大利妓女的技巧高明印象深刻。

雖然在義大利上流社會出入自如，常常在文學和科學會社、貴族的沙龍和紅衣主教及大主教的宮廷作客，密爾頓看來非常努力想要表現自己的道德優越性。在反對宗教改革的義大利，他本來非常不應該大聲說出自己的宗教信仰（因為他畢竟是作客，而且受到信仰天主教的東道主慷慨接待），但他卻明顯拒絕謹慎。荷蘭詩人海因斯（Nicolas Heinsius）在寫給朋友的一封信中指出，密爾頓「在義大利人中間住了一段很長時間，但他卻因為太有道德潔癖，受到義大利人討厭。」⑬這位三十歲的殷切新教處男向世人清楚表明他絕不受誘惑。

在拿坡里的時候，密爾頓想過要更進一步，到西西里和希臘一遊，卻因為收到一個令人不安的消息而作罷：英國政局在他出國時便已是亂哄哄，此時更是急速惡化。所以他決定不再前行。不過他也不急著回國。他還沒有解決那個一直壓在他心頭的志業問題。他也明顯喜愛義大利——就像他說的，義大利是「所有人類和文明的藝術的宜居之處。」⑭另外，他或許感覺還沒有準備好直接面對他在一六三八年八月收到的那個讓人傷痛的噩耗：他摯愛的朋友迪奧達蒂死了。

一六三九年夏天回到英格蘭不久之後，密爾頓用拉丁文寫了一篇長篇牧人哀歌，悼念死去的朋友。這種文類的成規（以一個哀痛的牧羊人為主角，而他在田園風味的古典希臘地貌中放牧著羊群）本來會創造出一種與真實世界有隔的距離，但密爾頓的哀歌卻是感情濃烈、親密和具披露性。他指出，當他在義大利收到迪奧達蒂死去的噩耗時，他並不允許自己把它完全當真，只有回到家裡之後，他才完全感受到朋友之死對他帶來的巨大悲苦。現在他捫心自問，千里迢迢去了義大利而不是留在英國陪自己最親愛的朋友，這是值得的嗎？如果他不是人在國外，至少可以握住將死朋友的手說再見。現在他落入了非筆墨所能形容的孤單中。在詩的最後，密爾頓抓住了唯一的慰藉：迪奧達蒂——一個沒有被污染的年輕人——必然已經上了天堂，在那裡享受光榮。他對死去的朋友說：「因為從未品嚐過婚床之樂（joy of the marriage bed），處子榮耀（virginal honors）乃是為你保留。」

三十二歲的密爾頓究竟從自己的「處子榮耀」得到多少慰藉，我們並不清楚。他已經不再是踩在一份光明燦爛事業門檻上前途看好的年輕人，但他到底又算什麼？錢並不真正是個問題。他的放債人父親把一些放款歸到兒子名下，所以，現在已經搬到倫敦的密爾頓有了一筆獨立的小收入。為幫補收入，他收了幾個家教學生，首先是兩個外甥。不過，他讓自己學富五車和博覽群書，難道就只是為了教導幾個少年拉丁文的動詞形態變化嗎？

他還沒有失去追求不朽文名的夢想。密爾頓的筆記本（現藏劍橋大學三一學院圖書館）寫滿各種文學創作計畫的題目和大綱，大部分計畫都是以《聖經》為題材的悲劇。有多齣講述人類墮落的五幕劇，其中一齣的標題作「亞當失去天堂」，另一齣作「失樂園」。密爾頓小心翼翼列出角色：當然包括亞當和夏娃，除此以外還有路西法（Lucifer）到摩西，「恩慈」（Mercy）

到「不滿足」（Discontent）[1]。然後他又把整份名單刪掉。毫無疑問，有鑑於他對女性的認識寥寥無幾，要寫出一齣這樣的戲劇備感困難。但不管怎樣，密爾頓都無暇展開寫作計畫。

英國正在分裂，夢想掌握絕對統治權的國王查理一世和桀驁不遜的國會兩者對立越來越嚴重。就像在通向法國或俄國革命那混亂的幾個月那樣，英國出現了無數的派系、互相推撞的意見、失敗的妥協嘗試及不斷改變立場的敵我關係。但在一六四〇年代早期的密爾頓看來，整件事情只是一場單一的大鬥爭：敬神者和不敬神者的鬥爭。居於不敬神者中心的是英國教會的一眾主教，他們富有、世俗、自大，謬誤連篇。[15]居於敬神者中心的是鼓吹極端宗教改革的開明願景家，他們有時被敵人稱為清教徒。[16]這些勇敢的改革者在國會中擁有盟友，而國會願意挺身而出，對抗由主教和國王控制的軍隊。

在一六四〇年代初期，事情開始到達了要緊關頭。在倫敦城離密爾頓住處不遠的地方，有清教徒的群眾發生暴動，要求進行徹底改革，透過廢除主教度制挽救英格蘭。地下印刷廠印製的大量單張報導了逮捕、示威、部隊調動和大屠殺的消息。

因為埋首書本和需要偶爾教教學生希臘文、拉丁文和希伯來文，密爾頓起初只是從旁觀察越來越動盪的時局。但到了一六四一年初，他無法再按捺，保持觀望。他在很短時間內連寫了五篇長篇論文，釋放出他對主教們及其支持者的鄙夷和憤怒，也釋放出肚中大量學問。他曾經為了回應貪杯好色同學的揶揄和盛氣凌人老師的學問貧乏，磨練自己的挖苦技巧。現在，他發現他的新敵人和舊敵人是同一個敵人。他寫道：那些主教「年輕時典型的都是把時間花在鬼混、酗酒和嫖妓，研究的都是毫無用處的問題，他們的中年是花在野心和懶散，他們的老年是花在貪婪、昏聵和疾病。」⑰

但密爾頓有什麼資格評斷地位比他高的人，並向他們抒發他所謂的「神聖義憤」⑱？他不過是寫出過一齣談貞潔的假面劇和到義大利從事了一趟壯遊，憑什麼對國家的命運發言？答案出現在一六四二年四月出版的一篇作品：憑他的博覽群書和道德自律。他指出，他的權威性不只來自他的學問，還是來自他的清純。⑲他從來沒有被婚前性行為污染。他是一個三十三歲的處子。這就是他的道德權威的來源。

在他發表這番言論不到一個月之後，他騎馬去到牛頓附近一座稱為「森林山崗」（Forest Hill）的宅邸，商談一筆貸款的還款事宜。這貸款是他父親轉到他名下的放款之一。借貸人名叫理查·鮑爾（Richard Powell），借了三百英鎊，答應以八％利息把欠款分兩年還清。當時英格蘭爆發內戰的可能性仍然很強，但從倫敦到牛津郡的道路仍是通行無阻，而理查·鮑爾還款的時間到了。密爾頓在六月抵達「森林山崗」，七月回到倫敦。我們不知道他有沒有收到該收的十二英鎊，只知道他帶了一個妻子回家。⑳對方是理查·鮑爾的長女，十七歲的瑪莉·鮑爾。

在十七世紀，有錢人家之間的嫁娶經常都像曠日持久的生意談判更多於浪漫的求愛，所

❶譯註：一些擬人化的角色。

以，密爾頓婚事的迅速敲定，顯示他心裡不是只有利害考量。不錯，密爾頓多年來一直思考愛的性質、一個新娘應有的道德品質，以及那種和婚床之樂不相衝突的貞潔。但這些卻不是婚姻市場的典型考量。在六月一個下午第一次看到年輕的瑪莉時，密爾頓看來瞥見了幸福的可能性。不錯，在這次旋風式的親事敲定時，瑪莉的父親曾承諾為女兒付出一千英鎊嫁妝——頗豐厚的一筆款額。但急著結婚的密爾頓沒有時間查證準岳父的財務狀況，對他的償付能力一無所知。事實上，查理．鮑爾在土地投機上賠了大錢，根本無力償還本來借的三百英鎊，更遑論支付說好的豐厚嫁妝。

新娘子對丈夫的所知一樣少得可憐。她的家人都是堅定的保皇派，而密爾頓卻迅速讓自己成為主教敵人最激烈的代言人之一。在整個國家行將爆炸之際，他們有可能在「森林山崗」用飯時避開國事不談嗎？不過，理查．鮑爾也許是急於談成親事，所以交代女兒和其他家人莫談政治，而密爾頓也因為樂不可支，暫時忘了他對主教們的怒氣。

不管密爾頓和瑪莉對彼此所知有多麼少，一對新人最後還是回到了奧德斯城門街（Aldersgate Street）的小房子。一些親戚（八成包括父母和一些兄弟姊妹）陪著少女新娘到倫敦和出席婚禮。這些訪客在幾天後離開，讓一對新人開始有時間思考他們幹了些什麼。

密爾頓熱烈相信，結婚並沒有讓他有虧自己的貞潔。他寫道：「絕不可稱婚姻為一種污染。」㉑婚姻制度是上帝本人在人類墮落前於伊甸園創立，當時亞當和夏娃仍然完全貞潔清純。㉒所以，一對夫妻一樣可以享受亞當和夏娃被賜予的天真無邪狀態。當他娶了瑪莉．鮑爾的時候，他大可以用亞當的話告訴自己：「這是我骨中之骨，肉中之肉。」又如果他在踏入臥室時感到焦慮，他也大可以回憶《創世記》以下的話：「當時夫妻二人赤身露體，並不羞恥。」

他認為他行將進入天堂。

瑪莉．鮑爾以密爾頓太太的身分生活了一個月多一點便搬回到「森林山崗」。表面上的理由是她媽媽殷切要求女兒回家陪伴，而她也保證會在大概四星期後，大約快九月底時返回倫敦。不管是她丈夫還是她本人都沒有留下直接記述，說明是什麼原因導致她婚後會那麼快和用那麼牽強的理由收拾行李回娘家。密爾頓的姪兒把事情歸咎於奧德斯城門街的「哲學生活」，認為那對習慣熱鬧鄉村府邸的年輕女子來說是個苦頭。根據十七世紀八卦家奧布里（John Aubrey）的打探，瑪莉自小生長在「一個有很多同伴、玩樂和舞蹈的環境。」這就難怪她對密爾頓無人造訪和靜得要命的房子（這靜只偶爾會被手心挨打的學生的哭聲打破）感到吃不消。奧布里在筆記裡寫下另一個不和的原因：鮑爾小姐是保皇派，而「不同的宗教並不太能夠同床共枕。」[23]

瑪莉沒有在說好的日期返回，也沒寫信說明情況。倒是被遺棄的丈夫有寫信給她，卻沒有回音。密爾頓又寫了兩封信，仍然沒有得到「森林山崗」的回應。這個時候，政治局勢益發兇險。有關往事的記述傾向於把私人領域和政治領域分開，但它們當然總是混在一起。

一六四二年八月，一個非常年輕的女子因為婚姻不快樂逃離丈夫，同一個月，英王查理一世在諾丁漢（Nottingham）集結軍隊，發起內戰，旗幟上寫著「把凱撒應得的還給凱撒」。沒有比這兩件事件更不相干的了，但它們又不是發生在兩個分離的宇宙。密爾頓和他的新娘子也許不會在床上爭論英國國教和清教徒主義的差異，但政局的惡化無疑會加劇兩人本已有之的緊張關係。往返倫敦和牛津郡的道路變得極端危險（倫敦是國會派的中樞，牛頓郡是保皇派的地盤）。密爾頓沒有親自到「森林山崗」找妻子，但在寫了幾封信都沒有回音之後派出一個僕人前往。據密爾頓的姪兒菲利浦（Edward Phillips）回憶，那僕人回來之後不只沒有帶回讓人滿意的答覆，反而表示自己「是受到一些侮辱之後被打發回來。」

妻子娘家起初對於把女兒嫁給一個他們欠了不少錢的富有倫敦人無疑充滿熱心。換作別的時候，他們大概會勸告甚至迫使不快樂的女兒回到丈夫身邊。但在一六四二年秋天，從「森林山崗」的角度觀看，國王（他已經在牛津附近建立了大本營）很快就會把敵人剁成肉醬。一等王黨取得上風，恢復國家秩序，一定會對麻煩製造者進行清算。在那些擾亂和平的人之中，有一個是撰寫妖言惑眾小冊子譴責主教的狂妄男人。所以瑪莉留在了「森林山崗」。㉔

那密爾頓呢？密爾頓留在倫敦的家中。那不是一段快樂時光。他犯了一個災難性錯誤，而他無法再以自己是蒼白少年做為藉口。他一向以自己的深厚學養、守身如玉和下筆雄健自豪。他有一種注定會成為偉人的意識。但現在他卻讓自己顯得是個蠢才，一個同時值得別人憐憫和取笑的對象。

十月底，國王的軍隊穩步從泰晤士河河谷向倫敦前進。起義的失敗看來指日可待。然而當皇家軍隊抵達特南綠地（Turnham Green）時，卻遇到一支訓練有素的民軍抵抗——這支民軍主要由店東、藝匠和學徒組成，混雜著少量的退伍老兵。國王的決心發生了動搖。有鑑於當時由埃塞克斯伯爵（Earl of Essex）率領的一支國會派軍隊也正在逼近，國王在評估過形勢之後決定退兵。這一退兵，倫敦便再也不是他能夠奪得。

密爾頓雖然受過軍訓，但當國王的軍隊逼近時，他並沒有離開奧德斯城門街，跑到特南綠地建立防禦工事。代之以，他寫了一首十四行詩，釘在門上（又有可能他只是想像這樣做）。這首詩要求任何人湊巧經過他毫無防衛的房子時都要保護住在裡面的那人，讓其免受傷害。為什麼？因為這房子是一個詩人的家，而詩人有本領「把你的名字傳遍五湖四海」。這個密爾頓當然談不上英勇，但他卻以半開玩笑和半認真的方式道出了他對詩歌力量和自己志業的信仰。而且事實上，他也用自己的方式表現得異常勇敢，雖然這種勇敢不會吸引到軍事史家的注意力。㉕

在國家陷於深重危機的這個時刻，密爾頓本來可以採取低調，又或是（如果他決心魯莽行事的話）再次猛烈炮轟主教們。不過他卻做了一件別的事情——一件難以置信地勇敢，又或是說難以置信地自我專注的事情。㉖他讓自己寫了一系列激情洋溢的小冊子，要求賦予所有英國男女合法再婚的權利。他力主，合法再婚的正當性可以透過對亞當和夏娃故事的正確了解獲得證實。

這些小冊子讓密爾頓的同時代人感到震驚，他們也大有理由震驚。在十七世紀的英格蘭，婚姻被認為是一輩子的事，只有遇到配偶死亡才會結束。亨利八世和羅馬天主教教廷在十六世紀初期的決裂，常常被說成是因為他要求和結縭十八年的妻子亞拉岡的凱瑟琳（Catherine of Aragon）離婚。事實上他並不是尋求離婚，而他也沒有得到坎特伯雷的新教大主教批准。他得到的是婚姻無效判決。㉗英國教會對婚姻的理解和天主教並無重大不同。要再過三百多年，密爾頓所呼籲的改變才終於透過一九六九至七三年的《離婚改革法》實現。

如果一男一女是合法結婚——也就是說，如果沒有涉及重婚、亂倫、精神病或其他在一開始本來可以禁止訂婚的情況——那麼婚姻所締的結就不能解開。㉘如果一個妻子反覆受到丈夫毒打，她也許會引起同情。如果她受到的虐待夠嚴重，她也許會獲得「夫妻不共寢食」的正式許可。但如果沒有事涉通姦或異端，她就不可能獲准離婚或得到再婚的權利。遺棄的情形也是一樣：不管是妻子遺棄丈夫還是丈夫遺棄妻子，被遺棄的一方也許引人同情，但卻不能另覓配偶。㉙至於夫妻個性不合的問題，傳統上都是喜劇的題材，不是法庭要管的事。

密爾頓被困在他認為是災難性錯誤的婚姻中。他天性中的一切都讓他無法認命地接受自己所落入的處境。多年來，他都為了婚姻而保持貞潔。他絕對相信，自己注定不會像四周的人那樣，生活在隱忍、怨懟或欺騙的婚姻中。另外，他思考得越多，就越覺得現存的婚姻法律是一個夢魘——不只對他一人如此，對每個人都是如此。㉚

最大的問題不在於這法律奠基於年深日久的習俗，又硬化成為教會法的規定。密爾頓一向主張，一個自由的靈魂——一個勇敢和博學的人——大可以不甩「無知教會法的垃圾規定。」㉛真正的難題在於彌賽亞本人曾引用亞當和夏娃的故事反對離婚，認為只有夫妻一方犯了通姦罪，離婚才被容許。

在《馬太福音》中，法利賽人問耶穌離婚的合法性。耶穌回答時提醒他們，《創世記》指出過，第一個男人與妻子連合，二人成為一體。「所以，神配合的，人不可分開。」（19:4-6）㉜想要改變離婚法律的基督徒，沒有人可以忽略或輕易迴避這段經文。

為了對付這個困難，密爾頓援引傳統所謂的「仁慈律」（the law of charity），重新詮釋耶穌的話。㉝《新約》是福音，不可能志在把摩西律法弄得更加僵化和沉重。耶穌對於離婚的嚴峻主張不能按照字面理解。救主給予法利賽人的答案只是「那些自大的宗教裁判官」所配得，但他為善男信女所設定的答案卻是完全不同，線索就在他提到亞當和夏娃這一點。

耶穌是教導我們要回到人類生活的開始，體會上帝創造夏娃的用意。密爾頓主張，上帝的用意主要不是為了讓亞當有性生活。相信婚姻紐帶是為了滿足和規範肉體的慾望而設乃是一個根本錯誤，是讓人類和野獸落入同一個範疇。天主教教會和英國教會都把夫妻的「一體性」化約為射精的事實——密爾頓稱射精為「一種和大便沒有多大不同的功能」。

婚姻的主要目的更不是生兒育女。就連教廷都沒有蠢到相信未能生兒育女的婚姻是無效的。上帝曾經吩咐人類的第一對男女要生養眾多，就像田裡的牛隻和空中的飛鳥那樣。但是世間的第一樁婚姻——亞當和夏娃的婚姻——卻是為了一個不同的理由而設。這個理由完全濃縮在上帝的話裡：「那人獨居不好。」這話的意思一點都不複雜或隱晦，每個人都應該能夠掌握。「獨居是上帝眼裡第一件不好的事。」㉞所以婚姻的主要目的不是為了性愛或生兒育女，而是為了使人有伴。雖然住在天堂，一個孤獨的亞當一樣注定不快樂。密爾頓指出，正是「為了防止心靈和精神的孤單」，上帝創造出女人，做為男人的夥伴助手（helpmeet）。

自信掌握了太初婚姻的目的之後，密爾頓借它來說明他的個人苦惱。他以清晰有力的方式道出任何身在不快樂婚姻中的人能見證的經驗：如果你娶了一個錯的人，你的孤單就會不減反增。如果你和配偶同在一個房間裡，你的孤獨感會尤甚於獨處的時候。怨偶的相對無言固然令人痛苦，但交談只會加劇孤立感。這是一六四二年夏天那幾個星期教會他的事。他發現這一刻讓人無法忍受。㉟

那瑪莉又是怎麼回事？她十七歲就被迫離開父母、十一個兄弟姊妹和熱鬧的「森林山崗」，去到奧斯德城門街的陰森房子。她也應該會覺得年紀比她大很多的書呆子丈夫奇怪和令人厭惡。瑪莉在她的新生活中想必無比孤單寂寞。如果密爾頓除了體會到自己的痛苦以外還能體會瑪莉的痛苦，將會讓人高興。他至少在姿態上那樣做了。他那部鼓吹合法離婚的小冊子以不具名的方式出版於一六四三年八月，題為《離婚的原理和應用：為兩性恢復福祉》（*The Doctrine and Discipline of Divorce: Restored to the Good of Both Sexes*）。從標題看，他這小冊子不只是為了男性著想，也為了兩性著想。

但是從他描述他要解決的兩難式看來，他真正注意到的只是自己的不幸。他認為自己做為丈夫的表現完全正確和恰當，自己所說的話受到妻子的不合理抵抗。他自視為一個像啞巴和沒有靈氣的配偶的受害者，被剝奪了「愉快談話」的權利。而愉快談話正是婚姻的目的，也只有「相契合的心靈」才能做到。㊱

然則，他為什麼會犯這種天大錯誤？他望向朋友和熟人的婚姻，發現他們很多人——包括他認為智力和品格都低於自己的那些——都比他快樂和明智。在他的小冊子中，密爾頓竭力解釋這種事怎麼會發生。他現在明白到，一個處女的「害羞沉默」也許會隱藏住她的枯燥之味。又也許是因為追求者沒有獲得充分了解追求對象的機會。又如果他還有任何疑慮的話，朋友一定會勸他放心，說相處久了自然會有所改觀。

不過，這些理由都不太能解釋為什麼活脫脫的無恥之徒常常婚姻美滿，但那些「年輕時貞節自守」的人卻輕易誤蹈可怕婚姻。密爾頓認為理由在於那些厲流成性的人可以累積出寶貴經驗，但貞潔的年輕人因為沒有經驗，以致犯了一次致命錯誤就無可挽回，必須終身忍受。

密爾頓拒絕接受這種命運，至少是在未經一戰前拒絕接受。因為被剝奪去夫妻的愉快談話，又確定自己和自己所娶的女人不可能有愉快談話，他感到內心出現一種不曾有過的情緒：「然後出現了恨。這種恨不是對罪的恨，而是對於一個錯誤對象的自然不滿和避開。」愛變成了恨。

一想到自己會終生被禁錮在沒有愛的婚姻裡，密爾頓就意氣消沉。他知道自己絕不會向妓院或通姦尋求慰藉。但和一個自己所恨的伴侶做愛卻是一種苦差事，就像「推磨」。㊲這時候兩人不只不是「一體」，反而是「兩具被不自然地綁在一起的屍體」或「一個活的靈魂被綁在一具死屍上」。㊳難道上帝會是這樣一個暴君嗎？

如果上帝是刻意把這種悲慘加諸他身上，那麼密爾頓就會相信自己非但不是獲揀選者，反而是喀爾文派所說的「被棄絕者」（reprobate）——即被上帝拒絕的罪人。但要是他拒絕相信自己是遭天譴者會怎樣？還有一種更糟糕的可能，這種可能比感覺自己是「被棄絕者」還要可怕，也大概更有誘惑力。一個永遠被困在不快樂婚姻中的理智者，有可能會開始懷疑整件事情根本和上帝無關。在開始於妓院和鄰居的床的一系列可悲代替方案中，最後和最糟的一個是無神論。

但密爾頓認為這一切都不是必要。因為在伊甸園創立婚姻的上帝不可能希望讓一個犯了無辜錯誤的人一輩子不快樂。如果就像上帝原訂的那樣，愛、互助和親密是婚姻的本質，那麼就應該讓離婚成為可能。受腐敗的教會引入歧途，男男女女被關進了一座自造的監獄中，亟需有人帶領。「那個能夠為走出這奴役迷宮提供線索的人，將值得被視為文明和人道生活的造福者，比葡萄酒和油的發明者還要有貢獻。」

他知道，到了一六四四年，他的個人處境已經被很多讀者知道。他生活在一個小世界裡，而他也因為寫出過於激烈攻擊主教的小冊子而讓自己在這個小世界有很高的能見度。現在他的年輕妻子離開了他，他知道自己主張離婚的論據將會被某些人看成只是一種個人簡歷。但那又如何？他將會把一場私人危機轉化為一個最大的公共訴求，而這樣做的時候，他將會成為婚姻的救主，值得比葡萄酒和油的發明者受到更大的感激與推崇。

在一六四三年第一次出版《離婚的原理和應用》時，他是採取匿名發表。但在第二年，當兩刷幾乎馬上售罄後，他發表了一個增訂版，這一次大膽把自己的名字登在書名頁：約翰·密爾頓。

不過這小冊子不但沒有招來推崇，反而迅速引起嘲諷與怒罵。㊴《離婚的原理和應用》被認為「應該由劊子手焚燬」，其論證被認為「不少於對基督本人的褻瀆。」㊵對於密爾頓所感受到的孤單，一個批評者奚落說：「你不可能找到一個說話投機的女人，除非她懂得說希伯來語、希臘語、拉丁語和法語，而且就像你一樣反對教會法。」㊶

密爾頓曾經主張，不快樂夫妻的小孩要比父母同意「和平離婚」的小孩處境更糟糕。同樣的，他認為不快樂的妻子就像不快樂的丈夫那樣，有很多理由歡迎離婚。為什麼要讓女人和一個她們憎恨的配偶綁在一起呢？不過，對密爾頓大部分的十七世紀同時代人來說，這些主張要不是居心不良就是幼稚得可怕。他們認為准許離婚將會鼓勵男人拋棄他們的責任和動搖上帝在伊甸園建立的制度。那個一度以處子之身自豪和寫出一齣歌頌貞潔的假面劇的詩人，現在正在為荒淫鳴鑼開道。

密爾頓加以反擊。他問道，他的批評者真有花時間讀過《離婚的原理和應用》和搞懂它的論證嗎？上帝大可以為亞當創造一個男性同伴——如果祂要的話，創造一千個這樣的同伴都可以。但是直到給了夏娃之前，上帝都覺得亞當孤單。祂創造夏娃不只是為了讓亞當有性生活，

而是因為「床笫之外的婚姻狀態自有一種其他社群無法提供的特殊慰藉。」㊷

他一向辯才無礙，但這一次，為了描述這種他沒有經驗過的「特殊慰藉」，他費盡九牛二虎之力。這種經驗必然會讓人深感滿足，否則上帝不會打算讓亞當「和一個女人在空蕩蕩的世界裡共度那麼多年。」但如果這經驗不是性愛，是在「床笫之外」，它究竟又是什麼？他的最接近說法是：「婚姻閒暇時的娛樂的銷魂與過度溺愛。」

不過，在找詞語諷刺他的批評者時，密爾頓倒是毫無困難：「白癡」、「腦殘」、「野蠻人」、「雜種狗」、「自以為是的廢物」、「厚顏無恥的笨蛋」。㊸但他的敵人沒有因此退卻。《離婚的原理和應用》受到一個國會委員會的調查。密爾頓發現自己處於一個讓人氣極的處境：被他企圖解放的人所厭棄。㊹

如他一貫的作風那樣，密爾頓拒絕接受失敗。他往神學鉅著尋求能支持他的論證，繼續撰寫和出版鼓吹離婚的小冊子，調子從學究到憤怒不等。但這種狂熱的努力是要付出代價的，至少密爾頓自己是這樣認為。因為正是從這個時候開始，他出現了困擾他餘生的消化問題。此外還有一個更嚴重的問題：「即使在早上，如果我如常開始閱讀，我注意到我的眼睛立刻會感到疼痛，要待做過適度運動才會好轉。又常常，當我望向一盞油燈，它會看似被一道虹彩遮蔽。」㊺他當時並不知道這種視力的衰退在幾年內將會導致他全盲，但他必然感受到他為自己的勞力付出了很高代價。

一六四四年，他出版了《阿勒約帕哥》（*Areopagitica*），是為捍衛出版自由最雄辯和最有影響力的作品之一。密爾頓本就一向反對審查制度。㊻現在，在回應把他的書燒掉的呼籲時，他寫道：「殺死一本好書，簡直就像殺死一個人。殺死一個人是殺死一個有理性的受造物，殺死一個上帝的形象，但殺死一本好書就像殺死理性本身，就像當面殺死上帝的形象。」㊼如果不是透過觀念的公開競爭，真理又何從出現？難道人類只是牽線木偶，只是按照權威當局用腹語術所說的話動動嘴巴？「很多人抱怨上帝不應該為亞當犯錯罰他受苦。愚蠢的舌頭！當上帝給了他理性，祂就是給了他選擇的自由，因為理性的作用不外是選擇。否則他只是一個木偶戲中的亞當。」不管密爾頓是什麼樣的人或會變成什麼樣的人，他都不願當一個木偶亞當，一個只會按別人的話說話和接受不公不義法律的人。㊽難道上帝不是把我們創造成為生而自由的嗎？

自從一六四二年夏天那場災難性的蜜月之後，密爾頓已經有三年沒有瑪莉的音訊。但是歷史——曾經把倫敦和牛津變成敵對陣營的同一段歷史——現在插手婚姻僵局。戰爭的態勢已經改變。在瑪莉返回娘家的時候，保皇派的勝利看來指日可待，但現在這勝利的希望卻煙消雲散了。到了一六四五年春天，國會派聲勢大盛。在敵人包圍之下，保皇派盤據的牛津開始缺糧。國王查理決定親自帶領部隊對抗北方大量集結的敵人。因為國王御駕親征，保皇派士氣大振，很多富有軍官的太太和情婦坐著馬車一起前往，要見證他們預期中的勝利。不過在一六四五年六月中一個霧茫茫的早上，國會的「新模範軍」在費爾法克斯（Thomas Fairfox）和克倫威爾（Oliver Cromwell）的指揮下粉碎了國王的軍隊。這場內斯比之戰（Battle of Naseby）是內戰中決定性的一戰。㊾

當國王戰敗的消息傳到牛津郡，面對家業將會被毀的威脅，鮑爾家知道他們必須想辦法。他們的長女固然嫁給了國會派一個重要人物，但她卻離棄了丈夫。密爾頓從不隱瞞自己對瑪莉的恨意，不太可能會重新接納她。鮑爾家的策略是尋求密爾頓的外甥威廉和海斯特．布萊克伯勒（Hester Blackborough）的幫忙。他們和舅舅住得很近，想必樂意充當和事老。有一天，密爾頓按固定的樣子到外甥家坐坐。門打開的時候，他「驚訝地看見一個他以為永遠不會再看見的人。」這一幕經過精心安排。瑪莉跪倒在丈夫面前，懇求原諒。

相信人有「選擇自由」的密爾頓本來可以選擇拒絕寬恕。但他沒有這樣做。他把懺悔的新娘拉起來，帶她回家。⑳這一次，他們的婚姻維持了下來。二十歲的瑪莉雖然想必仍然覺得密爾頓的房子陰森森，但她卻不可能跑回娘家。「森林山崗」已經被國會的部隊佔領，與這府邸一起消失的是她自小成長於其中的富貴社交環境。

本來就一直像幻影的一千英鎊嫁妝現在鐵定成為泡影。瑪莉的家人因為房子被國會軍隊佔領，變得無家可歸，但獲准前往倫敦。他們要住在哪裡呢？一大家子搬去和他們曾經痛恨的女婿同住。

瑪莉在秋天懷孕。密爾頓的第一個小孩——一個女兒——在一六四六年七月廿九日誕生。他在一六四七年四月二十日用拉丁文寫的信中，向義大利朋友達蒂（Carlo Dati）透露了他對家居環境新變化的感受：「他們沒有讓我留下好印象卻每天和我在一起，用他們的噪音讓我耳聾，但憑他們喜愛常常折磨我。」

瑪莉又是什麼感受？她後來曾後悔離開密爾頓並因此責怪自己或自己多事的母親嗎？[51]對於她回到密爾頓身邊之後的感覺，我們一無所知。一六四八年十月，她生下第二個女兒，取名瑪莉，又在一六五一年三月產下一子，取名約翰。到了夏天結束，她再次懷孕，是為六年半來第四次懷孕。

這段婚姻的終結不是透過離婚，而是透過結婚誓詞所想像的方法：「直到死亡將我們分開。」[52]一六五二年五月二日，瑪莉．密爾頓把她的第四個小孩帶到世界，但她幾天後就死了，年僅二十七歲．密爾頓在他的《聖經》裡面寫道：「我的女兒黛博拉（Deborah）誕生於一六五二年五月二日清晨三點前。」他也寫下妻子的死訊，但相當語焉不詳：「我太太也就是她母親在大概三日後死去。」[53]

雖然瑪莉沒有留下內心世界的記錄（沒有她的日記或書信留存下來），卻有一個驚人的嘗試企圖想像她也許有什麼所思所感。這個想像是動人的，但也是完全間接和不可靠，因為它是密爾頓自己的想像。在他鼓吹離婚的小冊子中，受傷和憤怒的密爾頓不容許自己反省他那位不快樂新娘的感受，而就我們所能知，他看來也對她回來後有什麼樣的思想感情不感興趣。不過多年以後，他卻設法回憶起她的聲音是什麼樣子。但就連那時候，他也沒有給予她全面和有力的顯現，而且有可能是錯得離譜。然而，密爾頓能夠聽到自己那不快樂的回音室以外的聲音，已經非常了不起。他把自己想像為亞當，把那個令他回憶起她聲音的女人稱為夏娃。

第10章
天堂的政治

The Politics of Paradise

一三八一年，教士波爾（John Ball）在鼓動貧窮的英格蘭農民起義時指出，當人類開始在墮落的世界生活時，並沒有嬌生慣養的貴族壓迫農奴這種事。為了要種莊稼，第一個男人必須親自掘地；為了做衣服，第一個女人必須親自紡織羊毛。波爾用了一句很快變得知名的革命口號①：「當亞當耕田夏娃織布時，紳士淑女何在？」為防別人聽不懂，他又直接闡明這口號的意涵：「在天地初開之時，所有人是生而平等。」起義者焚燒法庭檔案，打開監獄，殺死國王的官吏。

叛亂被鎮壓之後，波爾遭到梟首示眾，頭顱被插在倫敦橋的一根長矛上，身體被砍為四塊，分送到四個不同的城市做為警告。雖然波爾的這種命運標誌著十四世紀農民起義的終結，但他的口號並沒有被忘記，而他的死也沒有殺死對亞當和夏娃故事的激進解讀。這種解讀總是潛伏在故事之中（同時存在於伊甸園的無拘無束自由和亞當夏娃在墮落之後的體力勞動），可供任何想要為社會抗議找到正當性的人利用。

在政治不安和社會不安的時期，「過去」與「現在」會以奇怪的方式環扣在一起：要麼是「現在」看似垮陷在「過去」之中，要麼是「過去」衝破藩籬而居住在「現在」之中。不只是《聖經》中的人物會突然變得當代起來。在文藝復興尾流的義大利，湧起的常常是古典的、異教的過去。在十四世紀的羅馬，一個酒館老闆的私生子里恩佐（Cola di Rienzo）自封為護民官，鼓吹義大利統一和建立一個新羅馬帝國。十八世紀晚期的美國和法國革命領袖常常被描繪成穿著羅馬長袍。俄國革命的德國追隨者想像自己是由斯巴達克斯（Spartacus）率領的羅馬奴隸起義的直接繼承人。不過在十七世紀英格蘭的過熱宗教氛圍中，看起來奇怪地逼近的則是亞當和夏娃的故事。

它是那麼地逼近，以致有些男女祕密聚會，脫掉衣服，像亞當和夏娃在伊甸園時那樣敬拜上帝。這些人——被稱為亞當派（Adamites）——是否確實存在並不清楚，但即使他們只是出於正教教義捍衛者的想像，這謠言也透露出創世記故事的潛在力量。保守的宗教當局因為擔心過激的宗教熱情，努力把伊甸園的事件固定連結於最遙遠的古代。政治態度溫和的聖公會主教烏雪（James Ussher）根據聖經裡的記載和曆法考證，算出世界是在西元前四〇〇四年十月二十三日的前一晚被創造出來。他補充說，亞當和夏娃是在十一月十日星期一被驅逐出伊甸園。這些日期讓初始事件固定在原地。

不過很多烏雪的同時代人贊成醫生暨自然科學家布朗爵士（Thomas Browne）所說的：「那個沒有肚臍的人仍然住在我裡面。」歷史距離是沒有意義的：那個容易被誘惑的亞當仍然在布朗爵士裡面擾動和呼吸。即使相信墮落是發生在極遙遠過去的人，都常常和佈道人維安德（John Everard）持同樣主張：「我們必須把這些歷史帶到我們的切身，否則西乃山和錫安山或者夏甲（Hagar）和撒拉（Sarah）❶對我們有什麼意義？」②

❶譯註：撒拉和夏甲分別是亞伯拉罕的妻與妾。

把這些歷史帶到切身不僅僅表示個人需要對罪性負責，還可以表示對失落的天真無邪狀態的某種恢復。貴格派創辦人霍克斯（George Fox）在十七世紀晚期見證說，他透過信仰而在精神上被帶回到天堂：「一切都是新的，我被帶進了亞當的狀態——他在墮落前的狀態。」③在霍克斯的一些同時代人看來，這種完全的天真無邪從未失落：所有人類都曾在童年的單純經驗中擁有過它。奧古斯丁主張所有小孩（包括新生兒）都業已受到腐敗之說乃是謊言。詩人特拉納（Thomas Traherne）回憶童年時寫道：「我在那裡是一個亞當，一個在歡樂地的小亞當。」④

所有這些十七世紀的尋覓者都相信這個深邃真理可以在《創世記》裡面找到。密爾頓從不停止在那裡尋索。在筆記本裡勾勒一齣有關亞當和夏娃的悲劇的大綱時，他曾希望這劇就是一直在他心裡祕密醞釀的偉大藝術作品。但這齣戲劇拒絕被寫出。他繼續相信上帝給了他天分，讓他可以創造出一些——就像荷馬和維吉爾的作品那樣——可以在人類記憶裡永久流傳的東西，但他的天分看來受到了埋沒。他擔心自己已經有所耽誤，錯過了創作的最佳時機。

密爾頓在一六四八年十二月滿四十歲。這時候他想必清楚知道，自己夢想寫出一部鉅著的計畫毫無寸進。他本來可以告訴自己，還有別的事情需要他關注。也確實是如此。英格蘭在一六四六年達成了勉強的和平，但不到兩年又再次陷入內戰。這一次經過又一輪的圍困、破壞和流血之後，得勝的「新模範軍」不打算談判，也不打算接受妥協安排。做為前所未有之舉，國王被以大逆罪起訴，並獲判有罪。有五十九個法官簽署了死刑執行令。

一六四九年一月三十日，查理一世登上懷特霍爾宮國宴廳大門前的行刑台。說了只有附近的人聽得見的臨終遺言後，他作了禱告，接著把頭放在墊木上，向劊子手示意他已準備好。戴著兜帽的劊子手一刀就把人頭斬下。一位目擊的清教徒牧師（也因此不是國王的朋友）指出：「在斬首的一剎那，在場幾千人一起發出了一聲沮喪的嘆息。我從未聽過這種聲音，也但願此後永不會再聽見。」隨著國王被斬首，英格蘭駛向了一個目的地未知的全新航向。

一個審慎的人會在這種時刻保持低調，但密爾頓完全不是審慎的人。他業已因為攻擊主教和鼓吹合法離婚而惡名昭彰。現在他更進一步。一六四九年二月十三日，即查理一世被處決才兩星期之後，他出版了《論國王與官吏的職權》（*The Tenure of Kings and Magistrates*）。因著這部長篇的辯難小冊子，本來和弒君無關的密爾頓形同公開簽署了國王的死刑執行令。他寫道：國王們總是宣稱他們是上帝選立，但事實上，「國王的神授權力」（一如臣民生下來就有義務服從國王命令的主張）乃是謊言。以讓人會回想起波爾的說法以及跟美國獨立宣言極為相似的用詞，密爾頓提出了一條他認為是根本的原則：**所有人自然地生而自由**。⑤

就像波爾一樣，密爾頓是透過用力思考伊甸園裡的亞當和夏娃而達到這種激進立場：

> 稍有常識的人都不會愚蠢得否認**所有人自然地生而自由**。人是按上帝的形象被造，擁有凌駕所有其他被造物的特權，生而發號司令而不是服從。

在密爾頓看來，上帝在《創世記》裡對第一對男女所說的話——「管理海裡的魚、空中的鳥、地上的牲畜」——乃是一個政治宣言，是在宣示人擁有天生和不受約束的自由。在亞當犯過之後，「人們彼此暴力相向，久了之後可預見再這樣下去將會讓他們所有人被摧毀，所以同意建立一個共同聯盟，禁止彼此傷害和聯合力量自衛。」所以政治安排不過是社會契約。如果統治者違反了契約對他設定的界限，臣民就沒有義務要服從。

就像亞當斯（John Adams）和傑佛遜（Thomas Jefferson）在一個世紀後所完全理解的，這些主張是革命性的。對密爾頓來說，它們是自然地生自他對《創世記》的解讀，這種解讀也曾經把他帶到攻擊主教的立場：「我們擁有自亞當之後所有人類擁有的特權：生而自由。」在他不快樂婚姻的後期，他又抽繹出這種立場的意涵，就像上帝創造夏娃所證明的，婚姻是為了促進快樂而不是創造不可打破的枷鎖。他在《離婚的原理和應用》中寫道：「結婚的人不是要自找罪受，而是要建立甜蜜的聯盟。」他把這一點的政治意涵直接道破：「一個人之於一場壞婚姻，猶如全部人民之於一個壞政府。」內戰的事態發展讓密爾頓寫於一六四三年的話擁有了一種奇怪的先知力量：在一六四九年，當英格蘭人民要求離婚而國王拒絕時，他們做了可以恢復自由和快樂的事情——自由和快樂是他們繼承自亞當和夏娃的天生權利。

對身處這個關鍵時刻的很多革命份子來說，亞當和夏娃看起來是關鍵盟友。國王被處決不多久之後，一個叫溫斯坦利（Gerrard Winstanley）的人把追隨者聚集在一起。他本來是英格蘭北部一個裁縫，後來在戰爭帶來的經濟動盪中破產。為了活命，他成為了一個牧牛人。但他沒有絕望。他著魔似地思考伊甸園中那一男一女的處境，思考社會為什麼會在人類墮落後發生災難性轉折，以及怎樣才能夠逆轉傷害。

一六四九年四月一日，溫斯坦利帶領一小群志同道合的男女，到薩里郡的聖喬治山（離倫敦大約二十英里）掘土和種植莊稼。他告訴追隨者，他們是亞當和夏娃，可以攜手重新創造伊甸園。他們小心避免侵佔任何人的產業，開墾的土地都是公有地，即整個社群共有的土地。不過當地的地主馬上明白他們的象徵性行動所帶有的極端主義意涵。「掘土派」（Diggers）——溫斯坦利一群人所獲得的稱呼——形同對私有制和整個階級結構發起挑戰。這種制度與結構把財富、土地、地位和權力集中在少數人手上，讓人口的其餘部分淪入無力和赤貧狀態。這個扭曲的系統由暴力支撐，允許少數人把上帝本來為每個人準備的土地佔為己有。

溫斯坦利告訴追隨者，「墮落」不是發生在太古的事件，而是正發生在此時此地：每當有一個人變得貪婪，為了積聚財富而凌虐他人，這種事就會發生。「當一個人墮落，他不應該怪罪一個死在六千年前的人，而是應該怪罪自己。」私有財產是致命的禁果。⑥

溫斯坦利寫道：伊甸園並不是我們的遙遠祖先短暫居住過，然後就永遠失去。那是我們每個人小時候都經驗過的生活：

> 看看一個剛出生或成長了幾年的小孩：他天真無邪、無害、謙卑、有耐性、溫和、好說話和不嫉妒。這就是**亞當**。⑦

那些主張我們此生永遠不可能重獲天真無邪的人是在說謊。我們不只在身為小孩的時候擁有它，成年後一樣有可能將之恢復，需要的只是甩掉我們的佔有慾和財物。「不再有買和賣，不再有市集和市場，整個世界都是每個人的共同寶藏，因為世界是屬於主的。」⑧隨我們的佔有慾和貪婪而成長起來的整個社會階級結構必須予以打破。不能再有主僕之分，不能再有顯貴和庶民之分。男人也不應該再支配女人。所有人將會平等。「掘土派」在聖喬治山著手證明這個願景不是癡人說夢，而是一種可以在當下實現的生活。

地主們發出怨言，但「新模範軍」派出的地方官起初看不出來一群只是想在公有地種植穀物的非暴力夢想家有什麼威脅。看見軍隊拒絕行動，地主決定自己來解決這件事情。他們不準備放任一個激進公社在他們的鄰近地區企圖建立一個沒有階級的天堂。薩里郡沒有新亞當和新夏娃存在的餘地。一六五〇年，受僱的武裝暴徒毆打公社成員，摧毀他們的農作物，燒掉他們的小屋。雖然溫斯坦利那些激情洋溢的小冊子——《新正義法典》（*The New Law of Righteousness*）、《叢林中的火》（*The Fire in the Bush*）和《自由法則》（*The Law of Freedom*）——繼續流傳，但他的社會實驗終止了。

密爾頓雖然政治立場激進且堅定反對審查制度，但他並不同情溫斯坦利之類的人物。他指出，在一六四〇年代和一六五〇年代之間在整個英格蘭冒出的宗派——掘土派、家庭主義者（Familists）、馬格萊頓派（Muggletonians）、貴格派、喧騷派（Ranters）——「不過是設法讓我們的信仰之舟動起來的風和瑕疵。」⑨當務之急不是救贖這一小群或那一小群滿懷願景的純粹主義者，而是救贖一整個國家。密爾頓不打算在種植一整天卷心菜之後縮在小屋裡冷得簌簌發抖，或是和一群亞當夏娃一起赤身露體領聖餐。

就在地主的打手把「掘土派」從聖喬治山趕走的同一時候，新成立的共和國國務委員會聘請密爾頓擔任外語祕書，年薪是可觀的兩百八十八英鎊。當時距離他出版那部贊成處決國王的小冊子僅僅一個月。於是，密爾頓從邊緣——做為一個惡名昭彰的離婚鼓吹者——移動到接近權力的中心。他是英格蘭共和國在歐洲的主要捍衛者，也是殺國王和國會統治的博學辯護者。

密爾頓奉命回應歐洲大陸上王權捍衛者對英格蘭革命份子的許多攻擊。這些用拉丁文撰寫的攻擊並沒有比用英文撰寫的攻擊有禮貌，但密爾頓總是能以夠狠的方式回敬。問題在於，這工作讓他離開寫出不朽名作的夢想越來越遠，而他的視力也持續惡化。現在他的病徵比寫鼓吹離婚的小冊子時更糟了：彷彿有一團薄霧籠罩在他的額頭和太陽穴；想要聚焦時，事物拒絕穩定下來；閉上眼睛時，眼前會出現強烈閃光。他試了每一種能夠找到的療法，但除了休息以外沒有一個方法管用，可他又沒有時間休息。

到了一六五二年四十四歲之時，他完全失明。他的敵人指稱這是上天對他贊成弒君的懲罰，但他反駁說基於同樣邏輯，你也可以說是上帝安排弒君，為的是懲罰國王的罪。更合理的想法是認為他的失明出於自然原因，復因為辛勤寫作而加劇。失明後的密爾頓並沒有辭去外語祕書的職位。國務委員會仍然需要他，所以派出人手給他讀文件、找書和聽寫口授。憑著驚人的記憶力，他訓練自己在腦子裡弄明白複雜的論證、構思文章、修改並將把結果口授出來。這種訓練後來被證明極端重要，在他終於開始創作他的偉大長詩時派上用場。

為國服務的同時，密爾頓也忙於自己的私生活。因為失去視力，他需要做出很多調適。他有投資需要照顧，有官司要打，有朋友需要探訪和在家裡接待朋友。即使他資源豐富，管理家務想必仍是極端複雜的事情。瑪莉在一六五二年過世讓他成為一個盲眼的鰥夫，有三個小女兒要帶，最大的才六歲。他在僕人的幫助下過了四年。雖然和他不對盤，但瑪莉的媽媽大概也幫了他一把。然後在四十八歲一年，他娶了比他小二十歲的凱瑟琳．伍德考克（Katherine Woodcock）。一年後，凱瑟琳生下一個女兒，但這家人來不及慶祝：凱瑟琳四個月後就死了，她的嬰兒也只比她多活了一個月。

一六五八年，五十九歲的克倫威爾在一次尿道感染之後突然死於敗血病。他的職位由兒子理查繼承，但理查不如父親強悍，無法控制住有利益衝突的各路人馬。共和國陷入嚴重的派系鬥爭，人民支持恢復王政的聲音高漲。死去國王的兒子被邀請執掌本來就屬於他的王國。於是，在一六六〇年五月二十九日，他十三歲生日當天，查理二世進入倫敦。教堂鐘聲響徹雲霄，人民欣喜若狂。

密爾頓對時局的這種轉變理應不會矇然無知，但他卻顯然如此，因為他沒有預先把自己從當外語祕書得到的薪水（總數達二千英鎊）隱藏起來。就像早前共和派沒收重要保皇派份子的財產那樣，密爾頓因為替共和國服務，財富受到沒收。他察覺時已為時太晚。

不過，這大概是密爾頓需要面對的最輕微問題。他知道君主復辟將會以血來進行洗禮。在朝廷點名哪些人需要為弒君和後續事件負責時，密爾頓的敵人高聲要求逮捕和處決這個盲眼的叛徒。對於判處叛國罪的人，傳統的刑罰是「脖子套上繩索，私處被切下來，腸子被從肚子裡挖出和活活燒死。」為避免這種命運，密爾頓的一些共和派同仁逃到了荷蘭或其他地方。不過密爾頓沒有試圖逃出國外：他知道各港口布滿政府的探子，輕易就會發現他這個盲人。他改為躲在倫敦一個朋友家中。該朋友的身分始終保密，但不管他是誰，他窩藏密爾頓之舉都是重大冒險。

保皇派最直接的開刀對象是那五十九個主持審判查理一世的法官，以及其他與國王被處決密切相關的人。這些人有的已經死了，其他人逃之夭夭（其中有三個一路逃到了康乃狄克州的新哈芬，現在該地的路名還留有他們的名字：迪克斯韋爾〔Dixwell〕、威利〔Whalley〕和戈夫〔Goffe〕）。有十個較不敏捷或較不幸運的法官被逮捕、審判和處決。但這些醜陋的死亡被認為不足以彌補查理一世的被殺或共和政府的十一年統治。⑩

新國王為人寬容，更感興趣於征服異性而不是報復。但清算還沒結束。因為熱心於證明自己忠心耿耿，下議院和樞密院草擬了一份進一步的名單，指出還有哪些人應該懲罰，予以處決或終身監禁。密爾頓是名單的主要候選人之一。畢竟他曾經認為亞當和夏娃的故事可以為處決國王提供理據：「所有人自然地生而自由。」不過雖然他的名字被人提到，但他卻沒有被列入最後的名單中，而這幾乎肯定是他在國會和宮廷的有勢力朋友的干預結果。⑪後來，因為國王簽署《大赦法》赦免所有當初曾參與推翻政府的人，密爾頓終於完全安全。

從藏身之處回到家裡之後，他閉門不出。根據他其中一個傳記作者的說法，密爾頓「不間斷地害怕自己會遭到刺殺。」⑫很多人都想要他死，但他這種害怕的根據何在並不清楚。不管怎樣，他的公共生活都結束了。政府頒布了一道命令，要求任何擁有密爾頓「邪惡和叛逆作品」的人把它們交給當局，由當局予以焚燬。

密爾頓和三個女兒重新團聚，她們一個十四歲，一個十二歲，一個八歲。失明的父親需要幫忙。雖然他失去了一大部分財富，但仍是一個有資財的人，而僕人們也繼續負責很多家務事。但他當外語祕書時那些能幹的助手都走了，不再有人唸書給他聽。閱讀是他的生命之血，現在歸隱家裡之後，他更是比任何時候更渴盼讀書。當一些好朋友來探訪時，他有時候會請他們唸書給他聽，也僱了一個懂一點拉丁文的年輕貴格派教徒每日到他家裡來。但這年輕人經常被捕（當時貴格派教徒並不合法），而且不管怎樣，光有他幫助是不夠的。密爾頓開始要求女兒唸書給他聽，而且常常是讓她們用一些她們不懂的語言唸書。他教她們認一些希臘文、希伯來文和其他文字，但沒有費事教她們認識文字的意義。當訪客對這種現象表示奇怪時，密爾頓愉快地回答說：「對女人來說，懂一種語言便足夠。」他明顯認為這是一個機智風趣的回答。

一六六三年，也就是第二任妻子死後五年，密爾頓再次結婚，這一次娶的是伊莉莎白·明舒爾（Elizabeth Minshull）——他喊她貝蒂。伊莉莎白是一個自耕農的女兒，比密爾頓小三十歲。這時候密爾頓和三個妙齡女兒的關係（特別是和長女瑪莉的關係）已經壞透了。當瑪莉被告知父親快要結婚時，她回答說：「聽到他結婚沒有什麼特別的，但如果能夠聽到他死去，那會有點意思。」這家人將會繼續同住一個屋簷下六年，但沒有跡象顯示他們的關係後來有所改善。

密爾頓的政治前景已經被毀；他二十年來辛勤創作的小冊子毫無作用；他的敵人得意洋洋焚燬他的著作；他失去了大部分財富；他的很多朋友不是死了就是躲起來；他的女兒恨他；他無法讀書，更遑論執筆；失明和害怕被行刺讓他把自己關在家裡。總之，他失去了一切。但與此同時，他的內在世界卻大大地膨脹了起來。如果他的話可信，那麼每個晚上和每天凌晨，都會有一個女性訪客蒞臨他的內在世界。

密爾頓稱這名夜訪者為烏拉妮亞（Urania）。這是一個異教神祇的名字，指掌管天文的繆斯女神，但在拉丁文裡，它的字面意義是「來自天上者」。對密爾頓來說，她是讓他可以最終寫出夢想了一輩子的偉大史詩的神祕力量。先前他所有寫這作品的嘗試都毫無收穫。他是能夠給朋友看一些零星詩句，但僅此而已。莎士比亞死於五十二歲，死前已經退休回到斯特拉特福（Stratford），放棄了創作生涯。密爾頓在查理二世回到英格蘭的時候也是五十二歲，然則在人生那麼晚的階段，他還如何能夠指望成就一些什麼？然而突然之間，透過被他稱為「天上主保女神」的神奇協助，他得以大展身手。

雖然聽起來很怪，但我認為我們必須對密爾頓自稱有女神來訪的說法嚴肅以待。正如他自己指出的，繆斯女神是在他沒有懇求的情況下降臨。在她的保護下，他可以下降至冥界或翱翔於「天上天」。特別是，就像他還看得見東西似的，他可以漫遊在耶路撒冷各個聖址旁邊的小樹林、山丘或小溪。當他從這些遐想回過神來的時候，他又會聽到他和任何人都從沒有聽過的奇怪音樂聲。

他為自己和女神的會晤建立慣例。他會在清晨四點醒來（冬天則是五點），醒來後先在床上躺半小時，聆聽別人給他唸書（主要是《希伯來聖經》）。接下來一或兩小時，他會坐著靜靜沉思。到七點他已經準備就緒。一個抄寫員會來到，密爾頓開始口授他在頭腦裡構思的詩句。如果抄寫員遲到，盲詩人就會像是因為脹奶而感到疼痛那樣抱怨說：「我想要被擠奶。」他的奶會一瀉而出，口授的詩句可多達四十行——語法複雜和不押韻的抑揚格五音步詩句。他會要抄寫員把寫下的詩句唸給他聽，然後坐在一張安樂椅把一條腿掛在其中一根扶手上，開始刪削和收緊詩句，常常會把四十句削減成為二十句。整個早上的時光就是這樣度過。

接下來一整天都無所事事。因為害怕來不及在有生之年完成大作，密爾頓強烈感受到時間的壓力，想必想要快馬加鞭。但他知道自己無法擠出更多的詩句。他必須再等一個晚上，等待女神不請自來的到訪。午餐之後他會在小花園裡踱步三、四小時，如果天氣不允許他在戶外，就坐在一個他自己設計的鞦韆上來回擺盪。晚上他會彈奏音樂，接待兩、三個訪客和聆聽一些詩歌。到了九點他便就寢，期盼著和繆斯女神會面。

這種會面持續了幾年。每個清晨他都會悟得更多的詩句，有再一次被擠奶的需要。這種閉門不出讓他可以躲過他想像中的刺客和（這是更符合現實的）定期肆虐倫敦的鼠疫。

到了一六六五年夏天，他已經可以向他的貴格派年輕助手出示包含一萬多句詩句的草稿。本來看似不可能的事情實際發生了。《失樂園》在一六六七年出版，經修訂後在一六七四年再版，實現了詩人年輕時向最好朋友透露的追求不朽夢想。他成功做到跟荷馬和維吉爾並駕齊驅。他登上了莎士比亞曾經爬到的高峰。他寫出了世界上最偉大的詩作之一。

第11章
變成活生生

Becoming Real

就像密爾頓所說的女神夜訪所反映的，像《失樂園》這樣幅度的藝術成就幾乎不可能用理性來解釋。不過有一點完全可理解的是，它是一首有關亞當和夏娃的長詩。這兩個人物縈繞密爾頓經驗的每一個方面；從他對婚姻之樂的期待到他對合法離婚的鼓吹，從他的教育綱領到他對耶穌的理解，從他的政治極端主義到他對革命失敗的理解。伊甸園的故事對他來說是打開幾乎一切——心理學、人類學、倫理學、政治和信仰——的意義的鑰匙。就像有著同一種癡迷的奧古斯丁那一樣，密爾頓把自己的整個人生都帶進這個故事。

把自己整個人生帶進故事並不意味他把故事的角色擬人化為他的同時代人：例如把瑪莉．鮑爾比作夏娃，把克倫威爾比作撒旦，把他自己比作亞當等等。但那卻表示一切對他來說最重要的事情——年輕時代的旅行、對古代經典和莎士比亞作品的密集閱讀、他的性渴望、他和瑪莉的災難性蜜月、離婚小冊子裡表達的孤單、他的神學沉思、內戰、擔任克倫威爾祕書參加的國務會議、共和政府失敗的痛苦經驗——都找到法子進入到《失樂園》裡面。

一切都相關是因為一個最根本的原因。他相信我們每個人都是亞當和夏娃的確實後人。他倆就像我們一樣的真，而他倆的命運直接影響我們的命運。

密爾頓對此深信不疑，因為他就像奧古斯丁一樣，相信耶穌的真有賴亞當和夏娃的真。救主的寶血確確實實取消了人類第一對男女為我們所有人積欠的債務。密爾頓對於中世紀神學家——例如聖維克托的休格（Hugh of St. Victor）、聖文德（St. Bonaventure）和聖阿奎那——對《聖經》的象徵詮釋法非常熟悉。他知道《聖經》所描繪的歷史人物和事件只構成所謂「四重解讀法」所得到全部意義的一部分。他長於從神聖過去的痕跡引申出對現在的道德指引。他也常常沉思一個擅長**奧祕**解經法（*anagogical* interpretation）的人所可以達到的至福靈視。

所以，密爾頓知道我們是有可能從《舊約》的亞當和夏娃故事及《新約》的耶穌和瑪利亞故事抽繹出豐富的象徵聯繫、道德教訓和靈性啟示。但他還是相信一切必須出於並回歸《聖經》的字面真理。少了這種真理，密爾頓的基督信仰和他能夠以此為基礎採取的一切立場都會失去意義。如果伊甸園只是寓言，那麼神聖故事的整個互相環扣結構將會淪為神話，不比異教的普羅米修斯和潘朵拉寓言更可信。

幸而，他的虔誠信仰讓他確信摩西在《創世記》裡為亞當和夏娃是真實人物這一點提供了不會有錯的書面證言。密爾頓著手要展示這種真實性。但他要怎樣做到這一點呢？他憑什麼有可能比奧古斯丁更成功（後者努力寫了《創世記的字面意義》十五年卻沒有辦法完成）？根據密爾頓的理解，答案除了在他本身（在他深信上帝賜給他的那些才能），還在於他身處絕佳的時間點。表面上看，他的時間點是一個災難：他對自己國家的夢想破碎了，他的事業毀了。但正確的理解，那是上帝的美意。

他是在藝術表象（artistic representation）最大一場革命的尾流成為詩人的。文藝復興改變了所有規則。馬薩喬、烏切洛（Paolo Uccello）和弗朗切斯卡（Piero della Francesca）等畫家發展出直線透視法：他們畫中的人物是座落在一個幾何的、經過數學計算的空間。這些人物的大小和彼此的關係不再視乎他們的靈性重要性或社會重要性（中世紀的藝術就是這樣），而是完全看他們站在畫中空間的哪裡。利用前縮透視法和一個共享的消失點（vanishing point），藝術家得以對現實有一種空前未有的模擬。

但讓一切發生改變的不只是技巧上的創新，還是巨大的創造性能量被釋放了出來。密爾頓此時固然已盲，但他從前在義大利待了超過一年，而他當時的所見和所感仍然銘刻在意識裡。他沒有為這些邂逅留下記錄，但必然看過曼特尼亞（Mantegna）、提香、丁托列托、波提且利、達文西和拉斐爾的一些作品。特別是，他也許曾在朋友和梵蒂岡圖書館館長霍爾斯坦（Lucas Holstein）的帶領下，看過米開朗基羅的西斯汀禮拜堂穹頂畫。密爾頓的堅定新教情感可能會讓他乍看到這幅畫時感到震驚，那萬花筒似的色彩有可能會讓他就像喬治・艾略特《米德爾馬契》的女主角在看到聖彼得大教堂的內部裝潢時那樣，感覺那是一種「視網膜疾病」。但我們卻不可能不去想像《失樂園》的未來作者會抬起眼睛，目瞪口呆地看著天花板上的驚人景象：在小天使的環繞下，白髮白鬍的莊嚴上帝左手抱著一個漂亮女子（應該就是未出生的夏娃），強有力的右臂伸出，要用無名指觸碰亞當的手指。我們馬上領略，這種觸碰會讓第一個人類活起來，讓他優美的身體站起來。我們是在目睹我們物種的起源，目睹所有人類生活的開始時刻。

米開朗基羅這幅讓人難忘的穹頂畫只是一個更加宏大的方案的一部分，只是描繪《創世記》眾多場景——從天地的創造到人類被造物主所驅逐——的其中一幅。然後整個系列又和《新約》被連在一起，表現為祭壇牆壁上的巨大「最後審判」壁畫。米開朗基羅的同時代人對他又敬又畏，認為他具有一種他們稱為「可怖」（*terribilità*）的特質。這種「可怖」表現為技巧無比高明，想像力濃烈，有著幾乎無限的野心，成功地把一切包含在一件巨大的作品中。情形就像他不只是表象或模仿上帝的創造能力，還是實際佔有了這種能力。

密爾頓有著米開朗基羅的「可怖」的文學版本。深深沉浸在文藝復興人文主義的文化裡（這文化夢想著要恢復古代過去的榮光），他決心要給予亞當和夏娃一種荷馬曾給予赫克托爾（Hector）或維吉爾曾給予埃涅阿斯的真實感。他曉得《創世記》開頭幾章缺乏特洛伊戰爭或羅馬建城的扣人心弦性，不過他肯定以那麼簡短方式敘述的起源故事要遠比荷馬史詩或《埃涅阿斯紀》重要，也更英勇和感人肺腑。問題於是變成要怎樣才能把雄渾但簡略的聖經敘事擴大，讓它顯得和異教徒史詩一樣輝煌。

基督教對這種擴大的從事由來已久。繼承古代猶太教拉比所猜測的，有些天使反對上帝造人和嫉妒上帝賦予人的性質，安布羅斯、奧古斯丁和他們的同時代人開始在蛇誘惑夏娃的故事後面加上一個背景故事：撒旦和他的軍團起而造反。到了中世紀，這些猜測被進一步發揮，發展成一場發生在天國的全面戰爭，其中撒旦率領三分之一的天使反抗上帝，造反失敗後又陰謀傷害上帝創造的第一對男女。①

密爾頓利用這個傳說來模仿古典史詩的偉大戰爭場面，甚至意圖把這些場面比下去。《失樂園》包括了對於天國戰爭的鋪張敘述，出動了閃電劍、拋擲整列山脈乃至魔鬼發明火藥的情節。不過詩人面臨了一個克服不了的難題：天使（不管是善是惡）也許會因為被山脈撞擊而昏倒，但因為他們是由不朽物質所造，很快就會清醒過來。更糟糕的是，由於上帝的力量是無限和絕對，所以戰爭的勝負從一開始就明明白白。密爾頓知道他不可能期望讀者會完全認真看待他把軍事交鋒賦予聖經敘事的努力，所以，在他筆下，當上帝催促兒子幫助祂準備抵抗一支來犯的敵軍時，兒子馬上曉得父親是在開玩笑。上帝用不著幫助。

密爾頓能夠有效帶進對於天國叛亂的描述的，來自他擔任克倫威爾外語祕書那段日子，也就是來自參加共和國國務會議時的見聞。大概從來沒有一個史詩詩人——斷然包括荷馬和維吉爾——刻劃一群權勢人物開會的情形能像《失樂園》那麼細緻入微。參與國務會議的特權讓密爾頓能夠把摩洛（Moloch）、彼列（Belial）、瑪門（Mammon）和巴力西卜（Beelzebub）在地獄裡商議採取什麼戰略的情形描繪得活靈活現。

密爾頓不像偉大的視覺藝術家那樣是透過線條、色彩和形狀把書面形象變成活生生，而是透過朗朗上口的韻律、修辭、比喻和他的母語的豐富聲音。在用本國語把亞當和夏娃的故事活現起來一事上，密爾頓極少前驅。藝術家有自由用他們選擇的任何方式刻劃伊甸園，但作家必須謹慎得多。對《創世記》寥寥無幾的文字做出太多發揮不只困難，而且有可能是危險的。不過一如他在政治立場上那樣，密爾頓在詩歌創作上異常大膽。他也完全知道要往哪裡尋覓文學靈感。除了文藝復興所重新發掘的古希臘和古羅馬詩人以外，他還有就近的本國資源可以仰仗。

他可以從近在咫尺之處找到他嚮往的那種文學力量的驚人體現。莎士比亞的《第一對開本》（First Folio）❶——用班・強生（Ben Jonson）的話來說，這對開本「不是屬於某一時代而是屬於所有時代」——是在密爾頓十五歲時出版。一六三二年出版的第二版包含一首讚頌莎士比亞的詩，其中稱「汝在吾人的驚嘆中為自己豎立起一座不朽之豐碑。」這首詩的匿名作者正是年輕的密爾頓，是他頭一首發表的英語詩歌。

為創作出一個栩栩如生的撒旦，密爾頓仔細研究莎士比亞是怎樣做的。莎士比亞對馬克白的野心和絕望的描寫為「黑暗王子」提供了一塊心理與修辭的模板，而密爾頓也部分參考了查理三世和伊阿高（Iago）的個性。他是一個太厲害的學生，以致整首長詩的光芒幾乎被撒旦一角奪去。在後面的幾卷中，他蓄意刪減撒旦的戲份，以便為他癡迷了一輩子的亞當和夏娃騰出空間。

不過亞當和夏娃構成了一個比呈現天堂或地獄都大得多的挑戰。因為在描繪他們的具體婚姻情況時，密爾頓幾乎沒有先例可循。在這方面，莎士比亞似乎不能為密爾頓提供什麼，荷馬、維吉爾、但丁或佩脫拉克也是一樣。他們的作品如果有描寫婚姻，那都是做為一個追求的目標或一個簡單的事實，而非對親密關係本身有所著墨。一個顯著例外是莎士比亞筆下馬克白夫妻的關係，但他們卻很難做為亞當和夏娃的模特兒。密爾頓深信婚姻的中心是夫妻間的親密

❶譯註：《第一對開本》是現代學者為第一部莎士比亞劇本合集取的名字。

談話，但這種親密性卻是一個大部分未經探勘的領域——不只在他自己是如此，在他所浸淫的文學文化裡也是如此。

如果他在他的淵博閱讀裡讀過十二世紀的法國戲劇《亞當劇》（*Le Jeu d'Adam*），密爾頓就會遇到做為逗趣鄉下人的亞當和夏娃（他們談話的典型調調是：「妳和牠談話那條蛇是誰，老婆？」）。又如果他有涉獵更通俗的法國文學的話，他就會在被稱為「寓言詩」（*fabliaux*）的粗俗幽默故事裡找到亞當和夏娃。一首題為〈鍬造出來的陰道〉（The Cunt That Was Made by a Spade）的「寓言詩」指出，上帝之所以用亞當的肋骨創造夏娃，是為了顯示丈夫應該常常揍妻子，最好是一日三、四次。第一個女人相當有吸引力，但上帝懶得把她造完，留下性器官不管。魔鬼被分派去完成這件工作。他望向自己擁有的工具——「鐵鎚、扁斧、鑽子、鶴嘴鋤、修枝鉤刀」等等——最終決定使用鍬，因為他知道「仗著鋒利的邊緣，鍬不用兩三下工夫就可造出一道又大又深的罅隙。」挖完溝後，魔鬼又在女人的舌頭上放了個屁。這就是為什麼所有女人都說個沒完。

雖然有那麼多激烈厭女的材料可供參考，但是密爾頓不想成為它們的一部分。他輕易就可以看出，它們是對《聖經》描寫的一種庸俗背叛。但還剩什麼是他可以憑藉的？完全的天真無邪究竟是什麼樣子？他要怎樣才能有說服力地呈現人類第一場婚姻的模樣？亞當和夏娃是長什麼樣子？他們是動物一樣的吃相嗎，還是說他們會做飯？他們每天是怎樣消磨時間？他們都是談些什麼？他們有做愛嗎？他們晚上有做夢嗎？如果有，那麼在他們的完全幸福狀態中，有可能會做惡夢嗎？會不會偶爾感到無聊或焦慮？會不會有意見不合的時候？這段絕對幸福的關係後來又是怎麼會變調？

起初，密爾頓喚起一些他尚未失明時看過的東西。他回憶起熱愛的風景（特別是托斯卡尼的風景），把它們和他從他讀過的無數書中擷取的描寫融合在一起。密爾頓深信上帝為第一對男女創造的花園，斷然不是當時流行的那種採取複雜幾何構圖和樹籬修剪得井井有條的花園。伊甸園應該是一個草木有點過度茂盛、非常碧翠和水源豐沛的所在，坐落在一片陡峭荒野的頂端，四周由無比高大的樹木圍繞。它裡面一定是繁花盛放——這些花朵不只顏色多樣，還富於香氣。（密爾頓這是回憶起水手們所說的，當他們的船隻航行在阿拉伯半島的海岸時，會聞到盛行風帶來的甜美香氣。）雖然伊甸園是被圍住，但從裡面卻可以看到迷人的遠景，看見森林、河流和遙遠的平原。在密爾頓的想像裡，伊甸園就像一座華美的鄉村莊園：「這地方全是千變萬化的田園美景。」（4:248）

在描寫這莊園的男女主人時，密爾頓仰仗他在義大利旅行時目不轉睛看過的油畫。他記住的不是沮喪和哀傷地彎腰的形象，而是文藝復興藝術高峰期的亞當和夏娃：他們有尊嚴、有活力而獨立。他寫道：第一對男女「像神一樣昂然挺立，渾身散發天生的光暈。」（4:289）亞當有飽滿的前額，頭髮分披，但沒有超過寬闊的肩膀。夏娃的金髮要長得多，以變幻不定的一圈圈鬈髮一直延伸到纖腰。他們都沒有隱藏我們現在會隱藏的「人體神祕部分」，因為他們既沒有罪惡感也沒有羞恥心。

密爾頓不想要透過一團迷霧描寫亞當和夏娃，也不想把他們刻劃成隱藏在無花果葉後面。他希望看見他們充滿青春活力的樣子。他們一點都不虛無飄渺。密爾頓認為，他們既然是深深相愛，必然是手牽手走在伊甸園裡，常常停下來聊天和接吻，沉浸在「青年人的戲謔」中。(4:338)餓了，他們就會在溪邊坐下，吃四周長得豐盛的水果。「吃了香甜的果肉，還不解渴，又用果殼舀滿了溪水痛飲。」(4:335-36)

密爾頓的這些描寫在某種程度上也是要表達一個神學見解：亞當和夏娃不是有寓意的象徵，而是有血有肉的人。他們雖然比我們完美，但屬於同一種類，而不是某種哲學的抽象。他主張我們也應該用人的角度去理解天使，因為我們的物質本性並沒有把我們切斷於更高的生命形式。所以當《失樂園》描寫天使拉斐爾奉上帝之命到伊甸園提醒亞當要防著撒旦時，密爾頓想像這位天使坐下來和亞當吃了一頓飯，並指出「天使吃起東西來並不像神學家說的那樣只是裝裝樣子，而是真的如飢似渴，亟欲果腹。」(5:435-37)天使就像人一樣，是由物質所造。密爾頓還更進一步主張，如果天使真會吃東西，那麼他們也必然像人類那樣會消化食物，把「多餘的」(redounded)排出體外。②他又認為，不像他自己一輩子被消化問題所苦，天使不會有任何腸胃煩惱：「即使吃了過多東西，精靈一樣能輕易消化。」

不過，為了讓第一對男女活靈活現起來，他需要的不只是把他們的生理性存在描繪得栩栩如生。這個部分還算容易的，因為他有文藝復興的藝術可以藉助。遠大得多的挑戰是了解他們的內心世界和關係的實質。最困難的問題是怎樣讓亞當和夏娃的婚姻活起來。這是莎士比亞無法幫助他的——奧古斯丁、路德和喀爾文就更不用說。密爾頓在公職生涯中撰寫的論戰文章和外交書信一樣沒有幫助。對此，他在自己最私人的經驗裡找到出路，也就是在他和迪奧達蒂的友誼、在他努力保存貞潔的漫長歲月，又特別是在第一段婚姻和災難性蜜月帶給他的感覺中找到出路。只有勇敢和不計後果地探入這些幽深處，他才開始發現他所需要的東西。做為一個詩人，他矢志要把他的創造物變得活生生——他知道這不只是奧古斯丁的神學命令，還是最偉大文學作品的精髓所在。他也取得了成功。在《失樂園》裡，亞當和夏娃過上了一種自他們第一次被構想出來以來最高密度的生活——一種讓他們做為個人和做為夫妻都能夠獲得充分實現的生活。

在和天使拉斐爾談話時，密爾頓筆下的亞當回憶起上帝把動物一雙雙帶到他面前的事情。亞當按照吩咐給動物一一命名（《失樂園》避談這個命名過程花了多少時間），但卻說不上理由地覺得若有所失。他轉身問站在旁邊的上帝：「人在孤獨中有什麼幸福可言？」上帝微笑反問他，他說的孤獨是什麼意思，因為他剛才不是才被介紹給全世界的所有物種認識嗎？上帝補充說，這些物種有一些能夠運用理性思考，所以亞當可以和牠們一起消磨時光。但亞當不以為然，指出所有動物都遠比他低下。友誼必須發生在對等的兩造之間，否則任何談話將很快變得乏味。他需要一個平起平坐的同伴。他問上帝：「不同等級者之間何來社交，何來和諧或真正的快樂？」（8:383-84）

上帝的回答很奇怪。祂問亞當：你怎樣看**我**？我永恆以來都是孤單一個，沒有對等的同伴，所有和我交流的受造物都比我低下無限倍，更不要提它們全都是我所創造。「我在你看是不是享有充分的快樂？」（8:404-5）被任何人問這問題都會讓人不自在，更遑論是被上帝所問。這就不奇怪亞當的回答相當婉轉，甚至到了含糊不清的程度。不過在這種迴避中，亞當倒是看得出來，他雖然不能代表上帝說話，卻意識到自己渴望和另一個人類談話，而不是和比他低等的動物談話。他補充說，上帝因為是完美，所以不需要繁殖，但他做為人類，知道自己怎地有缺陷。

為什麼第一個人類會有這種缺陷感並不完全清楚。《創世記》沒有提供任何指引，所以密爾頓必須回顧自己的經驗，回顧是什麼理由驅使他在一六四二年七月結束自己獨身的生活，娶了一個太太。密爾頓認為，亞當必然是痛苦地意識到他所謂的「單身的不完美」（single imperfection）。

這個時候，上帝說了一些讓亞當感到不安的話。祂告訴亞當，祂剛才只是測試他，看他是不是能夠以帶到他面前的任何動物為滿足。《聖經》沒有提到什麼測試。上帝在《創世記》裡說：「那人獨居不好，我要為他造一個配偶幫助他。」這話明顯讓密爾頓感到困擾，一如它曾經讓很多代的註釋家感到困擾。難道是上帝現在才意識到祂忽略了什麼嗎？一個全能的上帝怎麼會犯這樣的錯誤？有沒有可能就像拉比以利亞撒在《塔木德》所主張的那樣，亞當在夏娃被創造前曾經試過和各種動物發生性關係？③懂希伯來文的密爾頓曾經爬梳過拉比們的註釋，但覺得這個主張太極端。他認為，倒不如想像上帝想要觀察亞當的鑑別能力，所以把動物一一帶到他面前，看看他是不是可以接受某種動物做為他的談話夥伴。透過堅持需要一個人類談話對象，亞當通過了測試。上帝說祂早知道他會這樣說，又指出一個人獨居不好。

正如亞當告訴拉斐爾的，測試結束得正是時候，因為和上帝談話讓他感受到極大壓力，快要昏倒。然後他果然昏睡了過去，不過，過了一會兒，他就像靈魂出竅似地看見自己躺在地上，又看見上帝彎腰打開他的左胸，取出一根肋骨。拉比們也曾考慮過亞當目睹夏娃從他的肋骨被創造出來的可能性，但他們認為亞當如果看見，一定會覺得太噁心，讓上帝不得不摧毀已被創造的夏娃，另造一個。但密爾頓強調，亞當對於他看見的情景只有興奮高興。亞當回憶說：她的容顏「給我心頭注進了我從未感到過的甜蜜。」（8:475）

在密爾頓以前也有人至少暗示過這種感覺在亞當心中升起。正如他知道的，希伯來文的《創世記》在一首詩裡連用三次女性代名詞 *zo't*（「這一個」）來傳達亞當的狂喜：

> 這一個是我骨中的骨，肉中的肉；
> 這一個將被稱為女人，因為這一個是從男人身上取出來。（2:23）

在波希（Hieronymus Bosch）的怪異名畫《人間樂園》（*The Garden of Earthly Delights*）裡，亞當用無比驚奇的眼神看著新被創造出來的夏娃。要傳達這種驚奇感，密爾頓大可以借助英格蘭文藝復興情詩的佼佼者（馬羅〔Christopher Marlowe〕這樣問道：「愛過的人誰不是一見鍾情？」），而他看來也藉助自己初嚐愛情甜美滋味的經驗。《失樂園》裡的亞當——一個在詩人每晚夢境裡成形的人物——以異常濃烈和雄辯的方式把他的情感表達了出來。

從出竅狀態中醒過來後，亞當發現，和夏娃相比，世界的一切（他知道自己身在樂園）突然黯然失色。當他出發去尋找她的時候❷，他深信自己若是找不到她，將永遠痛惜這個損失。上帝隱形地把夏娃帶回到亞當身邊，而雖然她起初跑掉，但現在卻接受亞當的追求，並允許他把她帶到「新房」。在那裡，亞當第一次經驗到「人世幸福的頂峰」。

密爾頓完全知道，天主教的知識份子長久以來都猜想天堂上的性交是設計來繁殖後代，因此進行起來會非常冷漠。他讀過奧古斯丁的著作，這些著作稱天國上的性交是完全沒有性興奮，也完全的平平無奇和公開。《失樂園》形同主張這個神學傳統完全是謊言。密爾頓堅稱，「不管偽君子裝正經地談什麼純潔、無邪和身分」（4:744-45），亞當和夏娃在天堂都享受到銷魂性愛，而且他們是在私底下做愛。新房有牆壁，裡面只有他們兩人，沒有其他生物：走獸、飛鳥和昆蟲都不敢進入。夏娃用鮮花和香草裝飾婚床，兩人在這床上享受和單獨擁有彼此的身體：在一個一切都是共有的世界裡，那是唯一的私有財產。

但無邊的愛和互相擁有又怎麼能夠與一個男尊女卑的層級秩序相容（在密爾頓的想法裡，男尊女卑是婚姻的本質）？他知道這樣一種秩序會是什麼樣子。亞當告訴夏娃，伊甸園的草木長得有點太過茂盛，他們第二天應該早點起床修剪樹枝樹葉。夏娃以服從和惹人憐愛的方式回應（當初密爾頓新婚時想必也曾預期他娶的女人會以這種方式回應）：

凡是你吩咐的
我百依百順，這是上帝的規定。
上帝是你的律令，你是我的律令。
此外不求知道更多——
這便是女子最快樂的知識。（4:635-38）

完美的妻子是事事愉快服從丈夫想法的妻子。

這個夏娃不像法國「寓言詩」主張的那樣，是被拳頭打得順服。密爾頓就像他很多同時代人一樣，認為女性在樂園裡的順服是發自自然。十七世紀清教徒羅斯（Alexander Ross）有此一問：「在那樣的天真無邪狀態中，妻子有必要順服於丈夫嗎？」他的回答是有需要，但妻子的這種順服「不應該是非自願和有怨尤的，就像人類因為犯罪而被貶謫之後的那樣。」④在上帝的設計裡，亞當和夏娃都是人類的美輪美奐標本，但這絕不表示他們是平等的。「他被造成機智而勇敢，她被造成溫柔、優雅、動人。」密爾頓這樣寫道，然後又用沾沾自喜的性別歧視態度補充說：「他是為上帝而造，她是為他裡面的上帝而造。」（4:297-99）

❷譯註：根據《失樂園》，夏娃在被創造出來之後跑到了湖邊。

讓人驚訝的不是密爾頓服膺於這幅廣被接受的不平等畫圖，而是他在它裡面看出了一個根本且無法解決的難題。這難題不是女人不願意順服：他的故事不是莉莉斯（Lilith）❸的故事。毋寧是，無比幸福的狀態讓人感到有什麼困擾。

亞當設法向拉斐爾說明這個問題。他說我明白她比我低下。我明白雖然我倆都是按照上帝的形象所造，我要比她更像上帝。我了解我是被造成在她之上，也應該始終在她之上。但當我接近她的美好，官方說法看來就不再為真。「她看來是那麼的絕對美好，儼然完美無缺。」所以她看來不只不應該在男人之下，反而應該在男人之上。

聽了這個，拉斐爾皺了皺眉頭，告訴亞當應該要多一點自信。但他的這種說法毫無幫助。畢竟一個天使又怎麼能夠明白一個深深墜入愛河的男人的感覺？他又提醒亞當，不要過度高估性歡愉的價值，因為這種歡愉是牛隻和任何其他動物都能夠得到。亞當正色回答說，雖然他比拉斐爾對床笫之事有更高的敬重，但他描述的那種感覺並不只是床笫之事引發。讓他那麼喜愛夏娃的毋寧是她「優雅的行為和千百種風采。」他的愛，還有他和妻子親密的靈慾交流，取消了他的優越感——雖然他知道自己做為男人應該執著於這種優越感。他感覺自己和妻子有一種鋪天蓋地的一體性。

亞當的話雖有禮貌，但堅定地暗示拉斐爾和他其他天國同仁對人類經驗的掌握非常不足。事實上，密爾頓的亞當容許自己納悶天使的性經驗是怎樣的。他問拉斐爾說：「天使不戀愛的嗎？他們是怎樣表達情意的？但憑眼神嗎？」聽了這個，拉斐爾產生一種異乎尋常的反應（至少對天使來說異乎尋常）：臉紅起來。他說：「你只要知道這個就足夠：我們很幸福，而沒有愛就不會有幸福。」（8:620-21）就像一個不知道什麼叫適可而止的父母那樣，他進而設法解釋得更露骨，指出天使沒有薄膜或「獨有的棍棒」。然後他突然想起時間已經很晚，便飛回天國覆命。

在他和拉斐爾的談話中，甚至在他更早前和上帝的談話中，亞當都流露出一種倔強的獨立精神——正是這種獨立精神讓密爾頓被憤怒的導師趕出劍橋、拒絕走上輕易的教會供職道路、挺身批判國王和主教，以及決心發展自己一套神學。在密爾頓的想像力裡取得生命的亞當，正是那種不會直接接受自上而下傳達的教義的人。不過在男尊女卑的原理上，密爾頓並沒有懷疑傳統教義的有效性。麻煩的是這個真理看來無法和愛一個人的感覺調和。亞當曾這樣問上帝：「不同等級者之間何來社交，何來和諧或真正的快樂？」（8:383-84）

夏娃是亞當的嚮往的實現。雖然她是用他被造的一樣物質所造，也因此在這個意義下和亞當平等，但兩人並不是完全一樣。在她獲得意識的那一刻，並沒有像亞當那樣仰望天空，尋找造物者，反而是走到附近的一個湖，凝視自己在平靜湖面上的倒影。⑤只有當一個神祕的聲音

❸譯註：在一些猶太教的拉比文學中，莉莉斯被指為亞當的第一個妻子，因不願雌伏在亞當身下而離開伊甸園。

吸引她離開❹和亞當溫柔地抓住她的手時，她才勉為其難地放棄欣賞自己讓人愉悅的影像。

我們當然有可能把這個自戀時刻詮釋為夏娃的缺陷：許多世紀以來很多有厭女色彩的講道都是這樣指出。但密爾頓自己並不一定是這樣看。在他的想像裡，夏娃不像亞當那樣，被一種自感天生不完美的意識所縈繞。正是對兩人這種差異的認知讓《失樂園》得出它對原罪災難的理解。

我們不知道一六四二年夏天密爾頓剛剛把瑪莉娶回倫敦那幾星期發生了什麼事。當時他經驗到的事情極不可能是後來出現在他的想像力裡的亞當和夏娃的直接模型。不過，這段經驗大概至少讓密爾頓明白到傳統期望和實際感覺之間有著讓人痛苦的緊張關係。在《失樂園》中，這種緊張關係被轉化為某種豐富和奇怪的東西。夫妻的層級關係——「他是為上帝而造，她是為他裡面的上帝而造。」——在丈夫對妻子的美麗、善良和自主的強烈知覺中開始垮陷。

夏娃的自主在天使來訪的第二天早上受到考驗，當時他和夏娃起床後在伊甸園裡工作。密爾頓堅稱這工作是為愉快而設，但這工作是真實的工作，不是象徵性的，而夏娃也同意亞當的說法，工作越來越繁重。他們一天的工作成果會被草木一晚的生長抵銷。她指出，除非有更多人手幫助，否則他們的進度會越來越落後。她提議做一個實驗，試一試她為解決這問題而想出來的方法。「讓我們分開工作吧。」她建議說，認為這樣子他們就不會因為聊東聊西浪費了時間。

亞當起初給了一個「和藹的回答」。他告訴妻子，她的分工建議值得讚揚（因為「婦女身上能找到的最好東西莫過於做好家務」），但卻是不必要的，因為在樂園裡工作的目的並不是要讓人勞苦。片刻之後他又改變了主意，指出如果夏娃的意思是她覺得他們的談話讓她感到厭煩，他會願意讓她走開，獨處一陣子，畢竟「孤獨有時是最好的社交。」（9:249）不過不等夏娃回答，他就指出，撒旦可能潛伏在附近，所以她在任何情況下都不應該離開他身邊。

這番話讓夏娃感到受傷，用「甜美沉著」的聲音對亞當說：「我沒料到你會懷疑我的堅定。」亞當想要安撫妻子，指出他只是主張他們夫妻兩人應該一起面對撒旦的任何威脅。但傷害已經造成，不是那麼容易化解。夏娃繼續用「聲調甜美」的聲音說話，但這一次坦白指出：「如果這就是我們的處境，我們又怎麼能夠幸福？」她說，我們必須創造出足夠的道德強度，讓我們不管是在一起還是獨處的時候都可以抵抗誘惑。她說，讓我們想像，造物者把我們做得那麼「不完美」，以致我們需要不斷挨著彼此，一起抵抗：「真是如此的話，我們的幸福便是不牢靠，伊甸便不是伊甸。」（9:340-41）

我們當然知道夏娃這番話只是在超引災難，但卻很難加以反駁，因為我們同樣知道撒旦的威脅並非一時性。難道他們準備永遠不分開——哪怕只是分開幾小時？而且，她對自己的道德強度的自信也鏡映著亞當認為她「儼然是完美無缺」的看法。聽到妻子這番話，亞當生氣起

❹ 譯註：上帝的聲音。

來，就像是要捍衛事物的秩序似的，大聲表示上帝創造的任何事物都「不會不完美或有缺陷。」他的這種辯護有一點點奇怪，因為那正是夏娃的主張。不過，如果我們記起他早前曾向上帝透露他覺得自己不完美和有缺陷，他這種反應便變得可理解。不過，現在由於承認夏娃理論上不會缺乏抵抗誘惑所需要的堅定，亞當使自己陷入窘境。「上帝讓意志保持自由。」他說，也因此必須答應讓夏娃離開身邊。「去吧，妳留下來的話會因為不自由，更心不在焉。」他說。「那是得到你批准的嘍。」夏娃回答說，從他的手抽回自己的手，走到了別處去。

任何和配偶有過爭吵的人都會看出來，密爾頓是如此精采地刻劃出夫婦間不同情感的交替發生，這些情感包括愛、憤怒、感覺受傷、不真誠的恭維、被動侵略性、挫折、順服、獨立和渴望。有鑑於密爾頓需要說服讀者這對爭吵的夫妻是身在伊甸園，他的這個描寫更見不平凡。天堂裡的夫妻口角就是這個樣子。

那個精心構作的背景故事——天國戰爭和撒旦對於人類的敵意——有助於解釋蛇在《創世記》裡的神祕角色。不過密爾頓不接受第一對男女純粹是被撒旦拐騙才會違逆上帝的說法。亞當和夏娃必然是有著思考力、獲得詳盡資訊和受到事先警告。他們必然是自由，也必然是天真無邪，但如果他們同時是自由和天真無邪，那天真無邪裡就必然有著讓人困惑的成分，而自由裡也必然有著威脅的成分。

天真無邪裡讓人困惑的成分是它無力了解惡——不管你收到多少警告，也不管你有多努力想像惡的樣子，都是如此。自由裡的威脅成分反映在亞當讓夏娃走開時所說的話：「去吧，妳留下來的話會因為不自由，更心不在焉。」有些事情是你無法勉強的，其中之一就是真誠的親密關係。夏娃可愛和有點諷刺意味的順服表示（「那是得到你批准的嘍。」）並沒有隱藏她拒絕放棄自由的決心。她也許可以被說服，但不會接受強迫。

自由會威脅天真無邪。不過密爾頓明顯認為，沒有自由的天真無邪不具有價值，只是一種永遠的童稚狀態或枷鎖狀態。他人生裡的一切——政治立場、宗教信仰、教育理論、有關婚姻與離婚的觀點——都強調意見一致，自由給予或自由拒給。這也是為什麼即使在他充滿怨氣的鼓吹合法離婚的小冊子中，他也從未主張妻子無權離開他。他不會主張她應該在違背自己意願的情況下留下。

密爾頓認為，個人自由是任何值得過的生活所不可或缺。這就是為什麼亞當雖然感到焦慮和挫折，但夏娃仍然應該一個人走開幾小時，這也是為什麼她在面對致命誘惑時理應是一個人。自由不是一種集體財產：它屬於每個個人。

夏娃不可能是出於衝動或未經思慮地向誘惑就範。所以她和蛇必然有過一番長談，而她也必然是細細思考過蛇的論證之後才作出吃禁果的決定。她思忖，有關善惡的知識必然是善的，「因為善而不被知道便不是善。」（9:756）會不會上帝禁止人吃禁果是「為了禁止我們成為善，禁止我們變聰明」？這說不通，「這樣的禁令沒有約束力。」至於對不服從者的死亡威脅，它「對我們的內在自由有好處嗎？」所以她斷定，不可吃禁果的規定必然是上帝的一種測試，就像上帝建議亞當在他命名的動物中間找一個同伴那樣。為了通過測試，為了證明自己配擁有上帝賜給人的自由，夏娃伸手採摘禁果。她選擇了墮落。

在密爾頓的想像裡，夏娃在做了這件致命的事之後馬上意識到自己面臨另一個抉擇：她應該告訴亞當她做了什麼，要他做一樣的事以分享她新獲得的知識，還是把吃禁果的好處留給自己？如果決定「把知識的優勢留在手裡」，她就可以扭轉女性低男性一等的地位。就像亞當一樣，夏娃相信只有在平等的兩造之間才會有真正的愛。她告訴自己，她可以用新得來的知識，

> 更吸引他的愛慕，更加和他平等，也許有時還能勝過他。這也不是不可欲的想望，因為誰在低一等的地位中有自由可言？（9:822-25）

密爾頓幾乎肯定認為最後一句話是夏娃頭腦已經迷亂的表徵，是她因為吃禁果而受到污染的一種表現。然而，在他想像力裡成形的人類已經獲得足夠獨立的真實，有力量堅持自己的主張。夏娃有理由相信亞當並不想愛一個比自己低一等的人，有理由相信即使男尊女卑的秩序偶爾倒轉也「不是不可欲」的事。

不過她最終還是決定和亞當分享知識：她不能忍受自己也許會死掉和亞當會娶「另一個夏娃」的可能。亞當又是怎樣想的？在密爾頓的認定裡，亞當會吃禁果並不是被誘騙的結果。他馬上明白了夏娃之舉是個災難性錯誤，但立即決定分享她的命運。「沒有了你我要怎樣活？」

他拒絕接受他被賜予的優越性：在他看來，夏娃是「上帝所有創造中最後和最美好的作品。」他也決絕接受他憑直覺知道的官方解決辦法：請上帝「創造另一個夏娃」。亞當知道，即使他損失得起另一根肋骨，失去他所愛的女人的傷痛將永遠無法撫平。

亞當吃下禁果的決定完成了原罪的災難。接著兩人激烈做愛，然後性歡愉又被強烈的羞恥感取代。墮落前的夫妻親密關係解體為互相指責。亞當長嗟短嘆：為什麼我要做我所做的事？我要怎樣承擔我的罪的重量？我將會變成什麼樣的人？他的怒氣在夏娃企圖靠近他的時候達到高峰。他激烈地罵道：「滾開，妳這條蛇。」（9:867）

在亞當心裡，夏娃已經變得和摧毀他們那條可恨的蛇沒有分別，看見她讓他感到——就像密爾頓在鼓吹離婚的小冊子裡所說的——「心煩氣悶和難過失落，某種程度就像是被神棄絕者（reprobates）所感受者。」密爾頓肯定亞當因為極度的不快樂，所以不只會恨夏娃，還會恨所有的女人。他問自己說：「上帝為什麼要創造出地球上這種新奇尤物，造化的美好瑕疵？」（10:891-92）為什麼他或任何男人要娶「一個敵人，一個他的憎恨或羞恥」？

不過，密爾頓這時即使從他婚姻破裂後的最壞感覺汲取靈感，卻也同時記起了他放開這些感覺的一刻。他回憶起在倫敦外甥家裡那個對不起他的女人跪在地上求他原諒的情景。夏娃沒有因為亞當的怒罵而退避，她——

淚流滿面，蓬頭亂髮，低聲下氣跪下抱住他雙腳，苦苦懇求他息怒。（10:910-13）亞當的「心軟了下來。」

當初當密爾頓拉起跪著的瑪莉時，他的心有軟下來嗎？⑥他賦予亞當的深愛夏娃之心，是不是取材自這個時刻和後來的幾年？他和瑪莉後來連續生了四個小孩的事實並不能為我們提供確定答案。不過，《失樂園》至少暗示密爾頓熱烈渴望去想像破裂的夫妻關係完全修好。畢竟，在亞當決定不要請求上帝創造另一個夏娃時，他就是拒絕了離婚。在墮落之後，夏娃建議應該由她承擔上帝憤怒的全部後果，不過亞當拒絕了這個想法。他也拒絕了她建議的一起自殺或從此禁慾。做為一對夫妻，他們決定慢慢收拾他們的破碎生活。

他們一起行動，跪下來向上帝承認自己的罪疚，懇求原諒。他們仍然希望他倆也許能夠免受懲罰。亞當安慰自己和妻子說：「上帝無疑一定會消氣，改變心意。」另外他又想到，即使他們最終還是要歸於塵土，他們起碼可望「憑著祂供應的許多必須品，能安逸地度過這一生。」畢竟他們一直住在可想像的最漂亮花園裡。站起來的時候，亞當表示他深信他們的共同禱告已經獲得了垂聽：「死亡的苦難已過，我們將能活下去。」（11:157-58）

不過就像《失樂園》書名所暗示的，它不是以一個快樂結局收尾。死亡的苦難沒有過去。當初，處於一種更絕望的心緒時，亞當的直覺要更準：他猜想上帝會「拖慢我們的死亡以增加我們的痛苦。」（10:963-64）上帝會下令把亞當和夏娃驅逐出伊甸園，是為了不讓人類有機會採摘生命樹的果子，「吃了果子之後永遠活著。」（11:94-95）雖然密爾頓在這裡只是直接引用《創世記》，他看來對於這句古老的經文感到不自在，所以緊接著加上一句限定句：「至少是夢想永遠活著。」但這限定句讓上帝驅逐人類的動機變得不那麼說得通。

上帝真的是害怕如果讓人類留在伊甸園，他們就有可能偷吃生命樹的果子而長生不死嗎？很不典型地，密爾頓沒有和這個神學難題角力。他專注於這道驅逐令所引起的強烈焦慮。亞當又震驚又憂傷，不能說話。夏娃想到要永遠離開她種植的鮮花和布置的新房，淚流不止。奉上帝之命去頒布和執行驅逐令的天使長米迦勒勸夏娃不要「太眷戀」本來就不屬於她的地方。天使觀點和人類觀點的這種落差——人類認為他們是被驅逐出家園——形塑了密爾頓詩歌的結論。

因為到了《失樂園》結束之時，亞當和夏娃在密爾頓的想像力裡已經變得那麼栩栩如生，乃至開始導致把他們帶進存在的整部神學機器出現裂痕。他們就像奧古斯丁希望的那樣，完全失去了象徵人物的閃爍微光，擁有了不可否認的人類實體性。這是一種莎士比亞曾經賦予法斯塔夫（Falstaff）、哈姆雷特、克麗奧佩脫拉的實體性——一種標示著文學的勝利的實體性。但這種文學的勝利要付出神學代價。除亞當和夏娃以外，《失樂園》所有其他角色——米迦勒、拉斐爾、撒旦，乃至上帝和祂的兒子——都不知怎地有所失色。當然，密爾頓繼續強調他們的法力無邊和重要性，也堅信自己已經讓上帝對待人類的方式顯得有合理性。但他卻無法控制自己最深的忠誠，也因為這種失敗而成為了更偉大的藝術家。

在上帝的命令下，天使長米迦勒讓夏娃陷入沉睡，然後把亞當帶到一座山的山頂，讓他看看人類未來生活的全景。這全景在各方面都讓人沮喪，其中包括到醫院的一遊，讓亞當看到了抽搐、癲癇、腎結石、潰瘍和瘋癲等各種人類可能患上的疾病。米迦勒不厭其煩地強調，這一切全要怪亞當：一切都是「因為男人的柔弱而起。」這讓我們回想到拉斐爾對亞當有過的提醒：男人應該守住自己的支配地位。

米迦勒本著同一種精神為他的導覽之旅作結：「他說完之後，兩人一起下山。」不過正是在這裡，在對人類生活朝不保夕的瀏覽中，密爾頓的忠誠轉換最是能被清晰感受到。亞當沒有想要和米迦勒多說話，相反地，他跑在米迦勒前頭，想趕快回到配偶身邊：「亞當跑在前面，奔向夏娃躺臥著的幽室。」已經醒了的夏娃向他表明，從今以後她的心思會完全放在伴侶身上：

> 和你同行，等於留在樂園；沒有你時，留也等於被放逐。你對我是天下的萬物，是我的一切地方。（12:615-18）

《失樂園》沒有破壞《創世記》的神學架構。密爾頓既相信人類因為亞當夏娃違逆上帝而受到嚴懲是罪有應得，也相信基督將會為信徒帶來救贖。然而最吸引詩人注意力的卻不是這種墮落和救贖的架構，而是亞當和夏娃的親密關係。雖然亞當先前跑在天使長前頭以便有時間可以和夏娃獨處，但在密爾頓的想像裡，亞當這時卻無法回應夏娃的深情話語，「因為天使長已經站在旁邊了。」一男一女在這種時刻的互相傾訴並不打算向一個天使公開。這時，幾個基路伯帶著火焰劍各就各位，開始改變伊甸園的氣溫，讓它變得像利比亞一樣酷熱。米迦勒急忙拉住亞當和夏娃的手，帶他們穿過伊甸園大門，去到下方的平原，然後消失不見。

全詩的尾句是密爾頓寫過最美麗的詩行之一。它們仍然表達出對上帝指引的信心，但更多是表現出對自由的信心——密爾頓相信，自由是上帝賜予第一對男女，也仍然為所有人類擁有。《失樂園》在結尾把亞當和夏娃從他們賴以誕生的故事中解放出來，看著他們邁向一個不確定的未來：

他們自然落了淚，但很快就擦去。
世界全擺在眼前，他們要選擇
安身的地方，上帝的意向是他們的嚮導。
他們手牽著手，以緩慢的步伐
告別伊甸園，走向孤獨的征途。（12:646-49）

在奧古斯丁的一千多年後，亞當和夏娃終於變成活生生。

第12章
亞當之前的人類

Men Before Adam

佩雷爾（Isaac La Peyrère）想必曾經是個讓主日學老師極為頭痛的小孩。他問了太多問題，而他問的問題都是非常讓人惱火。一五九六年出生於波爾多一個富有的新教家庭，佩雷爾充滿宗教熱忱但又好奇、好辯、大膽和獨立。他有狂熱信徒的資質，與此同時，又會站在一個距離之外審視最為人所珍惜和熟悉的信條。

在他所生活的特殊時空背景，我們有理由猜測他的品性也許可以回溯至他的「瑪拉諾人」（Marrano）❶血緣背景，即可回溯至一個被驅逐出伊比利亞半島的葡萄牙猶太人家族。大散文家蒙田（他在一五八〇年代是波爾多市長）的母系有著相同血緣背景，這也許可以解釋他為什麼也是有著一個非常獨立的心靈。不管怎樣，十六世紀下半葉打得如火如荼的宗教戰爭——法國天主教徒和新教徒之間的廝殺——都讓大部分會思考的人（同時包括天主教徒和新教徒）不再那麼相信他們社會和信仰的基本假設。

佩雷爾自小即《希伯來聖經》（又特別是《創世記》）流露出熱烈興趣。他的好奇心受到聖典一個古怪的細節刺激：《創世記》記載，該隱在謀殺弟弟亞伯之後，被趕到伊甸園以東一個叫挪得之地（the land of Nod）的地方居住。在那裡，該隱「認識了他的妻子，他妻子懷了孕……建了一座城。」（4:17）讓佩雷爾大惑不解的是，該隱娶的女人是從何而來？傳統的解釋是（也是一個讓人倒胃的解釋），她是該隱的姊妹之一——哪怕《創世記》從來沒有記載亞當和夏娃生有女兒。

主日學課程不打算就這個問題作進一步的討論，但小小年紀的佩雷爾的好奇心不肯罷休。

流浪的該隱告訴上帝，他害怕「每個遇見他的人都會殺了他。」（4:14）但當時世界還空空如也，他說的「每個人」有可能是指誰？該隱娶的那個女人在挪得之地是做什麼的？又如果四周根本沒有其他人，該隱建一座城是要給誰住？①所以佩雷爾懷疑，早在亞當和夏娃被創造出來之前，世界上已經有人類，他們生活在伊甸園的圍牆之外，後來和亞當夏娃的子孫發生互動。我們不清楚佩雷爾有沒有大膽得把這種猜測公開說出來。即使一個有壓抑不住好奇心的小學生，一樣知道這樣的猜測會讓自己陷入大麻煩。

本來，事情也許就此不了了之，就像發生在無數其他超有好奇心的小學生身上那樣。不過佩雷爾人生和文化環境的一些轉折讓事情另有發展。佩雷爾長大後成為一名律師，得到孔代親王的賞識，把他帶到巴黎當私人祕書。這個職位為佩雷爾提供了某種程度的保護，讓他可以按自己喜好從事一些有潛在顛覆性的探究。他也跟一群大膽的哲學家、神學家和科學家往來。②這些人對一個多世紀以來的發現都投以高度注意，哪怕這些發現的涵蘊仍然太危險，不容許公開談論。

這些涵蘊早在一四九二年十月十二日便出現，當時哥倫布和他的船員在加勒比海地區登陸，看到了大群大群的土著。哥倫布在在日記裡寫道：「他們所有人都像他們母親生他們時候

---

❶ 譯註：指在中世紀西班牙被迫改信基督教的猶太人。

那樣，赤身露體到處走。女人也是一樣。」③他們的身體固然塗有彩繪，卻沒有穿衣服。對於武裝的歐洲冒險家來說，這現象是好消息，因為那表示土著容易對付。但它同時也引起了一個神學難題：怎麼可能有那麼大一群人可以自外於墮落的第一個和最基本的結果，也就是羞慚？「他們二人的眼睛就明亮了，才知道自己是赤身露體，便拿無花果樹的葉子為自己編做裙子。」（《創世記》3:7）

羞恥心不被認為是一種文化習得：它是亞當和夏娃犯罪後無可逃和定義性的人類處境。然而哥倫布卻發現有許多人是一絲不掛地生活。他們為什麼會不認識自己的處境？又為什麼他們不用上帝所教導的方法遮蓋他們的裸體（「耶和華神為亞當和他妻子用皮子做衣服給他們穿。」）？

一種可能的解釋是，土著已經失去一切羞恥心，也忘記了衣服這種禮物。例如猿類就廣被認為一度和我們相似，是後來才淪落至現在的畜牲狀態。④所以有些人主張，新大陸的土著也是一些淪落到人的層次以下的生物。一五五〇年某些西班牙知識份子在瓦拉多利德（Valladolid）舉行的正式辯論中就是這樣主張。他們認為，被新發現的生物和人類雖然有幾分相似之處，但不是真正的人，而他們聽起來像說話聲的聲音也不過是動物叫聲。那些和土著發生過接觸並指認他們是人的人的證詞被認為並不充分。土著是野獸的論點最後不是被經驗觀察而是被宗教教義打敗。勝出的論證主張，土著都有著足以皈依基督教的靈魂。但如果這些土著不是野獸，如果他們就像所有其他人一樣都是亞當和夏娃的後裔，那麼他們為什麼會赤裸裸？

哥倫布對答案有過猜疑。在他第三次航行和以為自己到達了印度之後，這位船長開始玩味一種新的可能性：世界不是圓形的，而是梨子形狀或是像一個有著乳頭般凸起的球體。他所發現的新陸地——有鑑於它們是那樣的美麗和豐盛——必然是位於乳頭的附近，而乳頭的正中央就座落著人間天堂。哥倫布不相信自己可能進入伊甸園。但這種猜想讓他看到的土著為什麼會赤裸裸變得說得通：他們因為住得離伊甸園很近，所以生活方式酷似它當初的居民。墮落之後的羞恥心明顯會隨著距離而增加。離開伊甸園越遠的地點，人的羞恥心就越強烈。

和伊甸園接近這一點可以解釋西班牙航海員在千里達帕里亞灣（Gulf of Paria）觀察到的清水急流。畢竟，根據《創世記》的說法，有四條大河是發源於伊甸園。在一四九八年，哥倫布唯一能想到的另外一個解釋看來要更加狂野不羈：「如果它不是來自這條河流所源出的人間天堂，它就會是來自南方的一片廣大陸地——我們對該陸地迄今一無所知。」兩相比較，哥倫布認為有一個未知大洲存在的想法難以置信：「我在內心更加確信我說的那地方是人間天堂。」⑤

後來進一步的探索雖然證實了真有一片位於南方的大陸（即整個南美洲），但伊甸園就座落在附近的觀念並沒有就此消失。在十六世紀和十七世紀初年，西班牙編年史家哥馬拉（Francisco López de Gómara）和埃雷拉（Antonio de Herrera）嚴肅對待這種可能性。偉大博物學家阿科斯塔（José de Acosta）在他的《西印度自然和精神的歷史》（*Historia natural y moral de las Indias*）中也是這樣主張。十七世紀中葉，皮內諾（Antonio de León Pinelo）以讓自己滿意的方式證明了拉布拉他河（Río de la Plata）、亞馬遜河、奧利諾科河（Orinoco）和馬格達萊納河（Magdalena）就是起源於伊甸園的四條大河。⑥

在最初的震驚過去之後，新大陸土著的赤裸裸是被怎樣看待？大部分歐洲殖民者因為傾向於無情地剝削他們，方便地假設他們的赤身露體是其原始狀態的一種表徵，不再深究。如果說瓦拉多利德大辯論得出新大陸土著是人的結論，它也認定他們是亞里士多德所謂的「自然奴隸」（natural slavs），即一些卑賤得可以合法被奴役的人。

但至少有一個重要人物激烈反對這種見解：多明我會的卡薩斯（Bartolomé delas Casas）。卡薩斯是以殖民者的身分去到新大陸，但卻對於土著所受到的殘暴對待大感震驚，寫出著名的《西印度毀滅述略》（*A Brief Account of the Destruction of the Indies*）一書加以指控。他相信哥倫布所說的，美洲最有可能是失落的伊甸園的所在地。⑦至於那些土著，則不只和所有其他人類一樣，還在精神上比較優越：他寫道：「上帝把這地區的所有人創造成為可想像中最不閉鎖和最天真無邪。做為世界上最單純的人，他們沒有惡意或詭計，絕對的忠實和順服。」⑧他們不是真正在伊甸園中，因為他們缺乏天主教信仰，但正如他們的赤身露體顯示的，他們非常接近伊甸園。

卡薩斯怨嘆說：「自從西班牙人第一日看見這些溫順的羔羊開始，就像餓狼一樣撲向他們。」土著的死亡人數超乎想像：「據保守估計，基督徒過去四十年來的專橫和兇殘行為導致超過一千兩百萬人喪生，死者包括婦孺。有理由相信，我自己估計的死亡人數——一千五百萬——要更接近事實。」（卡薩斯的數字一直被認為過於誇大，但現代的人口學研究卻顯示它相當精確。）⑨如果說這些可憐受害者在天真無邪上肖似亞當和夏娃，那西班牙人又是肖似誰？卡薩斯毫不猶豫地指出：「讀者也許應該問問自己……如果把這些可憐人交到地獄的魔鬼手中，他們的命運會不會比把他們交到在新大陸假扮成基督徒的魔鬼手上好得多？」

《西印度毀滅述略》在歐洲成了暢銷書，而且不只在那些渴望妖魔化西班牙大征服者或天主教會的人中間風行。他的憤怒指控催生出蒙田的質疑（這些質疑適用於所有歐洲基督徒）：為什麼我們認為我們的生活方式比他們的生活方式好？誰是真正的文明人，誰又是野蠻人？⑩這一類問題讓太初真純、墮落和透過基督得救贖的基本故事都受到動搖。讓人不安的不是只有殖民者的兇殘，還有新發現地域的龐大人口——那是《聖經》完全沒有提及。他們是怎樣去到那裡？為什麼我們認為有一個一體適用的解釋可以用於全世界？

歐洲探險家在美洲遇到的人口的規模難於和《聖經》的記載相容。十七世紀中葉，傑出的英國法官黑爾（Matthew Hale）這樣寫道：「最近發現的廣大美洲大陸，其住著的人和牛隻（即動物）幾乎就像歐洲、亞洲或非洲任何部分一樣多。這會讓全人類都是源於亞當和夏娃之說產生困難。他們是怎樣轉移到美洲的？」⑪

正如黑爾指出的，問題的癥結在於「轉移」：這麼多人是怎樣度過海洋，從一個大洲去到另外一個大洲？耶穌會會士阿科斯塔正確猜到亞洲和美洲之間一度有陸橋連接。他沒有證據可以證明陸橋的存在，但若不假設曾經有陸橋存在，《聖經》的記載就會站不住腳：「我們有必要主張西印度群島的第一批人口是來自歐洲或亞洲，是為了不牴觸《聖經》。《聖經》清楚指出，所有人類都是亞當的後裔，所以我們不能給西印度群島居民另一個起源。」

在佩雷爾看來，陸橋是挽救一個破產觀念的狗急跳牆嘗試。⑫他認為沒有任何消失的陸橋解釋得了美洲土著的龐大人數，因為根據正統教義，挪亞方舟只有七個生還者，他們的子孫不可能以那麼快的速度遍布全球。光是人類文化的多樣性——拉普蘭的遊牧民族和中國的朝廷大臣，巴黎的時髦仕女和新大陸的一絲不掛土著——就對亞當和夏娃是全人類祖先之知說構成嚴重威脅。

佩雷爾不是唯一起疑的人。就在密爾頓著手讓亞當和夏娃活生生起來的同一時間，《創世記》開頭幾章的可信度也在幾個方向受到動搖。密爾頓會寫《失樂園》，部分原因大概就是他意識到那些讓他的同時代人佩雷爾感到不安的挑戰。雖然他倆各以不同方式反應，但他們都是注意到同一波地震：已知世界的大大擴大；新發現地域很多人明顯的不以裸體為恥；宗教戰爭的殘忍；哥白尼和伽利略的嚇人主張。

這些地震不是導致《聖經》起源故事開始出現裂痕的唯一原因。在整個歐洲，人文主義者和藝術家都重新燃起對古典古代的興趣。古代世界一些關鍵典籍被重新發現，也讓一些被遺忘或忽略了許多個世紀的人類起源理論重新獲得生命。沒有人急著挑戰《創世記》的絕對權威，不過，光是意識到有替代方案存在就足以讓人大為緊張。

其中一個最有力的替代方案是希臘哲學家伊壁鳩魯（Epricurus）在西元前四世紀晚期提出。

雖然他的作品已經幾乎全部佚失，但他的羅馬弟子盧克萊修（Lucretius）在西元前五〇年前後所寫的精采長詩卻被文藝復興時代的獵書人布拉喬利尼（Poggio Bracciolini）找到，得以重新流傳。盧克萊修指出，人類物種和其他物種都是在時間長河中由原子的隨機排列產生。宇宙是永恆，大自然會不間斷地進行實驗，創造新的物種。大部分物種已經滅絕，但某些物種（包括人類）存活了下來，找到了食物和成功繁殖後代。

盧克萊修認為，人類只是逐漸和時斷時續地從野蠻發展至文明狀態。最早的人類是骨瘦如柴和愚昧的野蠻人，在一個嚴苛的環境裡掙扎求生，他們沒有社會秩序或共同福祉的意識，發自本能地設法為自己爭奪最多東西。男人和女人的關係是強暴和買賣，沒有任何柔情蜜意可言：「女人要麼是屈服於彼此慾望，要麼是被男人專橫的力量和過度的色慾主宰，要麼是被用來交換橡實、漿果或梨子。」⑬

文藝復興時代學者對希臘知識的再發現，還有希臘典籍被翻譯為拉丁文，讓很多其他的異教徒起源故事為人所知。古希臘詩人赫西奧德曾為一個黃金時代素描和講述潘朵拉的神話（潘朵拉會奇怪地讓人聯想起夏娃）。說故事人伊索喚起了一個所有動物都會說話的世界。亞里士多德的學生狄西阿庫斯（Dicaearchus of Messana）指出，原始人生活得就像諸神，是嚴格的素食者，沒有戰爭和仇恨，品質上是最完美的人類。希臘修辭學家泰利修（Maximus Tyrius）主張，人類是普羅米修斯所創造，「心靈上非常接近諸神，身體修長，直挺，勻稱，輪廓柔和，適合從事手工藝，步伐堅定。」⑭

白話翻譯本連同印刷機讓這一類書籍廣為流通，讓很多人開始明白《創世記》不是唯一的起源故事或不是沒有對手。例如現在人們比較容易接觸到柏拉圖的一個故事：早期的人類是由土所創造，不會繁殖後代。在那段很久很久以前的日子，天氣溫和，人們一絲不掛地住在戶外，需要的東西一樣不缺：「大地給予他們豐富的水果。水果都是在樹上和灌木叢中自生自長，不是人手所種。」⑮當時沒有政府形式，沒有私有制度，也沒有不同的家族彼此競爭稀有資源。

這一類起源故事經常會被認為是《聖經》版本起源故事的扭曲，但它們加起來的效果仍然讓人困擾。這不只是因為古典作者聲望崇隆，絕不可簡單地置之不理，問題還在於他們談到的過去常常極端深遠。仔細點算《希伯來聖經》記載的世代數目，世界大概是六千年的年紀，但柏拉圖對話錄《克里提亞斯》（*Critias*）在談到失落的亞特蘭提斯王國時，卻涉及了九千年前的事件。希臘歷史學家希羅多德（Herodotus）謂他和埃及的祭司們有過廣泛的討論，而這些祭司聲稱擁有一萬一千三百四十年的檔案紀錄。⑯巴比倫祭司貝若蘇（西方人主要是靠著他得知古代巴比倫的事情）計算出，從第一個國王迦勒底人阿羅洛斯（Chaldean Aloros）到大洪水之間相隔四十三萬兩千年。如果這些數字看來匪夷所思，它們仍然反襯出《聖經》的時間縱深短得讓人不安。

很少文藝復興時代的天主教徒或新教徒熱中於拋棄《聖經》的年表，而且不管怎樣，承認自己有疑心都是一件危險的事。一五九〇年代倫敦的一個政府密探發現劇作家馬羅到處宣稱

「印度人和很多古代作者都是寫作於一萬六千年前，反觀亞當被證明為不過生活在不到六千年前。」⑰幾乎同一時間，義大利脫教神父布魯諾（Giordano Bruno）指出「明明在世界一個新發現的部分找到了一萬多年前的紀念碑」，他不明白為什麼很多人繼續相信聖經的年表。⑱馬羅和布魯諾都是衝動型的無懼冒險者，他們一個被伊莉莎白女王的祕密警察用刀刺穿眼睛致死，另一個在羅馬鮮花廣場被綁在火刑柱上活活燒死。

然而謠言繼續流傳。佩雷爾聽說墨西哥的阿茲特克人祭司留下了比《創世記》時代早很多的檔案紀錄，但西班牙教會當局下令把這些檔案摧毀或燒燬。（十六世紀中葉被掩埋起來的阿茲特克日曆石直到一七九〇年才被重新發現。）和這一類會引起疑心的說法保持距離顯然是審慎的做法，但對佩雷爾來說，它們卻有助於證實一個他從小便發展出來的理論。

一六四〇年代中葉，佩雷爾在瑞典和丹麥待了幾年，期間和一名著名的醫生暨學者沃姆（Ole Worm）發展出密切友誼。沃姆對於搜集「奇趣物」不遺餘力。他設在家裡的博物館收藏了形形色色的怪東西：從化石到獨角鯨的角，從愛斯基摩人的獨木舟到古羅馬的鉤，從鱷魚標本到印地安人菸斗，不一而足。大概是受這些五彩繽紛事物的鼓舞，佩雷爾告訴了沃姆那個小時候便在他心裡萌芽的想法。

佩雷爾相信亞當和夏娃確實存在，但他們絕不是世界上的最早人類。在他們之前和四周必然有無數其他人，這些人各有自己的語言、文化和歷史。早在人類墮落很久以前，這些人便需要掙扎求生，經驗戰爭、瘟疫和黃熱病，承受生產的痛苦以及接受必有一死的命運。這不是因為他們吃了禁果，而是因為這本就是人類的自然處境。

佩雷爾告訴沃姆，他已經把自己的理論寫成一部稱為「前亞當人」（Pre-Adamites）的手稿。他曾經向一些人出示手稿，希望他們相信，不過他們的反應並不讓人鼓舞。他的其中一個讀者是傑出的荷蘭哲學家格勞秀斯（Hugo Grotius），後者承認美洲土著看來確實對於正統教義構成一個難題，但只要把他們看成是紅鬍子艾瑞克（Eric the Red）和艾瑞克森（Lief Erikson）之類維京人探險家的後裔，問題就可迎刃而解。他認為佩雷爾不應該讓自己的主張流傳開來：「如果這種主張被相信，我認為基督教馬上就會有重大危險。」⑲

不過沃姆並不同意格勞秀斯的看法。佩雷爾的理論會吸引他，大概是因為只有前亞當人的存在才解釋得了美洲印地安人和格陵蘭愛斯基摩人的存在——這兩種人的文物在他的博物館非常顯眼。無懼各種可能的危險，沃姆幫助佩雷爾研究，給他介紹重要朋友，鼓勵他向更廣大的圈子介紹自己的理論。

一六五五年，佩雷爾用拉丁文寫成的《前亞當人》（*Prae-Adamitae*）一書在阿姆斯特丹出版，一年後又在倫敦出版英譯本《亞當之前的人類》（*Men Before Adam*）。⑳當時孔代親王已經去世，但他的兒子和繼承人繼續雇用佩雷爾。佩雷爾想必因而頗有安全感，因為他的書無一保留。他認知到自己要冒風險：「就像從冰上走過的人會提心弔膽那樣……我起初害怕自己很快會掉入異端邪說的深淵。」不過，經過多年的研究和探索之後，他深信自己理據充分，所以大膽行走。

他指出，亞當不是全人類的祖先，只是猶太人的祖先，而猶太人是被揀選去接受律法並（透過基督）做為救贖的中介。正因為這樣，《創世記》的時間架構才會和「迦勒底人、埃及人、西徐亞人和中國人的歷史記載兜不攏。」如果你明白在亞當被創造之前世界已經住滿人，難題就會消失。

但亞當和夏娃犯罪所帶來的結果——工作、生育痛苦和死亡——又是如何？難道更早的居民沒有這些煩惱嗎？完全不是這樣子。佩雷爾寫道：「人的自然死亡（natural death）只是來自人的本性（nature），而人的本性就是必有一死。」女人也是因為本性而有生育痛苦，情形就像蛇總是在地上爬行一樣。上帝在《創世記》中發出的詛咒都是一些精神層面的懲罰。戰爭、瘟疫和熱病不是偷吃禁果所導致，而是人的本性「不完美」的一部分。

為什麼那麼少《聖經》的讀者了解這些簡單的事實呢？佩雷爾用讓人驚訝的坦白指出，那是因為《聖經》是一份不完美的文件。它把幾件我們為得到救贖必須知道的事情說得很清楚，但在提到其他事情時常常「極為漫不經心，而且模糊得無以復加。」摩西怎麼會這麼漫不經心？答案是《聖經》不是如我們所以為的，是摩西親手所寫。㉑不然，《聖經》怎麼會提到摩西自己的死亡？在無數的傳抄中，錯誤無可避免會滲入到《聖經》的文字中。這就不奇怪它談到的很多事情都是「混亂和沒頭沒腦」。

這些混亂導致了無數荒謬的詮釋。亞當不可能像某些註釋者主張的那樣，一被創造出來就已經成年。他當初一定是被造為嬰兒，然後經歷了童年的緩慢成長期，才被上帝帶到伊甸園。

不然他又怎麼會習得人類需要時間才能培養出來的基本技能？然後，亞當命名動物所花的時間也一定遠比大部分人想像的為多，不可能是半天完成：

因為大象必然是來自印度和非洲最遙遠的部分，牠們身體沉重而腳步緩慢。還有很多種類的飛禽走獸是我們的半球所沒有，所以牠們不是必須游過大片海洋和走過大片陸地，從美洲前來接受命名嗎？

這一段文字似乎顯示佩雷爾是在取笑亞當和夏娃的故事，但實際的情形卻是相反。我們通常把信仰想像成一種非開即關的狀態，也就是你要麼只能接受一個故事為真，要麼是不接受。然而在盲信和直接否定之間有很多中間階段。就像密爾頓一樣，佩雷爾是奧古斯丁的一個繼承人，堅持必須要按照字面了解《聖經》對人類第一對男女的記載。然而，從童年開始，他就被把亞當夏娃看成真人真事所引起的裂縫所困擾。他不管危險，決心要填補裂縫，而他認為可以靠著把《創世記》的敘事化約為更大的人類歷史敘事的一條支流——猶太人的起源——而做到這一點。㉒

這給一個更廣大的世界留下了空間，也給一部更複雜的人口史留下了空間。例如，如果根據這種觀點，挪亞洪水便可被理解為一個局部性事件而不是世界性事件，它「不是發生在整個世界，只是發生在猶太人的土地。」由於上帝的目的只是摧毀猶太人，所以人類可以分布到全世界——這一點是拉克坦提烏斯（Lactantius）和奧古斯丁之類的早期基督徒所不相信的。佩雷爾寫道：

不相信有對跖之地（Antipodes）存在的奧古斯丁和拉克坦提烏斯要是還活著，將會感到羞慚。他們將會看到這個目光清明時代在東印度和西印度發現的事物，還有很多個國家住滿人的事實：那些地方顯然沒有亞當的後裔曾經抵達。

早在亞當和夏娃被創造之前，前亞當人便已經生養眾多，布滿全地。

對佩雷爾來說，這個正確理解與其說會讓《創世記》的故事降級，不如說會讓猶太人的意義升級。《亞當之前的人類》是題獻給「分散到整個世界表面的所有猶太人會堂」。他在獻辭的最後說：「勇敢地堅持下去，為更美好的事物保持你們自己。」他相信，更美好的事物包括世人將透過耶穌得到救贖，一如猶太人是被揀選來承接律法和接引耶穌。㉓

猶太人會被揀選和任何特殊美德無關：「如果你們有看見猶太人是用什麼物質被造，將找不到任何讓他們值得被揀選的原因。因為他們就像外邦人一樣，是由血和肉構成，也是用其他人被塑成的同一種泥土塑成。」不過他們做為選民的歷史卻無比重要，而且這重要性也不會受到他們在耶穌受難所扮演的角色所玷污。畢竟耶穌如果沒有受難，就不會成為全人類的救主。猶太人確實在一世紀殺了耶穌，但他們歷來已經受到了大量懲罰。所以，如果現在再迫害猶太人，就是形同犯下他們在一世紀犯過的大罪。

佩雷爾無懼地抽繹出自己論證中的涵蘊，措詞在他的同時代人看來幾乎就像他的前亞當人理論一樣駭人聽聞。他指出，世人很快就會目睹一個猶太人彌賽亞的來臨。這個來臨將會完成猶太人的歷史，也會把救贖帶給全人類。到時將不再有前亞當人和亞當後裔之分，不再有被拯救者和被詛咒者之分，不會有些靈魂是被驅趕到地獄接受永罰而另一些靈魂是上天國。每個人都會得救。

佩雷爾認為，要讓彌賽亞能夠來臨，猶太人和基督徒必須統一。雖然基督徒也許會覺得猶太人讓人反感，但反猶太人的歧視應該馬上停止。為了記取猶太人接引耶穌的功勞，基督徒應該尊重猶太人。一起攜手合作，他們將會讓猶太人返回聖地，實現《聖經》預言過的偉大安排。隨著猶太人的轉皈基督教和返回以色列，歷史將會走到終結。

很難想像有什麼樣的說法能夠引起更大的憤怒。㉔《亞當之前的人類》的出版招來天主教徒、新教徒和猶太人的一致激烈譴責。佩雷爾已經跨過了很少人願意趨近——更別說跨過——的界線。隨著他受到的攻擊越來越激烈和他的書被焚燒，他大驚失色。孔代親王當事人在信奉天主教的布魯塞爾，佩雷爾前往尋求他保護，但這一步被證明是災難性錯誤。

一六五六年二月，三十個武裝男人衝進他在布魯塞爾的房間，把他押到監獄，指控他為「可憎的異端」。起初，在漫長的審問過程中，他頑固地堅持己見，但慢慢清楚的是，不管是孔代親王還是任何其他人都不打算為他出面。他的處境變得岌岌可危。不過，他是《前亞當人》作者這一點也幫了他的忙。抓他的人表示如果他肯認錯，向教宗道歉，並改信天主教，就可以獲得赦免。到六月，佩雷爾接受了這些條件，被帶到羅馬謁見教宗亞歷山大七世。據說教宗微笑著說：「讓我們擁抱這位亞當之前的人類。」㉕當時也在座的耶穌會總會長指出，教宗和他讀過《前亞當人》之後捧腹笑了一陣。

我們不知道佩雷爾對這些笑聲有什麼反應，只知道他確實認真撰寫他的悔過聲明。他指出他是被自己的喀爾文派成長背景所誤導，因為喀爾文派教導他可以按照理性和自己的良知解釋《聖經》。這條道路把他帶到了前亞當人理論，但他現在已經明白，他必須追隨的既不是理性也不是良知，而是教宗的權威。所以他放棄有前亞當人存在之說、大洪水是局部性事件之說、摩西不是整部《舊約》作者之說，也拋棄他的錯誤詮釋的其餘部分。他說他的理論就像哥白尼的假設那樣，如果教宗說那是錯的，那就必然是錯的。

佩雷爾的悔過聲明被接受和出版，其中收錄了兩位索邦的神學博士的嘉許信做為附錄。教宗極為滿意，給了幡然悔悟的異端份子一份俸祿和留在羅馬的機會。但經過一段禮貌性的逗留之後，佩雷爾請求返回巴黎，獲得批准。在巴黎，他重新為孔代親王效力。雖然極小心地用暗示的方式指出自己沒有完全放棄讓猶太人返回聖地的夢想，但他盡力不讓自己再惹上麻煩。他得享高壽。妻兒都先他而死，而他的最後餘年是在一座修道院度過。

他的一番奇怪思想冒險達到了什麼效果？彌賽亞沒有來臨，猶太人沒能返回錫安，受到來自四面八方攻擊的前亞當人理論被人遺忘。那是當傳統的解釋和既有的假設開始瓦解時，大膽的真理追尋者所走進的其中一條死胡同。這倒不是說《聖經》的起源故事當時已經開始瓦解。真正的問題在於它變得太過活生生——這個勝利是經過以《失樂園》為高峰的漫長過程取得。這種太過真實逼著佩雷爾這種深思和執著的人設法要讓伊甸園故事和一個已經被知道的實際世界兜在一起。

佩雷爾所做的事有可能多於撞牆。他的堅持不懈探問也許有助於讓人對《創世記》採取更批判性、更人類學和更歷史學的探索方法。他是錫安主義的先驅，也是呼籲全人類寬容和主張全人類可獲得救贖的先驅。不過，他的核心觀念錯得無可再錯，而一個奇怪的諷刺是，這觀念最重要的死後生命是被人拿來合理化種族主義和奴隸制度。在十八世紀晚期和十九世紀，久被遺忘的「前亞當人」觀念被人翻出來，用來證明一件事情：被他們奴役的有色人種不是亞當和夏娃的後裔。佩雷爾本人固然沒有把全球不同地區的人口排出高低等級，但這並不相干。他的人類多重起源觀念——被稱為「多元發生論」（polygenesis）以區別於「一元發生論」（monogenesis）——給了種族主義者他們所需要的。

對線粒體DNA的科學研究顯示，所有現代人類都是起源自非洲。按地質學的標準來說，人類遷出非洲是近期的事：介於十二萬五千年前和六萬年前之間。這種遷出是仰賴被佩雷爾取笑的陸橋地形。佩雷爾還犯了另一個關鍵錯誤：正如馬爾薩斯顯示的，人口是以幾何級數增長，所以沒有數學理由可否定人口能夠高速度增加[26]——雖然人類分布到全球的時間大概要比《聖經》的時間框架允許的為久。

「前亞當人」觀念經歷的奇怪命運，對總是潛在於亞當和夏娃故事的齊頭化力量的一個有用提醒。就像中世紀教士波爾曾經汲取這種力量來挑戰貴族天生比較優越的觀念——「當亞當耕田夏娃織布時，紳士淑女何在？」——奴隸主也嗅得出來，所有人類有單一共同祖先之知說會帶給他們麻煩。他們並沒有完全依賴「多元發生論」（很多熱烈相信亞當和夏娃為全人類祖先的猶太人和基督徒都完全準備好奴役其他亞當和夏娃的後人），不過他們知道所有人類有著共同祖先之說乃是廢奴主義者可使用的最有力道德論證之一。

第13章
凋零
Falling Away

火刑的威脅有時可以讓懷疑主義者收斂。但事情沒有這麼簡單，因為像佩雷爾那樣的「可憎異端」並不是懷疑主義的結果，而是把亞當和夏娃當成真人真事的結果。也就是說，他們反映著一種力量，這種力量導致文藝復興時代探險家探尋伊甸園的坐落位置，讓文藝復興時代編年史家計算人類被逐出伊甸園迄今經歷了幾代人，讓文藝復興時代畫家給予亞當和夏娃身體的實在性，讓密爾頓賦予他倆複雜的婚姻關係。信徒這種集體努力的成功讓奧古斯丁按字面理解《創世記》的夢想得以實現，但也帶來了一個始料未及和蹂躪性的後果：亞當和夏娃的故事開始死去。

故事中的亞當和夏娃當然總是被理解為有限之軀（這是他們偷吃禁果的結果），不過文藝復興時代科學、藝術和文學給予他們的全幅生命，卻讓他們賴以存在的整個結構變成為有限之軀。這是因為看似栩栩如生的人物和明顯不真實的環境（魔幻般的花園、會說話的蛇和會在黃昏微風中散步納涼的上帝）之間的落差越來越讓人無法忍受。一個更鮮明的亞當和夏娃也會讓長久困擾這個故事的道德難題變得更加尖銳：從完全的天真無邪到壞行為的無法解釋的轉換；一道必須預設被禁知識方能被遵守的禁令；對看似輕微的過犯的可怕懲罰。這些難題繼續累積，而殷切解決它們的善意嘗試（例如佩雷爾的嘗試）只帶來了新的難題。

敘事的死亡和人的死亡不同：敘事不會有即將崩潰的明顯跡象，不會有斷氣的一刻，也不會有醫生可以宣布它已確實死亡。會發生的是有大量的人不再相信一個故事是描寫真人實事。其他人也許會在故事衰落後繼續狂熱相信，但大環境的氛圍已經改變，而這個過程通常無法逆轉。即使認為這故事不真的人也許仍然會大膽繼續相信它一段時間（不論這是因為不這樣做會有危險或是因為替代方案並不明顯，又或是因為它看似傳達著一些人生的真理）。不過，它的關鍵要素已經開始像海市蜃樓那樣晃動。它不再是真實世界的堅實真理，開始向著假扮（make-believe）的方向漂流。它變成只是一個假設故事（just-so story），是解釋事情為什麼是它們之所以是那樣子的天馬行空想像。如果它夠強有力，就會成為一件藝術作品。

向假扮的方向漂流並不必然會以幻滅的狀態告終。正如我們看到過的，在教會的早期歷史裡，有些人強烈主張亞當和夏娃的故事隱藏著深奧的人生真理，但不是歷史上發生過的真人實事。虔誠的俄利根在三世紀這樣問道：「誰又會那麼地蠢，相信上帝會像農夫那樣在伊甸園裡種樹？」①但這種立場被結實打敗。四世紀的主教愛比法（Epiphanius）反駁說：「如果伊甸園只是一個寓喻，就不會有知識樹，如果沒有知識樹，就不會有吃禁果的事情發生。如果沒有吃禁果，就沒有亞當。如果沒有亞當，就沒有人類，一切不過是寓喻，而真理本身變成了寓言故事。」②面對這個看得見的威脅，奧古斯丁派正統教義的捍衛者緊密團結。中世紀的教士指出，我們是可以用讀寓喻的方式讀《創世記》，一如我們可以在它裡面讀出對現在的道德教訓和對未來的預言，但這有一個前提：我們必須同時把它看成是真人實事。就這樣，有一千年時間，亞當和夏娃故事的嚴格真實性始終是教條，受到《聖經》的不容置疑和教會權威的擔保。

在投入那麼巨大心血建立教條之後，想要回到寓喻的觀念極為困難。讓這件事更為困難的是，文藝復興時代的藝術想像力已經賦予了亞當夏娃故事長久以來追求的實體感。問題在於，就像佩雷爾所證明的那樣，這種實體感會招來一些危險的問題。神學家本身堅持探問這些問題，信徒起而效尤。然而，盤旋在這些問題側邊的是懷疑主義，而懷疑主義離不相信只有半步之遙。一六三〇年代，焦慮的教會當局指出，埃塞克斯（Essex）一些堂區教眾納悶亞當和夏娃是怎樣得到他們把無花果葉縫在一起的針線。

這個發生在外省的諷刺詰問只是即將來臨的事情的小試牛刀。在密爾頓的《失樂園》出版的三十年後，法國哲學家培爾（Pierre Bayle）出版了《歷史批判辭典》（*A Historical and Critical Dictionary*）一書。這書的書名相當平淡無奇，但其作者（一個新教徒——當時新教在法國受到激烈迫害）知道自己大膽闖進了一個危險的領域。隨著被迫從眾的壓力升高，他逃到了荷蘭。在那裡，他可以自由發表自己的思想。他鼓吹寬容，指出一個利用肢刑架和火刑柱達到信仰一致的基督教會違反了耶穌福音的本質。培爾認為是時候把一切置於仔細審視之下，以斷定什麼應該保留，什麼應該丟棄。

一六九七年在阿姆斯特丹出版的《歷史批判辭典》是個大雜燴，除了包含一些神學和哲學概念的解釋外，還有一些小傳記、文本探究、奇怪故事，以及詳細得要命和常常帶有反諷性的註釋。他和他的出版商都沒有想過這樣的書竟然會成為暢銷書。多年下來，經過多次增訂再版，《歷史批判辭典》的篇幅最後膨脹到大約六百萬字。很少讀者能夠整部讀過一遍。不過翻開書的幾乎任何部分，你都可以找到驚世駭俗的言論。

培爾在每條條目設法清晰說明有關某一課題的基本事實，然後在註腳裡考慮任何質疑的主張或未解決的問題。和它們的重要性恰成正比的是，亞當和夏娃的條目各包含很多頁，但這些頁數大部分是註腳，這是因為在兩人傳記的細節上，很少事情經得起培爾的懷疑目光。他沒有採取明明白白的不相信的態度，而是仔細分離出一些他認為無法否認的核心真理。不錯，亞當是第一個人類，是上帝在創世的第六天用土創造。不錯，夏娃是亞當的妻子，是用亞當的肋骨創造。亞當曾經命名動物。他和他的配偶得到上帝祝福，被吩咐要生養眾多，並且被警告不可吃知識樹的果子。然後兩人違反了禁令，首先是夏娃違反，然後亞當也在妻子的唆使下違反。因為這種違逆，他們被趕出伊甸園。

培爾斷言，以上這些都是我們必須相信，因為有上帝的話為證。不過除此之外，其餘有關亞當和夏娃的說法都容許被質疑。他把一千多年來慢慢累積起來的各種傳說丟到垃圾堆裡。例如他指出，我們固然可以猜想亞當「容貌俊美，體格健壯」，但我們為什麼要相信他是個巨人或雌雄同體，或生而受到割禮，或相信他除了命名所有動物以外還命名所有植物，或相信他曾利用空閒時間寫了一本有關創世的書？上帝真有如某些註釋者所說的那樣，最初曾經給了亞當一條尾巴，但後來又改變主意，把尾巴切掉，用來造出夏娃？夏娃真的是那麼漂亮，讓撒旦愛上她和誘惑她嗎？夏娃真有折斷知識樹一根樹枝，用它不斷抽打丈夫，直到他答應吃禁果為止？還是說如有些人斷言的那樣，她本身就是那棵禁果樹？

培爾認為，亞當和夏娃明顯是在被驅逐出伊甸園之後才有性生活，因為到了那時候《聖經》才說亞當「認識了」妻子。但無數其他有關他們生活的猜測又是如何？第一對男女真的是要趕快圓房，以便教動物怎樣繁殖嗎？夏娃有和蛇睡覺，產下魔鬼嗎？她真是每年都懷孕，每次至少生下一子一女嗎？既然不斷懷孕，她是怎樣活到九百四十歲的高齡，比丈夫多活十年的？她真有創立過一個由誓守貞潔的年輕女子組成的修會，致力於保持從天上降至亞伯獻祭品上的火不滅嗎？

培爾認為大部分這些歷史悠久的主張都有可疑味道，十之八九是僧侶空想出來。懷疑它們任何之一都不是什麼特別新鮮的事，但是當許多疑點被累積起來之後，整個故事便顯得沒有那麼可信。亞當和夏娃某個女兒的名字也許不容易記住，但培爾從不同來源搜集來這些名字——卡瑪娜（Calmana）、阿絲魯姆（Azrum）、黛博拉（Delbora）、阿文娜（Awina）、阿祖拉（Azura）、莎瓦（Sava）等等——放在一個註腳裡。這馬上讓人想起，《聖經》完全不曾提到她們。培爾的挖苦很少是公開的（即使在寬容的阿姆斯特丹，他一樣有激烈的敵人），另外，他看來真誠地企圖維持自己的核心信仰。不過他卻很難把他的諷刺保持在安全範圍內。

不是每個人都覺得有趣。曾經幫助培爾逃亡到荷蘭的喀爾文派神學家朱里厄（Pierre Jurieu）極為憤慨，而憤慨的不只他一個。他也許能夠容忍培爾諷刺那些附加到亞當和夏娃故事上的誇張傳說，但培爾還思考了人類罪性的起源問題和上帝懲罰的合理性問題。《歷史批判辭典》對這些問題的回應在培爾敵人眼中是動搖了《聖經》的創世記載，也因此動搖了對上帝的信仰。

培爾在好些條目裡都質疑，如果世界一開始被創造得純真美善，那惡又怎麼有滲進來的餘地？正統神學家提供的傳統答案要不是可憐兮兮就是令人髮指。披著一層非常薄的薄紗，藉著想像一個異端會對神學家說什麼話，培爾把亞當和夏娃故事的概念困難抖了出來。

培爾想像中的異端這樣問道：一個全能又全善的上帝怎麼會讓祂心愛的受造物落入那樣悲慘的狀態？③一個真正仁慈的神不是應該樂於讓人類快樂和保存他們的快樂嗎？一個全知的創造者當然事先知道祂的創造物會墮落，也因此為後代帶來瘟疫、戰爭、饑荒和各種痛苦。這樣，祂豈不是等於明知有個人在得到利刃之後會殺死周遭幾千人，仍然提供他一把利刃嗎？難道祂不會防患於未然嗎？④

其他正統的論證沒有更勝一籌。對於上帝是選擇給他心愛的受造物自由意志這種說法，培爾指出，任何有愛心的父母都會防止小孩弄傷自己，不會在有危險威脅時袖手旁觀，更不會在災難發生後激烈懲罰小孩。你不需要是哲學家才能領會這一點，同樣的道理也不限於適用於父母和子女之間。一個普通的農民也會知道，防止一個陌生人跌落溝渠比讓他跌下去之後再救上來要有功德得多。⑤

培爾知道這些問題長久以來困擾著《創世記》故事的讀者。許多個世紀以來，很多解答被人提出來，但它們從來沒有成功擺平問題，而一般讓人噤聲的方法——教義宣示、煽動宗教狂熱、集體儀式和酷刑——並沒有帶來希望中的安靜。到了十七世紀，這些問題變得比以前更加倔強，原因是文藝復興讓亞當和夏娃看起來比從前任何時候更加栩栩如生。培爾引用了一句拉丁文詩句，其中講述一個天使看了杜勒的《人之墮落》後的反應：「你們比我把你們驅逐出伊甸園的時候更加漂亮。」

讓亞當和夏娃變得這樣活生生包含著危險。就像對密爾頓來說的那樣，對培爾而言，第一對男女扣人心弦的逼真會讓人注意到總是存在於他們的敘事裡的裂痕。這當然不是密爾頓想要的結果，十之八九也不是培爾想要的結果。但培爾想要什麼結果？不管怎樣，密爾頓自信他可以證明上帝對待人的方式有理，但培爾卻沒有類似的自信，而他也看見了自己作品所引起的憤怒。做為他所問的那些問題的一個結果，他讓自己的家人受到迫害、讓自己被迫流亡、讓本來的朋友和支持者變為激烈的敵人，也讓自己受精神崩潰所苦。雖然他完全有理由把他的懷疑藏在肚子裡，他卻做不到。在和伊甸園裡的惡的問題（problem of evil）經過激烈角力之後，他最終抵達什麼樣的立場？他認為他的最佳答案藏在《歷史批判辭典》的六百萬字中的一個註腳：「對於上帝為什麼容許人犯罪這個問題，最佳的自然答案是：**我不知道**。」⑥

站在那麼長距離之外的我們，很難領略藏在這句簡單句子裡面的深層指控和寫下它所需要的勇氣。雖然培爾的世界和我們的世界在很多方面都有相似之處——當時哥白尼已經把地球去中心化、培根已經為科學革命打好地基、伽利略和牛頓已經轉化了對天體的理解——亞當和夏娃的故事仍然必須本著虔誠的精神對待，否則就會有危險。在一個宗教的脈絡，受到信仰聲明的支撐，承認不確定是安全的；但在一個懷疑主義和世俗的脈絡，這樣做的風險要大得多。「最佳的自然答案」中的「自然」一詞是一個最小的保留，因為它承認不無可能存在著另一個可能的答案；一個超自然的答案。但培爾是哲學家，不是神學家，而不管有多危險，他個性中的一切都不容許他拋棄自己的理性，投靠教條。很多人想要禁止他發聲，但他繼續寫作，最後至少為寬容贏得一個小小的勝利：雖然他被革去教授職位，陷入貧窮，但在死亡找上他的時候（他一七〇六年死於鹿特丹，年五十九歲），他不是人在獄中而是臥在家中的床上。

一七五二年有一晚，在波茨坦王宮舉行的晚宴上，普魯士國王腓特烈大帝和他的客人們一時興起，商量要效法培爾，撰寫一本自己的辭典。大家同意馬上開工。第二天早上，只有一個客人在出席早餐時帶著一個條目樣本。他是哲學家伏爾泰（Voltaire），而他帶到早餐桌的樣本將會成為他花了十多年完成的《哲學辭典》（*Philosophical Dictionary*）的胚芽。伏爾泰是個不怕冒險的人，也從不隱瞞自己對宗教正統教義的鄙夷。不過，雖然比培爾晚生五十年又是全歐洲的名人，既擁有兩萬法郎的年收入又得到普魯士國王的保護，伏爾泰在接近伊甸園時仍然穿上保護衣。

第一版的《哲學辭典》以匿名方式於一七六四年出版。在論亞當的條目中，伏爾泰以大惑不解的語氣表示，有一件事真的有夠奇怪：在古代世界中，全人類祖先的名字只有猶太人知道，其他人一無所知。這是一個多麼讓人愉快的祕密啊！「上帝樂於向所有人隱瞞人類大家族祖先的名字，只讓家族中人數最少和最不幸的一群人知道。」

伏爾泰想像一個可憐的猶太人告訴羅馬元老院，他和他們是同一個叫亞當的祖先的後裔。元老院要求證據：巨大的紀念碑、石像或古代建築的銘文之類。但那猶太人當然沒有這樣的東西可以出示，所以受到元老們的取笑和鞭打。伏爾泰以冷面笑匠的筆法寫道：「那些執著於自己偏見的人就是這樣盲目。」然後，他又建議讀者想像一個基督徒前去慰問一個剛喪子的中國、日本或印度皇后，告訴她，她兒子正在地獄裡受到五百個魔鬼永遠折磨。悲傷的皇后問他，魔鬼為什麼會永遠烤炙她可憐的孩子，基督徒解釋說，那是因為該小孩的「曾祖父在一個花園裡吃了一顆知識果子。」

伏爾泰的口吻讓人聯想起培爾的諷刺，但現在他把諷刺磨利為一件殘忍的武器。為什麼有些嬰兒會死在母親的胸膛上？為什麼有些嬰兒要在死前受到幾個月甚至幾年的痛苦折磨？為什麼天花會帶走那麼多的生命？為什麼在每個時代，「人類的膀胱都那麼容易變成採石場」❶？為什麼會有瘟疫、戰爭和饑荒。這一切一直都以亞當和夏娃的故事來解釋。伏爾泰指出，宗教裁判所的一個大捍衛者巴拉莫（Luis de Páramo）把宗教裁判所的歷史追溯到伊甸園的時代：當上帝叫喚犯了錯的亞當時（「亞當，亞當，你在哪裡？」），祂就成了第一位宗教裁判官。

伏爾泰寫信給好朋友時，常常在結尾處寫上一句：「消滅敗類」（*Écrasez l'infâme*）。對他來說，亞當和夏娃的故事就居於最需要消滅的敗類的核心。這故事不只是荒謬的謊言，還為一些最可恨的人類行動和信仰提供了合理化的藉口。《聖經》的禁令——「不可吃知識樹上的果子」——非常奇怪：「很難想像曾經有一棵能教導善惡的樹存在，就像長著梨子和杏子的樹那樣。」但這還不是主要問題。主要問題在於：「為什麼上帝不願意讓人類認識善惡？難道得到了這種知識的人會更匹配上帝嗎？」難道上帝不是應該命令人多多吃這種果子嗎？為什麼基督教要供奉一個讚揚無知的故事？

因為無知或說蓄意禁錮人運用理性的能力可以支撐上帝是善良的信仰。促進這種信仰攸關一些有權勢的機構的利益，它們的代理人不惜一切把這種信仰灌輸給所有人，保證那些質疑他們的人必然會受到嚴厲懲罰。但全能造物者和神奇花園的故事一點兒都說不通。伏爾泰指出，當他環顧四周，他發現——

> 我們居住的世界是一個巨大的破壞場和殺戮場。「最高存有」（Supreme Being）要麼是有能力把它創造成能夠讓所有擁有感情的生物感到永遠快樂，要麼就是祂沒這個能力。

如果造物者能夠把世界創造成為一個快樂的地方但拒絕這樣做，那我們就可以認為亞當和夏娃故事中的上帝是一個兇惡上帝。但伏爾泰並不是要主張回歸摩尼教異端。相反地，他是想要讀者認為，上帝的能力有其限制。

伏爾泰知道發表這一類非正統的觀點是不安全的，所以他就像培爾一樣，穿上一片無花果葉：「我在這裡只是對哲學家說話，不是對神學家說話。我知道信仰是領導我們穿過迷宮的線索。」但他想要清楚表明，他的順服是偽裝。他在一段虛偽信仰聲明中補充說：「我們充分知

---

❶ 譯註：指得到結石。

道，亞當和夏娃的墮落、原罪、魔鬼的強大力量、『最高存有』對猶太民族的偏愛，還有以洗禮的儀式取代割禮，都是可以解決所有困難的答案。」

培爾在一六九五年的質疑在一七六四年變成了毫無遮掩的嘲諷。來自教會的壓力也許能強迫人們默然承認它的荒謬寓言為真，不過，只有未曾真正思考過亞當夏娃故事的人——也就是蠢才或狂熱份子——有可能相信它是真人實事。至於那些從這個故事中抽取出來的愚蠢教義，反映的是它們所服務的讓人掩鼻機構。伏爾泰指出，奧古斯丁是第一個發展出「原罪」這個古怪概念的人，而「這個概念恰好配得上一個一輩子自相矛盾的人：這個人一時放浪一時懺悔，一時是摩尼教徒一時是基督徒，一時寬容一時愛迫害人。」希伯來人雖然荒謬，但他們至少意識到把他們的起源故事當成真人實事的做法相當荒謬。「《創世記》的頭幾章——不管它們是在什麼時代寫成的——被所有博學的猶太人視為寓喻，而且認為它即使做為寓言故事還是有不小危險性。」

到了十八世紀晚期，寓喻詮釋法經歷了一次復興。經過啟蒙運動之後，《創世記》流露的許多矛盾和許多彆扭倫理問題讓人不再能安心地照字面去理解它。又或者說，文藝復興時代藝術和密爾頓偉大詩歌造就的栩栩如生亞當、夏娃已經開始把故事本身砸爛。在很多信徒看來（甚至在教會內部看來），維護亞當夏娃故事最有力的方式就是趕快從它的字面意義撤退。其他人則以比從前任何時候更激烈的方式堅持挖掘它那些未經紋飾和未經扭曲的真理。

就像常見的情形那樣，所有可能的立場都在新建立的美利堅合眾國被推到最極端。伏爾泰的《哲學辭典》受到傑佛遜的熱愛，他買來作者的一個胸像，放在蒙蒂塞洛（Monticello）家中。（傑佛遜也是培爾的大粉絲，在他開給國會圖書館的一百本基本藏書的書單中包含了《歷史批判辭典》。）與此同時，立場強硬的喀爾文派——他們是清教徒拓荒者的繼承人——繼續聲色俱厲地傳揚人類普遍受原罪污染之說。

亞當夏娃故事的字面真理被摩門教的創建人史密斯（Joseph Smith）帶到一個不同的方向。一八三八年，他率領追隨者去到今日密蘇里州堪薩斯市以北七十英里的地方，建立了一個稱為亞當—安帶—阿曼（Adam-ondi-Ahman）的聚落。⑦史密斯宣稱，亞當一度在亞當—安帶—阿曼住過。這個主張並沒有隨著史密斯被殺和他的追隨者被趕到更西邊而消失。二十世紀中葉，摩門教先知彭蓀（Ezra Taft Benson）——他在艾森豪總統任內曾任農業部長——重申此說。「這裡是伊甸園曾經所在之處。就是在這裡，亞當死前不久於亞當—安帶—阿曼遇到了一批大祭司，給予他們最後的祝福。他有一天將會回來，和他人民的領袖們聚頭。」

即使在有組織宗教的社群之外，很多美國人仍然強烈感覺他們的國土和伊甸園有著強烈關係。他們渴望的不只是找到亞當的古代足跡，還是在這裡面對面地遇到第一個人類，發現他對這個仍然天真未鑿的世界感到自如。一八三九年，愛默生（Ralph Waldo Emerson）在日記裡寫下他對一個新演講系列的構想時，想像自己是「花園裡的亞當」：「我準備要命名田野的所有野獸和天空的所有神明。我準備邀請人們浸透在時間裡以重新發現自己，以及走出時間之外品嚐他們本土的不朽空氣。」⑧同樣地，在他位於波士頓以西一座小湖邊的小屋裡，梭羅（Henry David Thoreau）夢想走出時間，找到回到初始狀態的路。他在一八五四年寫道：「說不定在亞當和夏娃被逐出伊甸園的那個春天的早晨，華爾騰湖便存在了。甚至在那時候，它便已被伴隨著輕霧和南風的輕柔春雨打亂，湖面上也已經覆蓋著無數的鴨和鵝——牠們一點都不知道人類被逐出樂園的事，在這片純淨的湖水中感到心滿意足。」⑨

在一八六〇年版的《草葉集》（*Leaves of Grass*）中，惠特曼（Walt Whitman）把業已見於愛默生和梭羅的亞當認同提高到一個新的高度：

> 亞當一清早走出林蔭，
> 因睡得很好，神采奕奕，
> 看著我吧，我正在走過，聽聽我吧，走近來吧，
> 碰碰我，用你的手掌碰我的身體。當我走過時，
> 不要害怕我的身體。

「不要害怕我的身體」：這句話同時從墮落前的伊甸園和一個擁擠城市的街道湧現。但要怎樣解釋這種毫不難為情的自我炫耀和對親密性的奇怪要求呢？叫我們用手掌摸他的那個人是什麼態度？他的態度就像是罪、污染和慚愧——太初不順服的悲慘結果——已經消失，隨之消失的

是初始天真無邪狀態和墮落後下賤可憐狀態的關鍵區分。同時消失了的還有太初的對偶：雖然他明顯並不孤單，但這是一個沒有夏娃的亞當。

在這裡，第一個人類幾乎是活生生。《草葉集》卷首有作者的生動版畫像（身穿工作服，頭上斜戴著帽子，表情大膽而直接），讓讀者從一開始就感受到惠特曼現身在他的詩歌裡。但如果說惠特曼看來是亞當的化身，以近乎具體可觸的方式讓他回復生命，那麼，那個讓亞當賴以誕生的聖經故事和它記載的罪與罰卻幾乎完全消失了。這就怪不得惠特曼的詩會受到譴責，被指為淫穢。儘管如此，《草葉集》迅速找到殷切的捍衛者，他們聽得出來它的聲音既我行我素又具代表性。到一八九一年出最後一版的時候，惠特曼已經受到廣泛讚揚：既是讚揚他的極高原創性，也是讚揚他對文評家路易士（R. W. B. Lewis）所謂的「美國的亞當」（American Adam）的忠實描寫。

幾乎就在惠特曼寫完《草葉集》的同一刻，他的同時代人馬克吐溫寫了〈亞當日記選輯〉（Extracts from Adam's Diary）。那是他一系列短篇小說之一，這些短篇有些有發表，有些沒有發表，看來是反映著他對《創世記》近乎一輩子的關注。二十多年前，他便曾在讓他成為著名幽默家的《傻瓜國外旅遊記》（*Innocents Abroad*）中拿耶路撒冷聖墓教堂的亞當墓開玩笑：

> 離鄉背井，遠別親友，在此異邦客地，居然發現一個血親的墳，怎不教人感動啊。不錯，確是一個遠親，但終究是個親戚。一見之下，出於天性，必然觸景生情。做兒女

那份孝意兜底翻起，就此悲從中來，再也按捺不住。我挨在柱子上，放聲大哭。

現在，在一八九二年的〈亞當日記選輯〉裡，馬克吐溫繼續取笑人們對真有亞當其人的輕信，透過把自己投射到亞當身上，想像住在時間的黎明是什麼感覺。第一篇日記寫道：

這個一頭長髮的新造物可真是麻煩，成天跟著我，在我周圍晃蕩。我不喜歡這樣，不喜歡旁邊有個另外的傢伙。我真希望她和別的動物們待在一起……今天多雲，颳起東風，看來我們要看到雨了……**我們**？我打哪學來這詞兒的？我想起來了：是那個新造物先用它的。

這是星期一的日記。亞當在星期二繼續抱怨：

我沒有機會命名任何動物。我沒來得及抗議，那個新造物就把出現的每隻動物給取了名字。而且她總是用同一個藉口：那動物**看起來**就是那個名字。譬如說渡渡鳥好了。她說你只要看一眼，便會看出牠是叫渡渡鳥。這樣一來，那隻鳥便不能不叫渡渡鳥了。為這樣的事煩惱讓我精疲力竭，也無濟於事。渡渡鳥！牠並不比我看上去更像一隻渡渡鳥。

培爾的焦慮和伏爾泰的憤怒在這裡被化為一笑。那些縈繞和折磨哲學家與神學家很多個世紀的問題——樂園中那個孤獨人物是怎樣變成一個「我們」？亞當和夏娃在多大的程度上分擔工作？何謂為動物「命名」？絕種物種在神學裡有著什麼地位？——都變成了笑話。

這些笑話消遣了亞當和夏娃的天真無邪，也消遣了許多世代以來被認為是世界起源精確無誤解釋的聖經故事。到了十九世紀之末，馬克吐溫已經能夠算準他的讀者會像他一樣覺得《創世記》的記載荒謬。亞當這樣抱怨夏娃：

> 她老是做些蠢事，包括研究被稱為獅子和老虎的動物怎麼會以花草為食。因為正如她說的，牠們長的那種牙齒看來是設計來讓牠們吃掉彼此。這是愚蠢的想法，因為互相吃掉就代表互相殺死對方，而那需要引入「死亡」這回事。就我所知，死亡還沒有進入伊甸園。

馬克吐溫沒有深入討論這一點。他在〈亞當日記〉和它的姊妹篇〈夏娃日記〉裡最感興趣的不是挖苦《聖經》，而是以幽默筆觸探討兩性關係的微妙之處。

但這種輕觸並沒能完全排除爭吵。一九〇六年出版的〈夏娃日記〉附有一幅亞當夏娃的插圖。雖然從我們的觀點看，插圖裡的男女相當端莊，但當時卻有至少一間圖書館——位於麻省伍斯特（Worcester）——的圖書館員覺得淫穢。不過，總的來說，讀者們對用搞笑手法對待伊甸園故事已經不再反感。

馬克吐溫深知讀者的界線何在，所以沒有在生前發表他曾就亞當和夏娃這個主題所寫的一切。在他身後出版的篇章中（即使到了那時候，他一個女兒起初仍然反對出版），有一個系列是設法進一步進入亞當和夏娃的意識，就像他們是置身於一個全新和完全不熟悉的世界，絞盡腦汁要搞懂一切。在這些篇章裡，柔情蜜意被見於培爾和伏爾泰的諷刺與憤怒取代。在其中一篇裡，夏娃回憶起她曾問丈夫一棵特別的樹的名稱，卻得到一個完全不能讓人滿意的答案，因為亞當對何謂「善」或「惡」毫無概念。❷「我們以前沒有聽過這兩個字，它們對我們來說完全沒有意義。」

當他們設法理解「死亡」這個新字的意義時，感到了同一種茫然的困擾。他們怎麼可能明白它？在這個重新想像中，並不需要蛇來引誘他們吃禁果。需要的只是他們的絕對天真無邪和無惡意的好奇心：

> 我們靜靜坐了一會兒，在腦中琢磨這個謎題。然後突然間，我看出怎樣可以找出答案，並驚訝於我們從一開始怎麼沒有想出這個辦法。那太簡單了！我跳了起來，說道：「我們真蠢！讓我們把果子吃了，那我們就會死掉，然後我們就會知道什麼叫死

亡，不必要再為這件事情傷腦。」

在馬克吐溫的這個重述裡，他們吃禁果的行為固然延遲了（他們因為看到了一種被他們稱為翼手龍的新生物而分了心），但他們的幽暗命運業已注定。

就像〈夏娃日記〉裡的渡渡鳥那樣，恐龍的出現讓整個伊甸園故事顯得荒謬，但這一次馬克吐溫沒有偏轉他的挖苦。在那裡，他清楚表明，這個故事有著什麼不可原諒的殘忍之處。在另一篇生前沒有出版的短篇中（內容是夏娃寫於被逐出伊甸園之後的日記），他把指控說得更露骨：

我們不可能知道不服從命令是錯的，因為那命令的用詞很奇怪，是我們所不明白。我們無法區分對與錯——我們怎麼可能區分？……我們不比我們這個四歲的小孩子多知道多少。難道我會對他說：「如果你碰這塊麵包，我就會讓你蒙受無法想像的災難，甚至讓你的身體成分分解。」而當他拿起麵包對我微笑，認為那不會有傷害時，難道我應該利用他的天真無邪，用他信賴的母親之手狠狠打擊他嗎？

❷譯註：《創世記》提到的知識樹的「全名」是善惡知識樹。

這些問題培爾在兩百年前已經用幾乎一樣的字眼問過，而它們表達的懷疑和憤怒可以向後一直回溯到兩千年前的「拿戈瑪第經集」。在奧古斯丁獲得教義勝利以來的許多個世紀，伊甸園故事的道德弔詭看來只讓人更想再確認它的真理性和探尋它潛藏著的意義。不過到了馬克吐溫的時代，按字面理解的方式已經斷然退流行。那個一直運用權力打壓挑戰的機構亦已經江河日下：麻省伍斯特公共圖書館和宗教裁判所的差距不可以道里計。如果馬克吐溫在生前出版他更激進的作品，他也許會失去一些讀者，但他斷然不會失去生命，甚至不會失去生計。

這種重大改變歸功於兩個多世紀以來，由培爾和伏爾泰以及他們勇敢推進的啟蒙運動所做的工作。不過它一樣可以歸功於科學發現。可做為這科學發現的代表的，是馬克吐溫想像裡那隻適時延後了人類墮落時間的生物：翼手龍。恐龍有助於摧毀伊甸園。

第14章

達爾文之疑

Darwin's Doubts

達爾文主義和相信上帝兩者並非不相容①，但斷然和相信亞當與夏娃不相容。一八七一年出版的《人類的由來》（*The Descent of Man*）完全不容許我們的物種有任何可能是源自兩個住在伊甸園的新造人類。早前，達爾文已經把他的演化論呈現在一八五九年的《物種起源》（*The Origin of Species*）。該書是為非專家而寫，具有巨大衝擊力，但它在討論眾多物種時刻意不談人類。所以，讀者在讀該書時，雖然有可能覺得物競天擇的科學原理可信，但仍然認為人類不受這種規範所有其他生物生存鬥爭的過程所支配。

在一八七一年之後，一件事變得再無疑問：達爾文本人就像他的追隨者那樣，相信憑著他耐心搜集的大量證據可以推論出人類一樣受到演化的支配。

樂園並沒有失去，它只是從不存在。人類的發源地不是一個和平的王國。他們從未享有過完全的健康和富足，不曾有過沒有競爭、痛苦和死亡的人生。無疑，有些時期食物比較充足，但這些時期不會無了期地持續下去。我們最遙遠的祖先必須和其他生物分享資源，而這些生物的需要就像他們一樣緊迫。危險極少遠離他們。即使他們成功抵擋大型掠食者，仍然要忍受軍蟻、腸道寄生蟲、牙痛、骨折和癌症。如果一切條件剛剛好，人類生活是可以異常甜美，不過達爾文所考察過的廣大空間顯示，沒有一個神奇的時間或地點能讓我們的所有需要都愉快地得到滿足。

做為一個物種，人類既不是獨一無二，也不是一次就被創造出來。除了在夢中和幻想中，我們不可能一出生就是成年人，能夠說話、照顧自己和繁殖後代。我們所演變而成的那種靈長類是經過一段極漫長時間，從已滅絕的人類種類演化出來，他們擁有很多和我們一樣的生理特徵：身體直挺，用兩條腿走路，手和腳在形狀和功能上有所不同，犬齒小，有一個下顎。這樣的事情是如何發生以及是在什麼時候發生，仍然存在相當大的爭論。②

有一些特點讓現代人類突出於其他動物，特別是語言、道德意識和運用理性的能力。但達爾文堅稱，即使是這些性質，它們和那些與我們有關的其他物種所擁有的性質只是程度上的不同，而不是種類上的不同。我們除了和靈長類（黑猩猩、大猩猩和紅毛猩猩）有著連續性，也和其他很多物種有著連續性。達爾文認為，要體認這種連續性並不需要對珍禽異獸的行為擁有專門知識，光是仔細觀察鳥類和狗一樣可以辦到。

達爾文起初沒有揭露自己發現的全幅意涵並不讓人驚訝。他自己家裡就有著一個可見證他的理論有多麼讓人困擾的人：他信仰虔誠的太太。在《人類的由來》的序言中，達爾文表示，他多年來都有寫人類起源問題的筆記，但「卻沒有出版的打算，反而決心不出版，因為我認為那只會增加反對我的觀點的偏見。」③《物種起源》的讀者總是可以自行推論出結論，但他不打算把這個結論寫成白紙黑字。

即使在他克服自己的保留、把研究結果公開之後，達爾文仍然小心翼翼，完全不去提《聖經》故事：創世的故事、伊甸園的故事和人類墮落的故事。他知道他的發現對這些故事特別有摧毀性。亞當和夏娃的名字完全沒有出現在《人類的由來》，但他的演化論處理的正是那些構成《創世記》寫作動機的問題：人類從何而來？為什麼我們必須辛勤勞動才能生存？慾望——

達爾文稱為「性選擇」的對特定個體或個體特徵的慾望——在物種的長期發展上扮演什麼形塑角色？為什麼我們必須受苦和死亡？特別是，達爾文和他的繼承者設法解釋人類對古老驅力、衝動和慾望的繼承。即使這些慾望明顯帶有危險性，即使它們會驅使我們表現出暴力、病態和自毀的行為，它們仍然極端難以被克服。情形就像我們的祖先透過某種隱藏的機制給我們傳遞了一組經驗、調適和選擇，以致我們的環境雖然已徹底改變，但它們仍然在我們裡面保持活躍。

做為這些非常有問題的遺產的繼承人，我們也許已經意識到其中一些最具傷害性的衝動，懂得疏遠它們。但這不總是能做到。我們一生中總是會有時候屈服於這些衝動，而且這些時候十之八九很多。我們所屈服的大部分都不是**習得**行為（*learned* behavior），而是與生俱來，先於我們在特定環境所形成的特定人格，也先於我們獲得運用理性的能力。我們的人格和文化環境會和這種遺產互動，而我們的理性也是可以奮力對抗最毀滅性的衝動，但它永遠無法完全被取消。我們對我們的行為負有責任（我們不是自動機器），但同時我們的自由卻又受到嚴格限制。

特別是在奧古斯丁之後，《創世記》的詮釋者把這些遺產理解為懲罰，是我們最早祖先犯罪的結果。但在達爾文看來，伊甸園並不存在。我們從古早祖先繼承的也不是神的懲罰，而是我們物種在數以十萬年計的時間裡成功適應環境的痕跡。所以，我們的性分工、我們對糖和動物脂肪的渴望、我們對火的駕馭、我們的細緻社會技巧、我們製造工具的能力、我們用語言和圖像表達的能力，全都有助於我們在一個嚴酷危險的環境中生存。

《聖經》把人類必須不間斷工作以求生存理解為一種懲罰，達爾文則把它理解為一種必要的成就。《創世記》的作者把女性生育時經歷的痛苦視為夏娃受到的詛咒之一，演化生物學則視之為一種成功的生物學交易，也就是說，那是我們為了結合一種雙腳行走生物的最大尺寸盆骨，和一個能夠發展出異常大的大腦的最小尺寸新生兒頭顱骨所付出的代價。身體直立讓我們可以掃視大草原，更容易尋找食物，以及讓我們空出手來投擲投射物。擁有一個大的大腦讓我們可以發展出一系列我們生存和繁榮必須仰賴的技巧，使我們不會因為力氣較小、缺乏尖牙利爪和沒有厚皮膚而落入不利處境。對達爾文來說，這些人類特徵不是原罪帶來的懲罰，而是隨機突變帶來的禮物和在時間長河中習得的技巧。

這個演化過程所需要的世代數目與《聖經》的記載不符，卻呼應了一個古代異教徒的人類起源理論❶。④達爾文對這理論肯定有所知（他祖父深受其影響），但小心地不在《人類的由來》中提起。根據該理論，人類不是一次就誕生在一個專為人而設的樂園裡，而是源於原始的生存競爭。

《創世記》把最早期的人類生活看得又輕鬆又有秩序。就連禁果的存在也讓人安心，因為

---

❶譯註：指盧克萊修在《物性論》提出的人類起源理論。

那表示世界有法律和一個立法者。不過，達爾文搜集的龐大資料和他的理論證明了異教徒[2]的直覺，那就是：我們最早的祖先並沒有上帝的指引、他們物種的存續並沒有得到保證、沒有上帝頒布的法律，也沒有與生俱來的秩序意識、道德意識和正義意識。就我們所知的社會生活——一個由規則、共識和相互理解交織而成的綿密網絡——並不是現成事物，而是一種漸進的成就。

在《物性論》（*On the Nature of Things*）中，盧克萊修讚嘆最早期人類適應嚴苛自然環境的方式，指出在這個適應過程中，人類也改變了自身的本性。他認為，如果我們不是學會改變我們最粗糙的本能、發展出有保護作用的技術和形成社會紐帶，我們的物種就不會存在那麼長久。用獸皮做成衣服、建造小屋和學會用火弱化了我們祖先的體格（「人類就是那時候開始失去他們的強悍：習慣用火給發抖的身體取暖讓他們較不能忍受露天的寒冷」），與此同時，卻能夠讓他們開始生活在一起、養育後代和保護人群中的較弱成員。這是人類社會的草創階段，在其中，發展出我們關鍵性的物種特徵，也就是說話的能力。

這種能力和某個人有創造語言和把它加諸世人的本領無關。就像他讀過伊甸園神話似的，盧克萊修斷然指出：「認為在最早時期有哪個人為事物命名而人們也是從他學會第一批字眼，這種假設是荒謬的。」我們的語言能力雖然讓人動容，但這種能力和動物用各種聲音表意的能力存在著連續性。種馬發情時的嘶鳴聲不同於牠害怕時發出的嗚咽聲；鳥類會隨氣候的不同改變他們的啁啾聲；憤怒的看門狗會咆哮，但「當牠們用撫愛的舌頭去舔吻牠們的小犬或用腳掌把小犬拋著玩，用口輕輕咬牠們假裝吞牠們的時候，所發出的叫吠聲非常不同於牠們被單獨留在屋子裡的吠聲。」

盧克萊修對自然世界的觀察結果和達爾文從搜集來的大量材料所看到者非常相似：隨機突變、不停的生存鬥爭、無數的滅絕、人和動物十分相似、緩慢的認知成長、在漫長得無法想像的時間裡所展開的毫無目的的歷史過程。拜達爾文和其盟友的不倦研究，這些觀念不再像是過時的哲學思辨，開始獲得了科學真理的地位。隨著它們的挺進，一度活生生得近乎伸手可觸的亞當和夏娃後撤到最不穩固的白日夢裡。

相當引人好奇的是，白堊在這段歷史中扮演著一個關鍵角色。能讓達爾文有關人類起源的理論顯得完全可信，也讓他不像提出類似觀念的盧克萊修那樣飽受嘲笑的原因，是地質學上的進步：這進步讓人們意識到地球的年紀無比古老，也因此讓演化有了一個可以進行無數實驗的時間縱深。對英國地質學家萊爾（Charles Lyell）等人來說，多佛的著名白色懸崖（White Cliffs）可以做為主要證據：它柔軟和多孔的白色岩石是經歷數以千萬年的沉降形成。⑤仔細檢視這片懸崖的形狀，檢視它賴以構成的白堊、燧石和石灰泥，和檢視在它裡面找到的化石，會導致一個無可避免和非常讓人不安的結論：它們是一些地質學事件——沉降、位移、隆起和斷裂——的

❷譯註：指盧克萊修。

結果，而這些地質學事件大部分都發生在所謂的始新世，也就是五六〇〇萬到三三九〇萬年前。

萊爾在一八三〇年代力主，在地球無比漫長的歷史中，沒有任何進步的跡象、沒有神意的跡象，也沒有任何地質學證據可顯示曾有過一場摧毀所有生物的全球性大洪水。那些在最遙遠古代起作用的過程如今還在作用之中。地質改變的整體比率總是相同。

萊爾是虔誠基督徒，總是想辦法調和自己的信仰和自己的科學發現。但這極為困難。現在，上帝用六天創造了世界和曾經有伊甸園存在之說都難以維持。從十六世紀出現種種科學發現開始，要守住《聖經》的立場便相當不容易。哥白尼取消了地球做為宇宙中心的地位，望遠鏡發現了無數星群的存在，醫學解剖揭露了人體的內部運作，顯微鏡透露出物質的幽深處。把這些發現的每一項調和於傳統的教義都花費極大氣力。

但地質學對信徒來說是夢魘。化石（例如在遠離大海處找到的貝殼和不屬於任何已知動物的骨頭）長久以來都是個謎題⑥，不過它們一直被解釋為大自然的「變種」（sports），或是被挪亞的洪水沖到山頂或沙漠，又或是出自《聖經》提到那段有巨人在世上行走的日子，甚至被認為是最早人類的巨大遺骸。十六世紀法國數學家昂里翁（Denis Henrion）根據骨頭化石估計，亞當身高一二三英尺九英寸，夏娃身高一一八英尺九英寸。⑦不過，十八和十九世紀地質學對「深不可測時間」（deep time）的發現讓這些解釋變得荒謬。

一八五七年，傑出的英國博物學家高斯（Philip Gosse）——他是第一個海水水族箱的發明者——出版了一本名為《翁法洛斯》（*Omphalos*）的書（「翁法洛斯」是希臘文，意指「肚臍」）。高斯是個基本教義派的俗家傳道人和聖經老師，讀過萊爾的《地質學原理》（*Principles of Geology*）之後深感不安，因為此書讓《聖經》的時間架構顯得幼稚。當然，你總是可以把這時間架構詮釋為象徵，把《創世記》的每一「天」說成代表一段長得多的時間。但高斯明白這種寓喻取向的危險。所以，他矢志（就像今日的基本教義派仍然矢志的那樣）對《聖經》採取那種由奧古斯丁所首倡的字面理解法。

《翁法洛斯》的副書名是「解開地質學之結的一個嘗試」，換言之，它承認地質記錄的力量，與此同時堅守信仰的立場。他的解決辦法很簡單，在他自己看來也很有巧思。他指出，所有生物都內建有牠們的發展和歷史的表徵：一棵樹的年輪、構成貝殼的碳酸鈣沉澱物和一條魚的交疊魚鱗皆屬此類。這些表徵可以在一物種最年幼的成員身上找到，也斷然可以在人類身上找到。

然後高斯把目光望向「我們第一個祖先剛被造出來時候的樣子」。⑧為了正確喚起亞當的形象，把亞當區別於所有其他動物，他引用了密爾頓的詩句：

昂然挺立，模樣特別高貴，
儼然是神，渾身有天生的光華，
赤身露體卻莊嚴，猶似是萬物主宰。

高斯細細打量這個第一個人類，詳細描述了他所看見的，寫出一份他所謂的生理學報告。這個人類顯然是人類的一個上好樣本。他的特徵——完美的齒列、絡腮鬍、深沉的聲音、突出的喉頭——全都透露出他的年齡介乎二十五歲至三十歲之間。不過，雖然我們可以從《聖經》不會有誤的話中推論出，上帝是把亞當創造為一個成年人而不是一個嬰兒，高斯卻注意到這個亞當有什麼奇怪的地方：「在他腹部中間凹陷處那個奇怪的螺紋狀扭結是什麼東西？」對此，高斯自己喜氣洋洋地回答：「是肚臍。」

亞當必然有一個肚臍，不然他看起來就會不對勁。所有偉大的畫家——包括艾克、米開朗基羅和拉斐爾等等——都把他刻劃成為有一個肚臍的形象。肚臍當然是一個過去的表徵，一個和母親聯繫的表徵。但亞當沒有母親。換言之，上帝是把亞當創造成為有一個明明沒有歷史卻帶有歷史痕跡的人。現在，高斯就像那些證明了自己主張的律師那樣宣布：我們現在終於可以理解地質學家研究的那些化石、那些巨大的沉積層、那些古代大變動的標誌和那些緩慢形成的冰川轉化。地質學家的發現某個意義下完全正確，他們只是未能領會，這些證據乃是上帝在創造世界的第一天所佈置。

可憐的高斯。他的書讓他一生都受到奚落和鄙視。就像維多利亞時代作家金斯萊（Charles Kingsley）所說的，他的同時代人斷然不打算相信「上帝曾在岩石上給全人類寫下一個巨大和膚淺的謊言。」肚臍無法為垂死的亞當和夏娃提供續命靈丹。

《翁法洛斯》的潰敗才兩年後，達爾文便出版了《物種起源》。當時達爾文五十歲，但

《物種起源》已經醞釀了很長時間，至少可追溯至他以博物學家身分隨皇家軍艦「小獵犬號」周遊世界近五年返航後的二十六歲那年。達爾文為此行帶了很多書，其中包括《失樂園》，但對他影響最深遠的一本卻是萊爾的《地質學原理》——那是船長費茲羅伊（Robert FitzRoy）啟航前送給他的。首先是在維德角群島（Cape Verde islands），然後是在南美洲的海岸和內陸，達爾文反覆看到很多可以證實萊爾主要論點的證據，開始熱烈搜集化石和岩石樣本。

讓達爾文備感震驚的不只是地球的無比古老，也因此地質學變化是以一種緩慢得近乎不能想像的步伐發生。他還意識到，生物物種一樣未能自外於同一種緩慢的變化過程。要追溯這些變化極端困難，因為相關的證據捉摸不定、破碎和謎樣。達爾文寫道：「借用萊爾的比喻來說，當我望向自然的地質記錄，我看到的是記錄得極不完整的世界歷史，而且是用變化不一的方言寫成。」在這部巨大的歷史中只有最後一卷留存下來，而在這一卷中，又「只有這裡或那裡保存一短章，每一頁只有寥寥幾行字。」⑨即使如此，留存下來的記錄已經足夠讓人不可能相信上帝曾在「太初」一次就創造出世界所有物種。

甚至在踏足加拉巴哥群島（Galápagos Islands）和遇到那些將會讓他想出物競天擇理論的證據之前，達爾文已經經歷過思想衝擊。當時「小獵犬號」要把對上一次探險航程中捉到三名火地島土人從英國帶回家。船員稱三人為巴頓（Jemmy Button）、巴斯克特（Fuegia Basket）和明斯特（York Minster）。他們穿著英國服裝，名義上接受了基督信仰，在海上的幾個月成為船員熟悉的同伴。當達爾文看書看累了，想讓眼睛休息時，想必會反覆打量他們。他和他們聊天（巴頓又矮又胖又開朗，是每個人的開心果），知道了一些他們在英國受到接待的情況：在那裡，他們被當成名人看待，受到英王威廉四世和皇后阿德萊德（Adelaide）的接見。他們活生生地證明了即使是最原始的人類，一樣有很大的可塑性。

看到三名火地島人的族人雅加人（Yaghan people）時，年輕的達爾文深受衝擊，多年後仍記得這一幕帶給他的震撼：

我永遠忘不了第一次在一處荒涼、碎亂海岸上看見一群火地島人時的驚訝，因為當時一個想法立刻出現心頭：我們的祖先就是這個樣子！他們完全赤裸，塗滿顏料，長頭髮糾結在一起，嘴巴因為興奮而冒著泡沫，表情狂野、驚恐和充滿不信任。他們沒有什麼技術，像野獸一樣能捉住什麼就以什麼為食。他們也沒有任何組織，對於他們小部落以外的人絕對無情。

「我們的祖先就是這個樣子。」

因為在英國生活了三年，回到族人中間的巴頓起初看來茫然和對自己的族人引以為恥。但經過幾星期之後（期間英國人在島上探索、繪製地圖和收集樣本），他明顯已經再次融入他的原生世界。在「小獵犬號」將要起航前，達爾文遇到他最後一次，對他的變化大感驚訝。「我們曾經讓他又胖、又乾淨又衣冠楚楚」，現在他卻變成「一個又瘦又枯槁的野蠻人，頭髮又長又凌亂，除腰間掛一小塊布之外全身赤條條。」看見他這個樣子，船長費茲羅伊為之心痛，答應可以把他帶回英國。巴頓拒絕了。當天晚上，達爾文和其他人看見了那個讓巴頓決定留下來的理由：「他年輕又好看的妻子。」

有很多年，達爾文不容許自己公開說明這個經歷的全部意涵。《人類的由來》要在他見過火地島人的四十年後才出版。但他一遇到他們就備受縈繞，強化了他把演化論的全部邏輯意涵推演出來的決心。他得到的結論——我們是源自猿似的祖先——廣被認為是對人類尊嚴的一個丟臉羞辱。幾千年來，人類都告訴自己，他們是一對完美男女的後人。這對男女是上帝所造，曾經平平靜靜地住在人間天堂。墮落固然是把罪和死引入了世界，但我們卻被容許夢想最終恢復我們失落的完美，以我們光輝燦爛的世系自豪。但達爾文在巴塔哥尼亞看見的東西讓他不傾向於執著這種起源自豪感和不羞愧於承認自己的實際祖先。他寫道：「誰要是在自己的本土看過一個野蠻人，那麼，如果他被迫承認自己身上流著某種低等生物的血，他是不會太感到羞慚的。」

批評達爾文的人稱他為「猴子人」（Monkey Man），痛斥他破壞我們祖先的名譽。但是達爾文不為所動：

> 就我自己來說，我寧願是那隻英勇小猴的後代，牠可以為了保護自己的養育者而同最可怕的敵人死戰；或是那隻老狒狒的後代，牠可以從山上飛快下來，從一群吃驚的狗

當中把牠年輕的同伴勝利地救走。我寧願是牠倆而不願做一個野蠻人的後代，因為他以折磨敵人為樂，殺嬰而不心痛，待妻子猶如奴隸，沒有一絲良善，腦子裡面布滿了最粗野的迷信。

這個回應的遺產——一方面是大膽堅持人類有著靈長祖先的血緣，一方面是稟持根深柢固的維多利亞時代信仰，認定人類文化有高低等級之分——自此縈繞著演化生物學家。

亞當和夏娃的衰落標誌著轉向一個不同的人類起源概念——至少在幾乎整個科學社群之中是如此。這個概念對一整個思想結構提出質疑，而這個結構是奠基於賦予《創世記》人物真人般栩栩如生的集體方案。但堅信亞當和夏娃為真實人物並不僅意味著對一個名譽掃地虛構的返祖性執著。亞當和夏娃的故事是非常漫長和複雜的創造性努力的沉澱物，千年來，其所有意涵幾由覺得它激勵思想和有道德教益的人挖掘出來。在這樣做的時候，他們是受到有大創造力的藝術家和思想家指引，這些藝術家和思想家投注了大量心血在亞當和夏娃的形象上。反觀對露西和我們其他人科祖先的敘述卻是近期的、朦朧的和原始的。這個敘述湊巧為真這一點並沒有讓它變得適於思考（good to think with）。正好相反，它的困難性、它的不確定性、它對敘事一貫性的抗拒，都讓它成為了我們時代的一大挑戰。

這種困難性從一開始就很明顯，也因此導致了反覆有人嘗試把某種情節（plot）外加在達爾文主義。有些追隨者想像物競天擇是一種朝向越來越高生活形式的進步，至我們的物種而達於高峰。這樣子，演化只是重新確認了上帝在《創世記》裡賜給人的支配地位。其他人則利用史賓賽（Herbert Spencer）對物競天擇的著名定義「最適者生存」為資本主義經濟的自由市場競爭背書。還有些人——由達爾文的表弟高爾頓（Francis Galton）領導——在演化論中看見了優生學的正當性，企圖要透過除去「令人討厭的人」（undesirable），讓人類邁向完美。這種邪惡的勾當後來借助德國生物學家海克爾（Ernst Haeckel）有關人種和演化的觀點，由納粹發揚光大。

所有這些主張都是對達爾文的一種背叛，也是對他搜集到的大量科學證據的一種致命扭曲。演化中沒有進步，沒有朝向完美的邁進。演化論中的「適合」（fitness）概念——「最適者生存」（survival of the fittest）一語從其衍生——與競爭無關，更加與任何特定的經濟制度或戰爭無關。基因學業已摧毀了「人種」的概念，使其不能成為一種演化原則。

不過在演化中找出一個敘事（narrative）的企圖——不管該敘事有多麼扭曲證據——很大部分都是達爾文的理論缺乏一個情節（plot）或一個美學形狀（aesthetic shape）的結果。他在老年曾經沉思發生在他身上的事情。在寫給兒女的簡要自傳中，他回憶說：

> 到三十歲或三十多歲為止，很多種詩歌——例如密爾頓、拜倫、華茲華斯、柯立芝和雪萊的作品——都帶給我極大的愉悅。還在念中學的時候，我已經能夠從莎士比亞的

這些達爾文從小就熟悉的作者，是他坐「小獵犬號」從事環球之旅時的主要夥伴。密爾頓特別與他同在：不管是他向巴頓說再見、在南美洲石灰石懸崖挖掘化石，還是給加拉巴哥雀鳥測量鳥喙時，密爾頓都是親密的臨在。

不過，雖然他的想像力也許曾經受到《失樂園》和《亨利四世》的形塑，但他在「小獵犬號」橫渡太平洋時開始緩慢發展的理論最終改變了他心靈宇宙裡的一切。他反省說：「已經有很多年，我讀不完一行詩。我最近試過閱讀莎士比亞，只覺得它無比沉悶，讓我厭惡。」

達爾文並沒有以這種厭惡感到自豪，也不鼓勵子女效法。「失去這些品味即是失去快樂，有可能會損及智力，也十之八九會損及道德品格。」他努力了解自己為什麼會變成這個樣子。他相信，事情跟他是一個科學家有關，跟他幾十年來不停搜集證據和評估它們的意義有關。「我的思維似乎已變成了機器，從一大堆搜集來的事實碾磨出一般定律，但這為什麼會導致大腦掌管較高層次品味的那個部分萎縮，我琢磨不透。」

我對困擾達爾文的事情沒有解答，但這個問題讓我們回到亞當和夏娃故事的持續生命。今日，對包括我在內的很多人來說，這故事只是一個神話。它漫長和糾結的歷史——從一個遠古的猜測變為教條，再變為字面真理，再變為活生生，再變為有限之軀，再變為冒牌貨——最後以做為虛構告終。啟蒙運動已經完成任務，而我們對人類起源的了解已經擺脫了一度強大的幻覺的箝制。赤裸的男女、有奇怪樹木的花園和會說話的蛇，已經回到它們本來所從出的想像領域。但這種回歸並沒有摧毀它們的迷人之處或讓它們變得毫無價值。事實上，沒有它們，我們的存在將會失色。它們仍然是思考天真無邪、誘惑、道德抉擇、工作、性愛和死亡的有力方式，甚至是不可少的方式。它們同時是人類責任和人類脆弱性的令人難忘的體現。它們以異乎尋常的生動道出刻意選擇知識而不服從最高權威的可能性，又或者是道出被誘騙而做出會導致災難性後果的愚蠢抉擇的可能性。它們保留著失落的至福有朝一日可以復得的夢想。它們有著文學的生命——有著文學的古怪、濃烈和魔幻真實。

後記　在伊甸園的森林裡

在一個又熱又潮濕的二月天早上，我們三個人——演化生物學家梅利莎·湯普森（Melissa Emery Thompson）、田野助理約翰·森迪（John Sunday）和我——為了尋找住在烏干達基巴萊（Kibale）國家公園這個部分的黑猩猩，已經走了快一小時。約翰指出，我們田野工作站——「基巴萊黑猩猩方案」（Kibale Chimpanzee Project）——的研究人員昨天晚上在附近看見黑猩猩，所以我們幾乎肯定可以找到牠們。本地的黑猩猩被稱為「坎亞瓦拉群體」（Kanyawara group），是按照該地區最近的一個村莊命名。這個黑猩猩群不會像野外的猿類般那樣躲避我們。一支由演化生物學家蘭姆（Richard Wrangham）領導的科學家團隊密集觀察了牠們近三十年。蘭姆告訴我，最初幾星期幾乎完全看不見牠們，要過了幾個月，他才開始為牠們取名字，然後要過了四年，牠們才從容自在地任由科學家在附近觀察。不過經歷了那麼漫長的時間，他們現在已經變得非常習慣人類出現在附近。

我抬頭往樹頂搜索牠們，卻看不見任何蹤跡。巨大和濃密的樹木讓我難於看清任何東西。

滴落眼睛的汗水只讓情況更加糟糕。不管怎樣，黑猩猩都是居無定所。不管是為了尋找新的食物來源、避開悄悄逼近的掠食者，或是和另一群有敵意的黑猩猩保持距離，牠們每天晚上都會落腳在不同的地方。找到牠們變成了每天的挑戰。

我們往森林裡走得更深，撥開藤蔓、帶刺的荊棘和絞殺榕（strangler fig）的長長氣根——這些奇怪的附生植物會從上而下纏繞著它們寄生的樹木，最終殺死宿主，以宿主做為養分，幫助自己繁榮生長。我們小心翼翼跨過一隊隊移動中的軍蟻。一隻小青蛙——顏色和牠踩著的葉子一模一樣——向外跳開。看來微微發光的樹幹覆蓋著數以百計的毛毛蟲。漂亮得驚人的蝴蝶在空氣中飛舞，就像有人從天空上撒下一把舊法國鈔票。但仍然沒有黑猩猩。

我的背開始痠痛。就在我有點灰心的時候，約翰突然停住腳步。他聽到了什麼聲音，抬頭望去，並指了一指。「你有看見嗎？」他問。起初，我就像哈姆雷特看不見鬼魂的母親那樣，說「我什麼都沒看見，能看見的都看見了。」然後，我開始在樹木高處看到兩個黑色的身影，接著在一棵鄰近的樹木再看見兩個身影。牠們的體型都很大，踩著的樹枝卻十分纖細，讓人心驚。不過牠們對自己的安全充滿自信，讓我聯想到馬戲團裡不畏高的空中飛人。牠們其中一隻漫不經心地從一根樹枝盪到另一根樹枝，讓我瞥見了牠的粉紅色屁股。

我繼續凝視，只勉強看得見黑猩猩按部就班從樹上採摘的果子。牠們不慌不忙。其中一隻輕微移動，讓我看出本來以為是牠背上的一團毛，原來是攀附在牠身上的小嬰兒。沒有其他事情發生。這裡沒有歷史，沒有事件，沒有冒險，除非把牠們懶洋洋嚼果子的行為視為冒險。我想這就是天堂的樣子：沒有固定的住處，沒有累人的勞動，沒有種植或開墾，以及（在牠們所在的那個眩目高處）沒有掠食者和恐懼。我瞥見了那個古代的夢想的一部分：「園中各樣樹上的果子，你可以隨意吃。」❶

我前來烏干達，是為了追逐這個夢想，或者說是為了在現在被認為是我們物種的確實起源裡找到聖經故事的一些痕跡。另外，我想儘可能讓我們現代的、科學的起源故事栩栩如生。當然，我們並不是直接從黑猩猩演化而來。由於我們和黑猩猩的血統是幾百萬年前從演化生物學家所謂的「最後共同祖先」分化開來，黑猩猩不是我們的祖先，而是我們的堂表兄弟。不過很多科學家相信，牠們在體型上和社會生活上要比我們更接近「最後共同祖先」。①這部分是因為牠們繼續生活在同樣的森林環境。

相反地，我們人族（hominins）卻是離開了森林，去了大草原覓食。在一個巨大的演化賭博中，我們放棄了住在讓人眩目高處的神奇力量。在幾百萬年的諸多實驗中，有不同的人類物種誕生然後滅絕。在由物競天擇設定的超緩慢腳步中，我們慢慢失去了我們的巨大肌力、指背行走（knuckle-walking）和大型犬齒。取而代之的是，我們發展出了雙足行走和奔跑的能力，又把我們大腦的尺寸擴展到女性骨盆所能容納的程度。經過一段浩瀚的時間之後，我們駕馭了火，加強了彼此合作的能力，並且發明了語言。這些驚人的改變固然是我們的大成就，但也是一種從悠閒的樹頂「墮落」到地上之後的不得不然。受到可怕掠食者的包圍，我們逐漸靠著我們優越的智力打開出路，成為支配性物種，從獵物搖身一變而成為了最強大的掠食者。

現在，主要是拜我們之賜，黑猩猩成為了一種瀕危物種。如今還有大約十五萬隻黑猩猩存活在野外，而除非採取激烈措施，否則牠們將會進一步萎縮，到最後只存在於動物園或醫學研究機構。不過，暫時，在一些地方，我們仍然可能觀察牠們赤裸裸生活的樣子，從而一窺我們在成為有智慧的人族——智人種（*Homo sapiens*）——之前的樣子。

「基巴萊黑猩猩方案」的科學家為每一隻黑猩猩取了名字，而且幾乎立刻就可以認出牠們誰是誰。他們評估牠們的個性、監測牠們的健康狀況和追蹤牠們的命運。「那是埃斯洛姆（Eslom）。」梅利莎指著我們頭上其中一個影子說。「有粉紅色屁股那個是巴布絲（Bubbles），她帶著她小孩巴蘇塔（Basuta）。」幾隻黑猩猩開始從高處往下盪。黑猩猩社會有著強烈階級之分，二十來歲的埃斯洛姆是目前的老大，在這群大約五十隻雌、雄和幼黑猩猩中是無可置疑的領袖。

約翰告訴我，埃斯洛姆的人生是一個重大的逆轉勝。牠媽媽是個外來者，來自鄰近的一個北部黑猩猩社群。黑猩猩社會大多是從夫居，雄性會留在本群體，雌性一般會冒險遷移到一個新群體——不這樣安排的話，牠們的小群體很快就會因為過度近親交配而導致基因不良。她的賭博成功了：去到其他群體的母黑猩猩通常都會受到虐待（特別是受到其他雌性的虐待），但

❶ 譯註：《創世記》中上帝對亞當說的話。

她卻在欺負和毒打下活了下來。這大概是因為她到達時正值發情，性器官四周的皮膚變成粉紅色和腫脹起來。研究人員猜測，這種腫脹可以起到護照的作用，讓牠產生誘惑力，從而得到一隻或以上公黑猩猩的保護。

多年下來，她生了三個小孩，其中之一是埃斯洛姆。不過後來她死了，另外兩個小孩也死了，只剩下年幼的埃斯洛姆，他在群體中無人保護，是個地位非常低下的孤兒。不過埃斯洛姆證明自己精通所有有必要精通的事情。他靈活而機警，是社群中最優秀的獵手之一，非常擅長獵殺黑猩猩愛吃的紅疣猴。他很快搞懂複雜的社會系統，知道自己應該和誰結盟，以及在什麼時候變換盟友。隨著長大和成熟，埃斯洛姆成為了所謂「炫耀」的能手，也就是站直身體，拱起肩膀，豎起毛髮，讓自己看起來更大塊頭和讓人望而生畏。強有力的手臂能折斷三根樹枝或投擲岩石，然後用讓人目眩的速度追趕一個對手，把對方趕走或掌摑對方。反覆使用這種手段，他的地位逐漸攀升。

後來黑猩猩老大死去，出現了權力真空。經過一段長時間之後，埃斯洛姆一一收拾了每一隻位階較高的公黑猩猩，最後只剩蘭祖（Lanjo）一個對手。透過分析尿液和糞便樣本，科學家知道埃斯洛姆和蘭祖的父親都是約翰尼（Johnny）。但約翰尼已經死了，而且不管怎樣，公黑猩猩都無從知道自己父親是誰。兩個對手完全不知道彼此是兄弟，但即使知道對牠們來說也毫無差別。

因為有母親、兄弟和其他盟友支持，蘭祖看起來更有機會當上黑猩猩老大。不過當埃斯洛姆成功將自己的巨大獠牙咬進蘭祖的脖子，讓他痛得尖叫和竄上一棵樹之後，王位之爭終於結束。群中的黑猩猩不分雌雄向埃斯洛姆行順服之禮——稱為「喘哼」（pant-grunts）。任何不順服的黑猩猩都有可能被憤怒的老大或他的前對手（現在是老二）掌摑或痛毆。

不過當黑猩猩從樹上下到地面之後，我看見的不是權力的炫耀，而是相互慰藉。那是一幅集體寧靜的伊甸園畫面，就像是第一對人類男女在被趕出樂園之前業已生養眾多。八或十隻黑猩猩分為一對對，互相為對方尋找毛皮裡的昆蟲、髒土和傷口，察看彼此的耳孔，溫柔地相互抓撓和撫摸。讓科學家大為好奇的是，基巴萊這裡的黑猩猩發展出獨特的理毛技巧：兩隻黑猩猩各舉起一根長臂，然後兩隻手互握，雙方用剩下的一隻手為對方理毛。這種理毛方式非常與別不同，而且會由一代傳給下一代，以致有些科學家認為這是黑猩猩擁有文化的證據。②

這群有文化的黑猩猩留在地面的時間很長，長得足以讓我知道牠們每一隻的名字。三十快四十歲的烏坦芭（Outamba）是最多產的母親，有六個孩子和一個孫子，而且已經再次懷孕。幾個子女輪流為她理毛。另一隻母黑猩猩的十八個月大女兒史戴拉（Stella）明顯過動，無法安靜下來一分鐘，老是爬到媽媽或別人身上，像溜滑梯那樣從牠們身側滑下來，不然就是撒葉子或折下小樹枝來揮舞。我本來以為她一定會挨巴掌，但成年的黑猩猩卻對她的瘋瘋癲癲異常寬容。公黑猩猩布德（Bud）在舔自己的傷口。他的傷口是一個敵對的黑猩猩群體造成，當時牠幸運逃脫，否則有可能會被扯掉睪丸或被活活打死。塊頭比埃斯洛姆大不少的公猩猩大布朗（Big Brown）靜靜坐在一旁，嚼一根莖裡面的髓。他五十來歲，對野外的黑猩猩來說算很老，所以掉到了一個很低的地位，必須要對幾乎每一隻成年公黑猩猩喘哼。他很多年前曾經是老大，但他的統治特徵之一是常常揍母猩猩。埃斯洛姆偶爾也會揍母猩猩（這是雄性黑猩猩的調調），但每當他捉到一隻猴子，總是會首先和母猩猩分享，也因此贏得他們的忠誠。

埃斯洛姆不像群中其他黑猩猩那般放鬆。他留意著巴布絲，後者的屁股非常腫脹。巴布絲五十來歲，比二十二歲的埃斯洛姆老上好些，但她正在發情。母黑猩猩大半生都會排卵，而那些證明過自己有生兒育女能力的較年長母猩猩特別容易讓公猩猩興奮。埃斯洛姆想要獨佔巴布絲，所以做出了被稱為「守衛配偶」的行為。也就是說，每當有另一隻雄性靠近巴布絲，埃斯洛姆的毛髮就會豎起來，讓求愛者急忙打退堂鼓。黑猩猩的交配意不在追求快感（持續時間平均只有六秒鐘），而是在於繁殖：黑猩猩老大的目標是繁衍儘可能多的後代。

巴布絲十之八九樂於和更多的追求者交配，因為壟斷交配權雖然符合黑猩猩老大的利益，但母黑猩猩一般追求和儘可能多的資深雄性交配（梅利莎告訴我，母黑猩猩總是想方設法和對牠們最兇的雄性交配）。科學家猜測，這種雜交傾向是一種生存策略，但不是為了母黑猩猩自己的生存，而是為了牠們後代的生存。由於母黑猩猩一般都會照顧孩子幾年，要等孩子斷奶後才會恢復發情，所以一些有權勢的雄性有時會進行殺嬰，以便加快回復性生活。如果母黑猩猩和比較多的雄性交配，那麼這些雄性就會猜想新生兒有可能是自己的後代，比較不傾向於使用暴力。

不過在我觀察著的時候，埃斯洛姆趕走了所有潛在追求者，堅決要和他渴望的伴侶合而為一。黑猩猩老大鼓起全身肌肉，堅持說牠就是要「這一個」。巴布絲環顧四周，然後表示順服。牠轉過身讓埃斯洛姆可以看見和欣賞她腫脹的屁股。埃斯洛姆又看又嗅，感到心滿意足。

看著這一幕，我對我的偷窺者角色感到一絲絲奇怪的羞愧。這種羞愧當然是《創世記》故事的一部分：「他們二人的眼睛就明亮了，才知道自己是赤身露體，便拿無花果樹的葉子為自己編做裙子。」除了偶爾拿來咀嚼以外，黑猩猩對葉子毫無興趣。牠們不知道自己是赤身露體，也絕對不感到羞恥。雖然生活在一個遙遠森林的濃密深處，牠們的生活卻是相當公開。那些觀察牠們每個動作和分析牠們屎尿樣本的科學家對牠們的描述細緻入微，遠超過我對我最好的朋友和父母子女所能有的程度。

雖然有一些證據顯示，黑猩猩有能力欺騙彼此，但牠們一般毫無遮掩。不管是抓撓、放屁還是拉屎，牠們做的一切都是公然為之。被搔癢時，牠們會咯咯笑；憤怒時牠們會展露獠牙和咆哮；興奮或受到威脅時，牠們會跳上跳下和尖叫。③當母黑猩猩排卵時，牠會讓這一點明顯顯示在每個人眼前。當公黑猩猩興奮時，牠會岔開雙腿，展現勃起的陽具。牠們在眾目睽睽之下進行交配，通常牠們的兒女還會爬在牠們身上。這就是不知羞恥之所謂，或者是住在一個不知羞恥為何物的世界之所謂。

根據《創世記》，亞當和夏娃在吃禁果之前，正是生活在這樣的一種世界裡。《創世記》當然沒有描述這種生活的細節，更沒有用一些會讓人聯想到我們黑猩猩表親的生活的字眼。經文說的只是：「當時夫妻二人赤身露體，並不羞恥。」大多數《聖經》註釋者都猜測他們的交配為時極短（大概不超過猿的六秒鐘），完全是為繁殖而進行。奧古斯丁補充說這交配斷然是在有別人（包括子女）在場的情形下進行。不過雖然熱中於填補《聖經》敘事中的空白，神學家們從來未曾想像完全沒有羞恥感的生活是怎樣。

在違反上帝禁令之前，人類第一對男女還有另一個關鍵的生活特徵：他們還沒有吃知識樹的果子。《聖經》的對比不是讓一種由道德規範主導的生活對比於一種無法無天的生活。《創世記》的對比是讓**有**善惡知識的生活對比於**沒有**這種知識的生活（所謂「有善惡知識」理應是指意識到「善」、「惡」這兩個範疇的存在和知道它們的分別）。《聖經》明顯預期讀者會了解何謂善惡，因為我們全都是吃了禁果的第一對人類的後人。不過亞當和夏娃在吃禁果之前是什麼樣子——也就是他們在未有善惡知識之前是什麼樣子——卻不太清楚。我們當然可以說任何動物都可以充當模型，例如一隻貓或龍蝦。但伊甸園裡的亞當和夏娃卻不是任何動物：他們是我們的祖先。因為完全的天真無邪，所說他們不可能和我們一模一樣，但他們仍然和我們相似。

從古至今幾乎每個人都意識到猿類並沒有和我們一模一樣，但卻和我們非常相似。④但牠們並不擁有善惡的知識。這並不是說牠們生活在十七世紀哲學家霍布斯（Thomas Hobbes）所說的「孤單、骯髒、野蠻和短命」的自然狀態。黑猩猩的生命既不孤單也不短命，也只有在旁觀者眼中才顯得骯髒。牠們是複雜的社會生物；牠們懂得解決問題；牠們會使用工具；牠們有著各自不同的個性；牠們常常可以活到（按照大多數動物的標準來說）相當大歲數。但就我們所能知，牠們的初祖從來沒有吃過禁果。雖然牠們可以在危險逼近時用符號的方式向彼此示警，牠們卻不擁有善、惡之類的符號概念。黑猩猩既非道德也非不道德，而是無所謂道德不道德。⑤一個靈長類學家在一九八〇年代初期寫過一本名著，把黑猩猩的行為——牠們的變換盟友、出賣、賄賂和懲罰——比作馬基維利政治手段。⑥但在《君王論》（*The Prince*），馬基維利假定政治家完全了解何謂善和惡：他們之中能夠生存下來的那些只是因為明白什麼時候有必要違反道德準則。「你要顯得仁慈、守信義、人道、真誠，虔誠，並且這樣去做，但你同時要準備好在有需要的時候做出一百八十度的轉變。」（《君王論》第十八章）黑猩猩看來能夠政治地運作，而不需要對於忠誠和背叛或支配和順服有概念上的理解。

許多世紀以來，神學家（當然全都是男人）不自在地沉思上帝對夏娃的詛咒：「妳必戀慕妳丈夫，妳丈夫必管轄妳。」他們納悶，難道亞當在墮落之前不是管轄著夏娃的嗎？不過，他們大多數都會釋懷地認為：亞當總是支配著夏娃，因為那是自然之理。只不過，在吃過知識樹的果子之前，夏娃並不明白自己是受到支配，吃過之後方才意識到，也因此激烈怨恨。真是這樣的話，黑猩猩的性關係就會像是神學家想像中墮落前的伊甸園的樣子。母黑猩猩是受到了支配，但牠們沒有任何支配的概念。

母黑猩猩在挨打時會尖叫，但沒有證據顯示，牠們認為牠們挨打是不應該或可以避免。同樣地，年輕公黑猩猩會組成突擊隊，謀殺鄰近黑猩猩群體的成員⑦，但牠們沒有謀殺的概念。如果一隻母黑猩猩的小孩死了，她會把小孩帶在身邊一陣子，就像是哀悼，但黑猩猩並沒有死亡這個抽象概念。就像雖然牠們愛護子女和給子女哺乳，但牠們沒有愛和餵奶這些字眼。這並不表示牠們的所有行動純粹是發自本能。年幼的黑猩猩非常有觀察力，會透過觀察成年黑猩猩的行為學習怎樣行動，甚至會排演成年黑猩猩的角色。研究者指出，少年公黑猩猩會折斷樹枝，用來練習打異性，少年母黑猩猩則更多會把樹枝當成小嬰兒，抱來抱去。這些行為無一是概念性或自覺性（因為黑猩猩並沒有語言可賴以形成概念），但把這些行為視為自動動作（automata）卻是荒謬的。

我們應該永遠感激牠們。牠們讓我們可以看見《創世記》的起源故事如果是真的，伊甸園會是什麼光景。牠們向我們顯示出何謂沒有善惡知識的生活，以及何謂不知道羞恥和不知道自己注定一死。牠們仍然住在伊甸園裡。

當然沒有幾個頭腦正常的人會認為，猿類在森林裡過的生活就是我們渴盼的伊甸園生活。但這是因為我們的伊甸園觀念是衍生自我們的善惡知識。我們業已墮落，猿類卻沒有。

中世紀思想家在思考猿類和人類的驚人相似性時，得到一個相反的結論：他們相信猿類必然也已經墮落，但卻墮落到一個比我們還要低的層次。在伊甸園裡，亞當和夏娃是無可比擬的漂亮，身體非常巨大。不過因為他們的罪，我們失去了第一對人類的大部分美貌和體型。這種喪失是漸進性：最早期的男族祖和女族祖還保留了第一對人類的部分璀璨，但這些璀璨現已幾乎完全消失。一個古代的《聖經》註釋者指出：最美貌的女人和撒拉相比猶如是猿類，而撒拉和夏娃相比，也猶如是猿類。⑧猿類變成了何謂醜陋的最佳準繩。

一個傳說指出，上帝在趕走夏娃一段時間之後前去看她，問她有了多少小孩。夏娃事實上生了非常多小孩，但因為害怕子女數目太多會顯示她沉迷於性愛，所以就說謊，只給上帝看其中幾個子女。上帝並沒有上相當。為了懲罰她，上帝把夏娃藏起來的子女變成猿類。所以猿類在中世紀不只廣泛被用作醜陋的象徵，還被用作肉慾的象徵：牠們以誇張的方式顯示出是哪些惡癖促使我們墮落。中世紀畫家畫亞當和夏娃站在一棵知識樹旁邊時，通常會讓一隻猿潛伏在附近。⑨這種觀點要到十九世紀才發生決定性變化，樞紐時刻出現在一八六〇年代的牛津，當時達爾文的朋友暨捍衛者赫胥黎（Thomas Henry Huxley）和主教威伯福斯（Samuel Wilberforce）進行了一場著名的辯論。辯論中，主教這樣挖苦對手：「請問您，您是從祖父還是祖母一邊繼承猴子血統的？」赫胥黎慢慢站起來，表示他不會對有一個猴子祖先感到羞愧，但讓他感到羞愧的是他竟和一個用大才智混淆真理的人站在一起。雖然他的聲音不是很大，但每個人都知道他意謂：「我寧願是一隻猿的後人而不寧願是一個主教的後人。」⑩聽眾中一名女性當場昏倒。

在對人類起源所做的現代科學解釋上，最後勝出的是達爾文的立場。再沒有人相信猿是人類的降格版本，是因為太過好色或太過懶散而受到懲罰，變得面目可憎。累積了許多年和繼續大量出土的化石壓倒性地證明了我們的遠祖是猿似的生物，不知怎地學會用兩條腿走路。牠們為什麼能夠存活下來——更不要說牠們為什麼會繁榮興旺——至今仍然不清楚。科學家以無可置疑的方式顯示，牠們不是一次就被創造出來，不是從一開始就注定成為世界的主人。牠們是在長得難以想像的時間裡慢慢演變而成。一個生物學家指出，人類演化過程的一個重要階段是介乎兩百五十萬年前和兩百萬年前之間⑪，當時距離現代人的出現還有很久。他這樣說是要設法收窄關鍵時期的長度，而他在某個意義下也成功了。不過他談到的時間仍然有大概五十萬年之長。有文字記錄的人類歷史也不過大約五千年。

在這個巨大的時間跨距中，我們物種從吃水果、挖塊莖的小腦袋雙足動物發展成為我們今日的樣子——用尼采（Friedrich Nietzsche）的話來說，就是發展成為可以作出承諾的動物。在一八八七年出版的一部挑釁性著作中，這位德國哲學家主張，讓無道德猿似生物搖身變為講道德人類的關鍵機制是痛楚，是反覆和無情地施加的痛楚。懲罰是讓支配性男性——尼采稱之為「金髮野獸」（the blond beasts）——的健康、茂盛和暴力能量逐漸被馴服的方法。在這個過程中，所有被那些一度統治地球的人視為善的事情（不停追求慾望的滿足、大搖大擺走路、誓要當老大的決心）被重新定義為惡。那些一度被「金髮野獸」宰制的羸弱男女成功把他們信奉的德目——自我犧牲、自律和虔誠畏神——推舉為善。這個轉換——尼采稱之為「一切價值的重新排序」——形同一場成功的奴隸革命。他認為這革命一定是由一個極端聰明的祭司階級發動，又把這個階級和猶太人劃上等號，指出他們的最高發明就是耶穌，亦即新亞當。⑫

這個陰暗的哲學寓言指向了一些其答案我們仍然只能猜測的問題：有鑑於黑猩猩和人類有九六%的共同基因，雙方的重大分野是怎麼發生的？是什麼引發那些讓人成為人的複雜特徵組合（長腿、短手指的手、不能抓東西的腳、漫長的童年依賴期、腦的大尺寸、社會合作性、符號思維能力，等等）？我們是怎樣獲得語言、宗教信仰和起源故事？我們的道德意識是從何而來？我們和同樣是源自「最後共同祖先」的黑猩猩仍然有著哪些相似之處？

科學家的興趣近年被倭黑猩猩吸引，牠們只生活在中非一個地區。在一個相對晚近的時間點（當然是按演化時間的標準衡量），一群黑猩猩在剛果河以南遺世獨立，形成了自己的世界。經過時間流轉後，牠們雖然還保留很多一般黑猩猩的行為特徵，社會生活卻發生了變化。研究者發現，雖然雄性倭黑猩猩繼續互相競爭，但牠們的侵略性卻很少指向母猩猩，而且母猩猩也享有很高的地位。由於緊密聯繫，母猩猩在攜手合作下能夠支配大部分公猩猩。性活動非常有說明作用。現在，母猩猩即使不再能夠生育，一樣會發情，所以牠們的交配不再完全是為了繁殖。倭黑猩猩會進行口交，男男和女女之間的性愛活動都很常見。大概最不尋常的是，當兩群鄰近的倭黑猩猩遇上時，會導致的不是暴力而是性交。由此證明了，黑猩猩那些看似本質性的特徵遇到適當環境和有足夠時間的話，乃是有可能徹底改變。

我們之所以保留了一些黑猩猩和倭黑猩猩的特徵⑬，與此同時又發展出一批全新特徵，看來也可作如是解釋。雖然保留了激烈競爭地位、群體狩獵、仇外暴力和支配女性的強烈傾向，我們也發展出了非繁殖性性愛、友誼、合作及和平對待其他人群的潛力。在這之外還要加上我們製造工具、創造藝術、使用語言和運用理性的能力。對於這一切是怎樣發生，我們的理解還處於一個早期階段，但有理由相信，我們的所知會穩步增加而且常常有大驚奇。

不過，當前的科學理解缺乏的，是聚焦在做為亞當和夏娃故事核心的道德選擇。聖經敘事中的第一對男女有自由去遵守或違反禁令：「於是女人見那棵樹的果子好作食物，也悅人的眼目，且是可喜愛的，能使人有智慧，就摘下果子來吃了，又給他丈夫，他丈夫也吃了。」這個過犯——一種蓄意的行為，有別於隨機的基因突變和天擇的機械化過程——決定了我們的生活的形貌。亞當和夏娃的故事堅持我們要為我們自己的命運負責——至少是在時間的起始時是如此。世界上有數以百萬計的人（其中很多都明白現代科學的基底假設）繼續從這一點獲得奇怪的滿足感。我就是其中之一。

當我到達烏干達西部的科學研究站時，不被允許馬上外出觀察黑猩猩。由於牠們對於人類疾病沒有免疫力，我需要接受一段時間的檢疫。因為有空閒時間，我去了附近的波特爾堡（Fort Portal）參加星期日早上的聖公會禮拜。烏干達是一個以基督教為主的國家，天主教徒和聖公會信徒大概各佔一半，還有為數不多但越來越多的靈恩派信徒。我在申請參觀「基巴萊黑猩猩計畫」時，在申請表格上本來是說我亟欲親眼看看那個取代聖經故事的現代版本起源故事，但在那裡工作的朋友告訴我，如果那麼寫的話，我的申請幾乎肯定會被拒絕。烏干達當局並不認為黑猩猩研究和宗教信仰有衝突。

在教堂裡，牧師阿拉阿里（Happy Sam Araali）把講道焦點放在創世故事（想必是有人告訴他我要來）。他說我們是可以掘井，但只有上帝可以創造湖泊和海洋。這是一個上帝多麼有大能的表徵。我們應該尊敬祂，因為祂能夠做比我們所做任何事大得多和難得多的事情。創造人類也是這個樣子。牧師告訴會眾，我們是可以在牆上畫一些人，讓他們看來栩栩如生，但只有上帝可以創造出第一對人類，透過往他們鼻孔吹入生命氣息讓他們活起來。

在坐車回田野工作站的路上，我問陪伴我的田野助理，他相不相信亞當和夏娃的故事是真人真事。他說相信，因為他是虔誠基督徒。但他要怎樣對待我們和黑猩猩關係非常密切的事實呢？他笑了笑，回答說這是「非常困難的問題」。然後我們兩人便陷入沉默。第二天，當我們走入森林觀察伊甸園中的理毛情景和埃斯洛姆「守衛配偶」的行為時，沒有繼續談這個話題。

黑猩猩老大黏住巴布絲這事情為我第二天早上所目睹、讓人更強烈聯想到《創世記》的情景架好舞台。我們正在吃早餐的時候，梅利莎注意到有一個身影在工作站的入口附近晃動。起初她以為那是一隻大象，但隨即知道牠是一隻黑猩猩，然後又以所有科學家和田野助理都擁有的本領，馬上認出牠是黑猩猩群中的老二蘭祖。我們馬上走過去看看牠為什麼會這麼反常，走近人類的聚落。

牠坐在一小片草地上，神情越來越不耐煩，不時會用手或腳大聲拍打地面（我登時明白了我們人類在遇到挫折時會有跺腳衝動的原由）。牠又撥弄地上的落葉，用樹枝劃過地面，發出低沉叫聲，然後伸手猛搖一根藤蔓。最後，讓牠不耐煩的原因揭曉了：從濃密的灌木叢裡面走出一隻非常不自在的母猩猩，牠是十九歲的雷歐娜（Leona），帶著幼兒莉莉（Lily）。約翰告訴我，蘭祖一定是趁著埃斯洛姆全神貫注守衛配偶，勾引雷歐娜——雷歐娜也表現出發情的跡象，只是不像巴布絲那樣明顯。牠們溜了出來享受二人世界，躲開黑猩猩老大的嫉妒目光。如果牠們被發現，一定會挨揍。這也是為什麼雷歐娜會焦慮，蘭祖會決定走近人類聚落的原因：這是黑猩猩群極少到的地方。

終於單獨在一起之後，蘭祖和雷歐娜溫柔地以屁股互觸。然後雷歐娜彎下腰（莉莉仍攀在牠背上），讓蘭祖用手指觸摸牠的陰戶。蘭祖摸過後把手指放到鼻孔下面去聞。但牠們會在一起，不只是為了六秒鐘的交媾。透過侵犯最高統治者的意志和甘冒被懲罰的風險，牠們成為了一對。牠們環顧林中空地，迅速瞧了我們一眼。然後為了繼續溫存，他們走進了濃密的灌木叢中，而我們為了繼續觀看，也跟了進去。整個世界在牠們面前展開。

〈附錄1〉詮釋取樣

歷來有過無數對亞當和夏娃故事的詮釋。許多最有影響力的詮釋都在本書裡被提過。要全數呈現這些詮釋的豐富多樣、狡猾和偶爾的天馬行空是不可能的。以下我會用現代的文體引錄其中一些。它們不是原話，是我從一個或以上來源改寫而成。

當夏娃違反禁令偷吃禁果時，亞當沒有和她在一起。有人說這是因為他和夏娃做愛後小睡片刻，也有人說是因為他去了伊甸園視察。第一個讓他覺得有什麼不對勁的跡像是夏娃用無花果葉遮住自己的性器官和屁股。起初亞當甚至看不出來這是她刻意為之，還以為那些葉子只是偶然黏在了她身上。不過他看得更仔細之後，發現她在葉子上穿了小洞，用植物纖維把葉子和葉子縫在一起。

科里亞（Abba Halfon b. Koriah），《創世記拉巴》（Genesis Rabbah）（四世紀及五世紀）19:3；《禧年書》9c.（100-150 BCE [?]）3:22

第一對人類無比漂亮和非常聰明，不過他們缺乏墮落後的人類所最依賴的五種感官能力的其中之一：視力。在他們的本來狀態中，亞當和夏娃是全盲。他們無需看見東西，因為世界是被設計成為符合他們的每一種需要。如果他們想要吃喝，總是伸手可得。當上帝把動物帶到亞當面前讓他命名時，亞當只要伸出手摸一摸牠們，就知道應該給牠們取什麼名字。他們的愉快眼盲——說「愉快」是因為他們並不知道自己看不見東西——有助於解釋他們的犯禁，因為他們一定難以區分禁果和其他果子，而且他們也受到了「仇敵」的欺騙。他們的狀態也有助於解釋他們何以完全沒有羞恥心，因為上帝只有在他們墮落之後才移去他們雙眼的遮蔽。在不順服之後，一等他們看得見東西，他們就匆匆遮蓋自己：「他們二人的眼睛就明亮了，才知道自己是赤身露體，便拿無花果樹的葉子為自己編做裙子。」

亞歷山卓的克萊曼特（Clement of Alexandria, c.150-c.215）

被新創造的人類體格上非常成熟。上帝給予了他們二十歲的形狀和屬性，讓他們在很多方面都表現優異。但他們也是新生兒，才剛開始適應世界。正因為這樣，上帝命令他們不可吃知識樹的果子。這樹的果子本身並沒有毒。正好相反，對一個成熟的人來說，它們是所有食物中最營養的。上帝也準備好到了適當時間讓亞當和夏娃吃它們。但就像我們吃的食物那樣，有些適宜嬰兒的腸胃，有些不適宜。伊甸園的不尋常之處是它只有一種果子不適宜嬰兒的腸胃，所以上帝告訴新生的人類，他們可以吃其他任何樹木的果子。不過夏娃和亞當因為受到蛇的欺騙，變得非常莽撞，在沒有準備好先前就吃禁果。那就像一個嬰兒狼吞虎嚥牛排，也就不奇怪後果非常致命。

安提阿的提阿非羅（Theophilus of Antioch），活躍於二世紀

夏娃拿著一根樹枝，上面有一顆成熟的紅色果子——毫無疑問就是禁果。她對亞當說：「拿去吃。」亞當聽這話不是聽得太清楚，因為夏娃的聲音就像來自遠處，又或是這聲音和語言不太屬於她自己。亞當感到困惑，又特別是感到昏昏欲睡。他當然記得上帝說過不可以吃那棵樹的果子，但他不太記得理由何在。他意識到因為他並不明白「死」這個字的意思，他不太明白上帝的話是什麼意思。他幾乎可以領略誡命的觀念，因為生養眾多的誡命符合他對夏娃的慾望，但不能做什麼的觀念對他沒有意義。他無精打采地接過果子，吃了。

卡帕多奇亞三傑（Cappadocian Fathers），四世紀

當夏娃和蛇談話的時候，亞當一直聚精會神注視著天上的榮光。他日日夜夜都在思索上帝的榮耀——這榮耀無邊無際、不可理解和絕對的鋪天蓋地。他每個時刻都被這種全神貫注的沉思攫住，就連偷睡覺的時候、和妻子交歡的時候、和每次呼吸的時候都是如此。上帝存在於各處和一切。當夏娃遞給他禁果（上帝警告過他不要吃這果子，亞當馬上接過來吃了。為什麼？「我累了，」他對自己說。「我想要回到我賴以被造出來的泥土去。我想要死。」

尼撒的責格利（Gregory of Nyssa, c.332-395）

因為未能在所有用泥土造出的生物中間為人類找出一個適當的伴，上帝決定用骨頭創造一個。他認為男人會覺得整個過程引人入勝，所以就讓他看著祂打開他的胸膛，取出一根適當的骨頭，然後再封閉傷口。然後祂開始工作，但這一次不是像祂造第一個人類和所有其他動物那樣，是用泥土來形塑新的形體，而是像建築師蓋建築那樣造它，賦予它各個內部結構：靜脈、血管和神經的巨大網絡；能夠和環境互動、把食物轉化為能量、調節新陳代謝和排出廢物的複雜內臟器官；能夠以眩目速度計算的大腦；一根舌頭、一個喉頭和適合於說話和唱歌的聲帶。最後是賦予它一個優雅的外表，這外表和第一個人類相當相似但又有充分的變化，足以引起興趣和促進繁殖。上帝看著自己所造的，覺得造得很好。然而祂注意到，祂為他造這一切的那個人類臉上有厭惡的神情。亞當覺得新造物的內部——又是血液又是軟組織又是搏動的器官——讓人噁心。一想到要和這樣的被造物生活在一起，他就受不了。上帝必須摧毀祂創造好的夏娃，從頭來過。

約西拉比（R. Jose），《創世記拉巴》17:7

當他們吃了禁果之後，亞當和夏娃意識到他們注定會死而受他們支配的動物卻會永遠活下去。他們知道剩下時間不多，所以趕忙到處去，帶著禁果餵每種動物，好讓一切動物必有一死。他們能夠解釋他們為什麼要這麼匆忙讓所有生物注定會死嗎？他們也許是惦念著上帝更早前的命令，擔心如果他們無法再支配動物，就會多違反上帝一道命令。又說不定是因為他們不想要其他動物享有他們所失去的。不管怎樣，他們都成功找到所有飛禽走獸，餵牠們吃了禁果，就只有一個例外。鳳凰仍然可以永遠活下去。

辛萊拉比（R. Simlai）〔?〕，《創世記拉巴》19:5

那人說：「那個祢給我的女人，她給了我樹上的果子，我就吃了。」主上帝對女人說：「妳為什麼要這樣做？」女人說：「蛇哄騙我，所以我就吃了。」主上帝把蛇叫來，蛇不自在地邁步走上前。主上帝拔出一把利劍，斬斷蛇的腿和腳。這就是蛇為什麼從此以後都要用腹部爬行。

喬治．辛斯勒（George Syncellus），活躍於八世紀

他的不順服的直接後果是首次感受到憂鬱。在吃下禁果的一剎那，他的所有歡樂都消失了。憂鬱凝結在他的血液裡，就像一根蠟燭被吹熄時，光芒會消失，燈芯會冒出煙和發出臭味。還有另一個讓人吃驚的後果。亞當曾經懂得唱天使的歌而他的聲音渾厚悅耳。在他犯罪之後，一陣醜陋的風悄悄潛入他的骨髓裡，現在這風還繼續在每一個人裡面。骨髓裡的風讓他本來的天籟聲音變得吵鬧刺耳。經過幾回的大笑後，眼淚會從他的眼睛跑出來，就像是精液會在淫樂的熱情中被排出來那樣。

賓根的赫德嘉（Hildegard of Bingen,1098-1179）

在墮落以前，夏娃不會來月經。只有犯罪以後，所有女人才變為動物，她們的經血必然要算是世界上最污穢醜陋的東西之一。因為接觸過它們的種子不會萌芽，樹會不長果實，鐵會生鏽，青銅會變黑。

納肯（Alexander Neckam, 1157-1217）

亞當清楚看出來他的妻子受到欺騙，蛇把她引誘進入陷阱，讓她逃不出來。亞當心想：她將會死去，而上帝將會為我創造一個新的伴侶——要麼是用我的另一根肋骨，要麼是使用其他方法。但我不想要一個新伴侶。我只想要這一個，唯獨這一個。只有一個方法可以讓我繼續和她在一起，那就是參與到她的命運之中。我們會一起生，到時間滿了之後一起死。

司各脫（Duns Scotus, 1266-1308）

上帝就賜福給他，又對他說：「要生養眾多，遍滿地面，治理這地。」那人回答說：「我要怎樣生養眾多呢？我是按照祢的形象所造的單身生物。所有其他生物——包括海裡的魚類、天上的飛鳥、地上的走獸——都是成雙成對，一公一母。我看見牠們交配，透過這種行為變得數目眾多。但我卻是一個人，同時是男是女。我要怎樣實現祢的命令？」所以上帝就拿出一把刀，像切蘋果那樣把人切成兩半。上帝在傷口上面鋪上血肉，但在兩個剖面的肚皮上留下記號（稱為肚臍），用來標示曾經發生過的事。上帝說：「現在你們可以生養眾多和遍滿全地。」

被切開之後，人的兩半彼此渴求，走在一起，互相擁抱，身體交纏在一起，這一兩男一女生養眾多，遍滿全地。不過他們即使在互相擁抱時仍然感受到當初被剖半所造成的傷口，不可能完全療癒。

阿巴伯內爾（Judah Abravanel, c.1464-c.1523）

上帝無所不在，也存在於一切事物裡。這就讓一件事情更加讓人困惑不解，那就是，當夏娃把禁果拿給亞當時，亞當二話不說就吃了。為什麼？他沒有說明理由。但如果被追問，他也許會說：在這種狀態中，永恆是讓人無法忍受的。我痛恨沉思創造我的獨一者。我痛恨報答不完恩情。我痛恨上帝。

馬丁．路德（1483-1546）

上帝不只預先知道亞當和夏娃會違反祂的禁令，還積極和蓄意地驅使他們這樣做。如果亞當在吃禁果前有所猶豫，如果他質疑上帝植入他裡面的衝動，上帝就會這樣責備他：「你是誰，竟敢向上帝強嘴呢？受造之物豈能對造他的說：『你為什麼這樣造我呢？』窯匠難道沒有權柄從一團泥裡拿一塊做成貴重的器皿，又拿一塊做成卑賤的器皿嗎？」

喀爾文（1509-1564）

第一個人類是用土所造，但那土不是普通的土。他的身體比最細緻的水晶還要清澈透明。他是從裡面發亮，有一些光流照亮他內在的容器（它們裝著各種種類和顏色的液體）。這個色彩斑斕的受造物身材要比現在的人類高大。他的黑髮短而鬈曲，上唇上方裝飾著八字鬍。他沒有陰莖，在將來會長出性器官的地方有一會散發出芬芳氣味的臉形物事。他肚子裡有一個容器裝著小卵子，另一個容器裝著可以讓卵子受精的液體。當這個人被上帝的愛充滿，他就會萬般渴望有另一個受造物分享他的敬慕。這時他肚子裡的液體會沸騰，漫過其中一顆卵子。經過一段時間，卵子就會孵化出另一個完美的人。所以當上帝告訴第一個人類要生養眾多的時候，祂原是這個意思。不過這樣的事只發生過一次。那個孵化出來的人是彌賽亞，他把自己轉變為一個胎兒，然後等待時機進入聖母瑪利亞的子宮。所有其他人類都是以另一種方式誕生，因為當時亞當和夏娃已經被趕出伊甸園。他們的身體變得粗糙，和我們的一樣。他們失去了水晶透明度，內在的光線暗淡下來，終歸熄滅。他們的內在容器變成讓人看了只覺得噁心的內臟。在那些會放出奇異香氣的漂亮的臉的所在位置，現在變成是醜陋的性器官——所有人類都對它們引以為恥，加以遮蔽。

安東妮．布里尼翁（Antoinette Bourignon, 1616-1680）

麥克阿瑟獎金得主黃生聰（Huynh Sanh Thông）主張，蛇是語言出現的主要原因，因為母親們有需要警告小孩小心牠們。蛇讓雙足人族——他們本就配備了非人類靈長類的溝通系統——有演化動機去為社會公益（social good）而溝通。這是邁向發展出語言的關鍵一步，隨之發生的一切讓我們成為今日的我們。

琳恩・伊斯貝爾（Lynne A. Isbell），二〇〇九年

❶ 譯註：語出使徒保羅，見《新約・羅馬書》九章二十一節。

〈附錄2〉起源故事取樣

幾乎所有被研究過的人類文化都有一或多個起源故事。以下是少許例子。

埃及

我進入存在，存在本身進入存在，而所有其他存在也隨著我的進入存在而進入存在。我在我的心中籌劃，然後有了許許多多東西的存在，有了小孩的存在和他們小孩的存在。我和我的拳頭交配，我用我的手自瀆。然後我從嘴巴噴出精液。他們把我的眼睛帶來給我。當我和我的各部分會合後，我向它們哭泣。人類就是靠著從我眼睛流出的眼淚進入存在。

派里特德（Pritchard）《古代近東文本》（*Ancient Near Eastern Texts*）

希臘

那時候上帝是他們的牧人，管轄他們，就像人現在還管轄著動物那樣。當上帝是人類的牧人時，沒有政治組織，也沒有娶妻生子這些事。所有人都是從土中復生，根本不記得從前的事。大地為他們提供豐盛的果實，這些果實都是樹上和灌木叢中自生自長，無需人手栽種。在大部分地方，人們赤裸裸生活在露天環境，不需要衣服和被褥，因為那時候天氣溫暖宜人，不會對人造成傷害。地上生長著茂盛的青草，為人提供了柔軟的臥榻。

柏拉圖《政治家》（*Stateman*）

希臘

遠古的時候，諸神把整個大地劃分為若干區域，讓自己的區域住滿人。他們照顧人類的方式就像是牧人照顧羊群，只不過他們不會像牧人那樣使用暴力，而是會像在船尾掌舵的方式管理我們。這是一種更容易的管理方式，可以按照我們的喜好用說服的方式控制我們的意向。

柏拉圖《克里提亞斯》（*Critias*）

羅馬

然而世界上還缺少一種動物：它比其他動物更有智慧，更加高貴和能夠統治一切動物。於是，人就誕生了。要麼是創造一切的天神想要把世界造得完美，所以用自己神軀的元素塑造了人，要麼是普羅米修斯用新生成的土和新鮮雨水混合起來，創造了人（因為陸地才剛與天空分離開來，泥土尚保留著天空的種子）。當他造人的時候，他把人塑造成主宰一切的諸神的形象。其他的動物都匍匐而行，眼看地面，他獨令人昂首直立，仰視天空。因此，本是質樸無形的泥土被變成了前所未有之物：人。

奧維德《變形記》（*Metamorphoses*），卷一

羅馬

然後他（傑森）從銅盔裡取出蛇牙，播種在犁過的地裡。這些浸透了強烈毒汁的種子在土裡變軟了，膨脹了，變成了新的形體。就像嬰兒在母體裡逐漸變成人形一樣，五官四肢逐漸長全，等到完全成形了，才出世呼吸人間的空氣。同樣，當大地把蛇牙完全孕育成了人形，他們就從豐腴的土裡冒了出來。最足令人驚奇的是，每人手中都有刀槍，叮噹作響。

奧維德《變形記》，卷七

羅馬

最後，美狄亞（Medea）所乘的飛龍車降落在以聖泉聞名的科林斯（Corinth）。據古代傳說，這裡的人最早是因菌類受雨的滋潤而產生。

奧維德《變形記》，卷七

北美（大平原）

有一天「老人家」（Old Man）決定要創造出一個女人和一個小孩，於是用泥土把他們造了出來：女人和她的兒子。他把泥土造成兩個人的形狀之後，就對泥土說：「你們要變成人。」接著，他把泥土遮蓋好，然後離去。第二天早晨他回來拿掉遮蓋的東西，看到泥土造的兩個人有了一點變化。第三天又有了變化，第四天變化更大。第五天他拿掉遮蓋的東西，朝兩個用土造的人看著，叫他們站起來走路。他們就站起來走路。他們和他們的創造者一同走到河邊，然後他告訴他們，他名叫「納皮」（*Na'pi*），意思是「老人家」。

當他們站在河邊時，那個女人向「老人家」問道：「你說說，我們要一直活著，活個沒完嗎？」他說：「我還從沒有想過這問題。我們必須作出決定。我來拿起這一小塊乾野牛糞，把它扔到河裡。如果它浮著，人就會死，可是四天後又活轉過來。他們只死四天。可是如果它沉下去，你們的生命就會有盡頭。」說完拿起乾野牛糞，扔到河裡。乾野牛糞浮著。女人轉身，拿起一塊石頭，然後說道：「不，不是這樣。我來把這塊石頭扔到河裡，如果浮著，我們就一直活著，可是如果它沉下去，人就得死，好讓他們可以互相憐憫，互相為此感到悲哀。」女人把石頭扔進水裡，石頭沉了下去。「好吧！」「老人家」說，「妳作出了選擇。他們的生命會有盡頭。」

格林內爾（George Bird Grinnell）《黑腳屋故事》（*Blackfoot Lodge Tales*）

美拉尼西亞

那個「第一個在那裡的人」在地上畫出兩個男人的形狀，抓破自己的皮膚，把血灑在圖畫上。他摘下兩張大葉子蓋住兩幅圖畫，過了一會兒，兩幅圖畫變成了兩個男人。他們的名字是托．卡比納納（To Kabinana）和托．卡爾伏伏（To Karvuvu）。

托．卡比納納一個人走開，爬上一棵長著黃色堅果的椰子樹，摘下兩顆還未成熟的堅果，扔到地上。堅果裂開，走出兩個漂亮的女人。托．卡爾伏伏喜歡那兩個女人，就問他兄弟是怎樣得到她們的。托．卡比納納說：「爬到樹上，摘下兩顆還未成熟的堅果，把它們扔到地上。」可是托．卡爾伏伏把堅果尖的一頭朝地上扔，從堅果裡走出來的女人長著難看的塌鼻頭。

邁耶（P. J. Meier）《加澤爾半島海岸居民的神話與敘事》（*Mythen und*

Erzählungen der Küstenbewohner der Gazelle, Halbinsel [Neu-Pommern]），轉引自坎伯（Joseph Campbell）《千面英雄》（*The Hero with a Thousand Faces*）

西伯利亞

當造物主帕賈納（Pajana）創造第一批人類時，他發現自己無法創造出能給他們以生命的靈魂。因此他只好到天上去從大神庫達伊（Kudai）那裡弄到靈魂，同時他讓一條沒有毛的狗守衛他所創造出的人類。帕賈納離開之後，魔鬼埃爾利克（Erlik）來了。埃爾利克對狗說：「你身上沒有毛，如果你肯把這些沒有生命的人交給我，我就會給你一身金色的毛。」這建議讓狗感到高興，牠把牠所守衛的人類交給誘惑牠的魔鬼。埃爾利克朝人類吐口水，弄髒他們，可是他一看到帕賈納回來就走了。造物主看到魔鬼所幹的事，就把人類的身體裡外翻過來。這就是為什麼我們的腸子裡面會有黏液和髒東西。

拉德洛夫（W. Radlo）《突厥部落民間文學選輯》（*Proben der Volksliteratur der türkischen Stämme Süd, Siberien*），轉引自坎伯《千面英雄》

辛巴威

毛里（上帝）創造了第一個人並稱他為姆韋齊（Mwuetsi，月亮）。他把他放在一個湖的底部，給他一支裝滿恩戈納油（ngona oil）的恩戈納角（ngona horn）。姆韋齊住在湖底。

姆韋齊對毛里說：「我要到地上去。」毛里說：「你會後悔的。」姆韋齊說：「儘管如此，我還是要到地上去。」毛里說：「那你就到地上去吧。」姆韋齊走出湖水，去到地上。

地上寒冷而且空蕩蕩。沒有草，沒有矮樹叢，沒有大樹。沒有走獸。姆韋齊哭泣著說：「我在這裡怎麼生活。」毛里說：「我警告過你。你已經走上一條取死的道路。可是我要讓你有同類。」毛里給姆韋齊造了一個叫馬薩西（Massassi）的少女。毛里說：「馬薩西將和你做兩年夫妻。」毛里給馬薩西一根取火棒。

費羅貝尼烏斯（Leo Frobenius）和福克斯（Douglas C. Fox）

《非洲創世記》（*African Genesis*）

多哥

烏南波特神（Unumbotte）造了一個人，他的名字是男人。烏南波特神接著造了一隻羚羊，牠的名字就叫羚羊，然後又造了一條蛇，牠的名字就叫蛇。三者被造時，世界上只有一棵油棕，沒有任何其他樹木。當時，地面尚未被踩踏平順。烏南波特神對他們說：「你們必須把你們坐著的地面踩踏平順。」烏南波特神又給他們不同的種子，並且說：「去種下這些種子。」說完便離開了。

烏南波特神回來後，看見他們還沒有把地面踩踏平順，但已經種下種子。其中一粒種子發芽生長，那是一棵樹，長得很高，結了果實，果實是紅色。現在每隔七日，烏南波特神就會回來一次，摘下一棵紅色果實。

有一天蛇說：「我們也應該吃水果，為什麼我們要餓肚子？」羚羊說：「但我們對這些水果一無所知。」男人和他的妻子（她起初不在那裡）摘了一些果實吃掉。烏南波特神由天上下來，並且問：「誰吃掉了水果？」男人和女人一起回答說：『我們吃的。』烏南波特神問：「誰讓你們吃的？」他們一起回答：「蛇。」烏南波特神問道：「為什麼你們要聽蛇的話？」男人和女人說：「我們肚子餓。」

烏南波特神問羚羊：「你也肚子餓嗎？」羚羊回答：「對，我也肚子餓。我想吃些草。」自此，羚羊就生活在樹叢裡，吃草為生。

烏南波特神給了男人高粱、薯蕷和小米，自此人就耕種土地。但烏南波特神給蛇吃了一種藥，讓牠自此會咬人。

威策爾（E. J. Michael Witzel）《世界起源的神話》
（*The Origins of the World's Mythologies*）

火地島

肯螺斯（Kenós）一個人在大地上。早先，「在上者」提茅克爾（Temaúkel）任命他把大地上的一切安排得井井有條。他是南方和天空的兒子。他在世界漫遊，四處張望，然後去到一片沼澤，挖出一團混合著根和草的爛泥，把它捏成男性性器官的形狀，擺在地上，又挖出另一團爛泥，捏成女性性器官的形狀，擺在第一團泥的旁邊，然後走開。到了晚上，兩團泥結合在一起。從這種結合出現了一個人，是為人類的第一個祖先。兩團爛泥彼此分開，到了第二天晚上又結合在一起，再次有一個人從這結合迅速生長起來。這種事一晚復一晚發生，每晚都形成一個新的祖先。他們的人數穩定增加。

坎伯《世界神話歷史地圖》（*Historical Atlas of World Mythology*）

註釋

第1章

① 拉比們很早就意識到《創世記》的故事可能會產生潛在有危險性的猜測。根據《密西拿》（第一本編輯成書的猶太人口傳律法書），「禁忌關係的課題不應該在有三個人在場的情形下闡釋，創世的工作不應在有兩個人在場的情形下闡釋，馬車不應該在有一個人在場的情形下闡釋，除非他是個聖哲，明白自己的知識。」（Hagigah 2:1 [*Complete Babylonian Talmud*]）《塔木德》把最後一句話應用在所有三項禁忌，主張這三個特別危險的主題——分別是有關亂倫的律法、《創世記》中的創造故事和以西結對馬車的靈視——應該只教導給有智慧者。至於要到什麼樣的年齡才算有智慧，意見頗為大相逕庭，從二十到四十歲不等。

② Muhammad ibn ʻAbd Allah al-Kisa'i, *The Tales of the Prophets* (c. 1200 CE), in Kvam et al., *Eve and Adam*, p. 192. On Iblis, see *Qur'an, Surah 7:27,* in *Eve and Adam,* pp. 181–82. See Marion Holmes Katz, "Muhammad in Ritual," in *The Cambridge Companion to Muhammad*, ed. Jonathan E. Brockopp (New York: Cambridge University Press, 2010), pp. 139–57; Asma Barlas, "Women's Readings of the Qur'an," in *The Cambridge Companion to the Qur'an*, pp. 255–72.

③ 在哈佛大學的比較動物學博物館，著名的生物學家威爾森（E. O. Wilson）不太久之前打開一個櫃子，向我顯

示他收集的大量螞蟻正模標本的其中一些。每個螞蟻物種都釘在一根大頭釘上，附有用微型字體寫的標籤。

④ 對於想要對這個龐大領域有些初步觀念的讀者可以先讀一讀 James L. Kugel, *Traditions of the Bible*; Louis Ginzberg, *Legends of the Jews*; Bialik et al., *The Book of Legends: Sefer Ha-Aggadah*; Hermann Gunkel, *Genesis*; and Claus Westermann, *Genesis: A Commentary*。

⑤ Quoted in Philip C. Almond, *Adam and Eve in SeventeenthCentury Thought*, p. 49.

⑥ Bernard A. Wood, "Welcome to the Family," in *Scientifc American*, September 2014, p. 46.

⑦ 雖然我們不是從這些生物演化出來，但據估計，在至少五千年的「短」期間內，我們和他們共享世界，偶爾還會雜交繁殖。

⑧ In *Midrash Rabbah*, trans. H. Freedman, 8: 1. On the human's immense size, see R. Tanhuma in the name of R. Banayah, R. Berekiah in the name of R. Leazar, and R. Joshua b. R. Nehemiah and R. Judah b. R. Simon in the name of R. Leazar (8: 1); on the tail, see Judah B. Rabbi (14: 10). For further speculations, see Ginzberg, *Legends of the Jews*, 1: 47–100; and Bialik, *The Book of Legends: Sefer Ha-Aggadah*, p. 12.

第2章

① 即使在這裡也有一個有披露性的混淆，因為在一個地方（《禧年書》1:26），天使被說成《創世記》的作者，但另一個地方（2:1）又說《創世記》是天使口授，摩西筆錄。

② Robert Alter 翻譯。他指出亞伯蘭「自此變為一個個人角色，開始了族組敘事（Patriarchal narratives）。」（p.56）

③ Jewish Publication Society 的版本作：

在巴比倫的河邊，
在那裡坐著，
坐著和哭泣，
思念錫安。

《詩篇》極端難以斷定日期，但從《詩篇》第一百三十七篇一開始用了「在那裡」一詞，看來是暗示希伯來人現在人在別的地方——有可能是已經回到他們的故土。

④ 真正的「空中花園」應該是在尼尼微，不在巴比倫（考古學家在巴比倫找不到空中花園的蛛絲馬跡）。希臘的史料看來搞混了這兩個城市和他們各自所屬的帝國。見 Stephanie Dalley, "Nineveh, Babylon and the Hanging Gardens," pp. 45–58。

⑤ 當在高處沒有名字稱呼天界，
當在低處沒有名字稱呼冥界，
太初的阿普蘇是他們的祖先，
母神提阿瑪特把他們所有人生下來，
兩人把他們的水混合在一起。

From Distant Days: Myths, Tales, and Poetry of Ancient Mesopotamia, trans. Benjamin R. Foster, p. 11. 其他對於這個和相關美索不達米亞起源文本的翻譯和註釋，參見 *Ancient Near Eastern Texts Relating to the Old Testament*, ed. James B. Pritchard; *The Harps That Once . . . : Sumerian Poetry in Translation*, trans. Thorkild Jacobsen; and *Myths from Mesopotamia: Creation, the Flood,Gilgamesh, and Others*, trans. Stephanie Dalley.

⑥ Thorkild Jacobsen 主張，巴比倫人意識到他們的城市和文明是建立在他們的敵人蘇美人的基礎上，而這個反映在他們有關殺死阿普蘇的記載（Jacobsen, *The Treasures of Darkness*, p. 186）。如果這個詮釋正確，那就表示，希伯來人在自己的起源故事裡透過否定太初謀殺的故事，不承認自己受惠於巴比倫人。

⑦ 參見 Jacobsen：「馬爾杜克把風和暴風的現象保留給自己。在那下面，他把一座山堆在提阿瑪特頭上，刺穿她的眼睛形成幼發拉底河和底格里斯河的源頭（阿卡德人用同一個字表示眼睛和源頭，顯然認為它們是同一回事），又在她的兩乳上各堆一座山，並刺穿乳房，形成從東邊山脈流入底格里斯河的河流。他把她的尾巴彎向天空構成銀河，用她胯部支撐天空。（*Treasures of Darkness*, p. 179）

⑧ 「我將會讓一個人站起來，他的名字是『人』（Man）……他們將要背負神的重擔，讓諸神可以休息。」（trans. Foster, p.38）為了達成這個構想，馬爾杜克需要鮮血。他問是誰主要需為提阿瑪特的造反負責，被告知是金固（Qingu）唆使提阿瑪特發起叛亂。因此金固被綁起來，帶到馬爾杜克的父親埃亞面前：

> 他們對他作出懲罰讓他流血。
> 從他的血他創造了人類。
> 諸神的重擔被加諸人類，諸神不用再勞苦。

所以，被用來造人類的鮮血是取自一個因為造反而被處決的神祇。只不過現存的文本沒有猜測血液的這種來源有沒有影響產品。金固的血液會讓人類有反骨天性的可能性，見 Paul Ricoeur, *The Symbolism of Evil*, p. 175ff.

⑨ Pritchard 指出「野蠻人」一詞八成是衍生自「盧盧」。「阿卡德資料來源把盧盧聯繫於遙遠和幽暗的過去……這一點可見於一個事實，大洪水的船是停在盧盧的國度尼西爾山（Mount Nisir）。」（Pritchard, *Ancient Near Eastern Texts*, p. 68, n. 86）

⑩ 雖然巴比倫人對於他們的城市守護神極度尊崇，並給予他在創造人類一事上扮演關鍵角色，但美索不達米

亞還有其他的起源故事。在其中一個故事中，人類不是由一個男神創造，而是由一個女神創造：有智慧的寧胡爾薩格（Ninhursag）。她是「母親女神，是她創造了人類。」（Pritchard, *Ancient Near Eastern Texts*, p. 99）而在一篇明顯是用於促進生育的咒文中，她被顯示形塑後代來服侍諸神：「讓他被用土造出來，靠著血活起來！」（ibid., p.99）還有一個複雜的神話是環繞這個母親女神建構出來，其中包括一個稱為迪爾穆恩（Dilmun）的至美地方和狂放的連續交配。但馬爾杜克膜拜吸收了它能吸收的，又掃除了其他成分。

⑪ Citations of this work are from Foster, *From Distant Days*. See the helpful introduction in Millard et al., *Atra-Hasis: The Babylon Story of the Flood*, pp. 1–30.

⑫ 這種復仇幻想有助於象徵性地抵擋被勝利者同化的威脅。這幻想裡的敵人只是被稱為「以東的子女」，也就是說雅各對手和哥哥以掃的後人。這樣，他們恢復到了他們在古代神話歷史中的地位——是這神話歷史讓猶太人意識到自己的身分。

⑬ Cf. Marc Van De Mieroop, *A History of the Ancient Near East*, p. 284.

⑭ 參觀者看見的事實是希律大帝在幾世紀之後擴建的聖殿。西元七〇年，即聖殿最初重建的大約五百年後，羅馬士兵把聖殿頂部的大石塊撬鬆往下扔。這些士兵把另一次歷史災難帶給了耶路撒冷。

⑮ 以西結聲稱上帝把他帶到聖殿外院朝北的門口，在那裡有一些有婦女「坐著在為搭模斯（Tammuz）哭泣。」（《以西結書》8:14-15）預見耶路撒冷會被巴比倫人摧毀的耶利米熱烈主張逼近的災難不是因為猶太人的軍事或外交無能，而是上帝選民的不恭順。他寫道：在耶路撒冷，「孩子撿柴，父親燒火，婦女摶麵做餅，獻給天后。」（《耶利米書》7:18）站在我們所站的距離外，我們很難想像一些看來那麼熟悉和本土的儀式怎麼會引起驚恐和憤怒。誰是「天后」？為什麼她會做餅卻被認為讓人不能忍受？耶利米雖然沒有提她的名字，但這位受到極大尊崇的女神

明顯是那個和金星相關的女神——巴比倫人稱之為伊絲塔（Ishtar）或伊南娜（Inana），迦南人稱之為「阿斯塔蒂（Astarte），希伯來人稱之為「阿舍拉」（Asherah）。考古學家在以色列王國和猶大王國都找到奉祀阿舍拉的古代神龕。希伯來人也許甚至把她視為耶和華的配偶。

在巴比倫滅亡和希伯來人返回耶路撒冷之後，對上帝配偶的膜拜看來受到希伯來祭司和先知的打壓。社群中的領導階層堅持主張耶和華孤身一人，沒有性別。然而明顯的是，阿舍拉並沒有因此銷聲匿跡。耶利米描述了當他指責耶路撒冷男女的偶像崇拜時，他受到什麼樣的回應：

> 那些住在埃及地巴忒羅知道自己妻子向別神燒香的，與旁邊站立的眾婦女，聚集成群，回答耶利米說：論到你奉耶和華的名向我們所說的話，我們必不聽從。（44:15-16）

群眾拒絕相信先知的譴責是上帝的原話。為什麼他們應該停止他們行之已久的祭拜呢？對於祭品都是女性自己安排，是她們背著丈夫偷偷在幹的指控，她們這樣憤怒反駁：

> 我們向天后燒香、澆奠祭，做天后像的餅供奉他，向他澆奠祭，是外乎我們的丈夫嗎？（44:19）

⑯ William Rainey Harper, "The Jews in Babylon," in *The Biblical World*, pp. 104–11. 說這個課題複雜和有爭議，乃是太粗略的輕描淡寫。想要有一個快速的概覽（只是聚焦在亞當夏娃和夏娃的故事寫成於何時的問題），見 Jean-Louis Ska, "Genesis 2–3: Some Fundamental Questions," in *Beyond Eden: The Biblical Story of Paradise (Genesis 2–3) and Its Reception History*, ed. Konrad Schmid and Christoph Riedweg, pp. 1–27。

⑰ See Moshe Halbertal, *People of the Book*.

⑱ 對多線股的體認至少可以回溯至十八世紀早期，當時一位德意志新教牧師維特（Henning Bernhard Witter）出版了一本小冊子，專門討論「伊羅興」和「耶和華」這兩個神名的不同。有鑑於那時候風氣極為封閉，做這種事需要極大的思想勇氣。除了維特，早期另兩位關鍵人物是荷蘭哲學家史賓諾莎（1632-77）和法國教

士西門（Richard Simon, 1638-1712）。所以，奠基性人物包括一個新教徒、一個猶太人和一個天主教徒。在這些勇敢的聲音之外，我們應該加上阿斯特呂克（Jean Astruc）和他死後在一七五三年出版的作品 *Conjectures sur les mémoires originaux dont il paroit que Moyse s'est servi pour composer le livre de la Génèse. Avec des remarques qui appuient ou qui éclaircissent ces conjectures*。對這複雜問題的一個通俗概覽，見 Richard Elliott Friedman, *Who Wrote the Bible?*

⑲ 這個議題特別複雜和有爭議性。在 *The Edited Bible: The Curious History of the "Editor" in Biblical Criticism* 一書中，John Van Seters 激烈反對用「編者」這種說法，主張使用「作者」。Seters 的論證受到 Jean-Louis Ska 的評論和挑戰（"A Plea on Behalf of the Biblical Redactors," pp. 4–18）。Ska 有說服力地指出，《聖經》的編者對他們使用的材料有著極大的尊敬，非常不願意把這些材料改寫為一個風格一貫和邏輯一致的整體。他們寧願只作少許修改和用一些段落連接如今我們可以看出是不同的傳說。就此而論，他們的作品相當不同於《李爾王》。我們是有可能在《李爾王》找到莎士比亞把不同資料來源縫合在一起的痕跡，偶爾還可以發現矛盾，但莎士比亞卻是賦予了《李爾王》模仿不來的風格和感性。但同樣情形卻不適用於《創世記》頭三章，更不用說適不適用於全本《摩西五經》。不過許多世紀以來，亞當和夏娃的故事連同全部《摩西五經》都被視為是摩西受神啟而寫出來或是在一個天使口授的情況下筆錄下來。這個有關作者的假設導致了漫長和致命的接受史（reception history），使明顯的文本矛盾和緊張沒有招來考證，而是被當成沉思、詮釋和藝術表象的對象。

第3章

① 發現銘文的人羅林森（Sir Henry Creswicke Rawlinson）是其中一個從現在看起來有點不真實的維多利亞時代紳士—探險家。他精力無窮而自大，在英國東印度公司任中尉，曾幫助重整伊朗國王的軍隊，表現出一個騎

士異乎尋常的智慧，探索了偏遠的庫爾德斯坦和埃蘭（位於今日伊朗西南部），變得流利於波斯文。一八三六年，他聽說了波斯國王大流士的刻貝希斯敦（Behistun）的古代銘文——貝希斯敦位於巴比倫和波斯之間的札格洛斯山脈（Zagros Mountains）。這銘文幾乎是不可接近，因為它是刻在離地面大概三百英尺一座懸崖的崖壁上。羅林森沒有被嚇倒，在一個當地小孩的幫助下爬上懸崖，取得銘文的拓片。羅林森的冒險經過被記載在 David Damrosch, *The Buried Book: The Loss and Rediscovery of the Great Epic of Gilgamesh*。銘文內容見De Mieroop, *A History of the Ancient Near East*, p. 291。

② 在《創世記》的開頭，希伯來上帝仍然是使用複數名字「伊羅興」，而祂也不是從無開始創造。我們當然是找不到阿普蘇和提阿瑪特，但卻找到混亂而無形無狀的物質和深淵：「上帝創造天地。地是空虛混沌，淵面黑暗。上帝的靈運行在水面上。上帝說：『要有光，就有了光。』」對於這些呼應的一個解釋，見 Howard N. Wallace, *The Eden Narrative*; W. G. Lambert, "Old Testament Mythology in Its Ancient Near Eastern Context" [orig. pub. 1988], in Lambert, *Ancient Mesopotamian Religion and Mythology: Selected Essays*, pp. 215–28。

③ See Damrosch, pp. 11–12. 在把泥版碎塊拼湊在一起的時候，史密斯犯了好些重要錯誤，但後來世紀的學術研究（連同一系列進一步的發現）證明了他在頭幾秒鐘的判斷正確。這些泥版碎塊要到了一九六〇年代才完全拼湊起來和解讀出來。

④ 亞述學家假設，在《阿特拉哈西斯》一個佚失的部分，諸神還同意為人類生命設立盡頭。見 W. G. Lambert, "The Theology of Death," in Lambert, *Ancient Mesopotamian Religion and Mythology: Selected Essays*; cited in Andrew George, *The Epic of Gilgamesh: A New Translation*, pp. xliv–xlv。

⑤ 《創世記》對道德價值並不是漠不關心：挪亞會得救是因為「他是個義人，在當時的世代是個完全人。」反觀其他的人則「充滿強暴」。（《創世記》6:9-10）然而，這個對世界的暴力非常反感的上帝——「它讓

祂滿心憂傷」（6:6）——卻又決定不分青紅皂白，消滅一切活物。大部分學者相信，《創世記》六章五至八節是來自「耶和華材料」，第九節到最後一節是來自「祭司派材料」。這兩者之間明顯有著不同的神學概念：在「祭司派材料」，「伊羅興」不會後悔任何事情，但在「耶和華材料」，耶和華卻後悔創造人類。

⑥ 特別有說明作用的是 Elaine Pagels 的兩部著作：*The Gnostic Gospels* 和 *Adam, Eve, and the Serpent*。

⑦ Unless otherwise noted, citations of *Gilgamesh* are to the edition and translation by Benjamin J. Foster. The textual history of *Gilgamesh* is complex; there are multiple versions, none of them complete, from different periods and places. The key tool for differentiating these versions is Andrew George, *The Babylonian Gilgamesh Epic: Introduction, Critical Edition, and Cuneiform Texts*; see also George, *Gilgamesh: The Babylonian Epic Poem and Other Texts in Akkadian and Sumerian*. There is a modern translation in verse—not accurate as a scholarly rendering but beautiful and evocative—by David Ferry. I have also profted from the translations by Stephen Mitchell and by James B. Pritchard, *Ancient Near Eastern Texts*, and Stephanie Dalley, *Myths from Mesopotamia*.

⑧ 這種創新——它改變了我們所有人的生命道路——是由一系列關鍵性的技術發展促成，特別是第一個書寫系統的發明。楔形文字泥版把複雜的計算、度量衡、交易、合約和法律記錄下來，讓都市生活成為可能，但它們也注意到這種新的存在方式的象徵意義。烏魯克是宇宙的一個象徵，而創立它的英雄是個神明多於人類。Cf. Nicola Crüsemann et al., eds., *Uruk: 5000 Jahre Megacity*.

⑨ 在 Pritchard, *Ancient Near Eastern Texts*, p. 74:

> 阿魯魯洗手，
>
> 捏了一把泥土，在草原上形塑。

⑩ Cf. from Bernard F. Batto, *Slaying the Dragon: Mythmaking in the Biblical Tradition*, p. 55:

蘇美神話「母羊與小麥」：

商肯（Shakan，羊群之神）還沒有走出乾土地；
在那個遙遠時代的人類
不懂得穿衣服，
像綿羊一樣用嘴巴吃草，
飲從水洞流出的水。

相似地，另一份蘇美文本 Ur Excavation Texts 6.61.i.7'–10' (ibid.)：

在那個遙遠時代的人類
由於商肯還沒有走出乾土地，
不知道要怎樣穿衣服，
是以赤裸裸地走路。

⑪《吉爾伽美什》是一首男同性戀史詩嗎？難說。雖然它沒明確否定吉爾伽美什和恩奇都有性關係，但也沒有這方面的描寫。不過，誠如吉爾伽美什的聰明母親預言的，兩人發展出深邃的男性情誼，一起面對危險和彼此絕對忠誠。吉爾伽美什和恩奇都都愛對方如自己生命。

⑫我們不知道《創世記》的編者選擇誰來建構這個新故事，但知道他們選得很棒。看來有理由認為寫出《創世記》第一章的作者回顧了好些較早期的記載，用它們來創造了自己的宇宙論。更有可能的是，第二和第三章的作者是不同線股的狡猾編織者。好幾個世紀以來，《創世記》的內容不斷被仔細檢視，以便發現它們是由多少線股構成。精確數目至今仍不確定，但執行這件大任務的人——聖經學界稱之為J（耶和華材料的縮寫）——幾乎確定組合了一大批不同的希伯來口頭傳說和書面傳說。

⑬ 所以，至少在現代聖經考證學興起之前，幾乎所有《創世記》的註釋都是認為在第二章被創造的人類有著在第一章被創造的人類的一樣屬性。

⑭ 被用來玩雙關語的希伯來文單字是 *balal*〔搞亂〕。

⑮ 對伊甸園的一個詳細闡釋，還有它和其他近東宗教的花園的仔細比較，見 Terje Stordale, *Echoes of Eden*。

⑯ 在《創世記》第一章，世界是源出一團水汪汪的物質，上帝把水分開和命令天空下面的水「要聚在一處，使旱地露出來。」（1:9）但在第二章，問題看來不是水太多而是剛好相反：大地乾旱，也沒有人耕種：「乾旱野地還沒有草木，田間的菜蔬還沒有長起來；因為耶和華神還沒有降雨在地上，也沒有人耕地。」（2:5-6）

⑰ ishah 和 ish（兩者顯然沒有詞源學關連）的文字遊戲進一步確認了「一體」體驗，但它同時是一種支配和臣服的行為，也就是男人命名了女人，就像他命名其他生物一樣。而且，對生物學事實有所糾正的是，他不是來自女人而是女人來自他。《吉爾伽美什》裡也有支配和臣服的一面，但那是透過生理競爭建立，不是透過命名，關係中也沒有滲透著「我骨中的骨」感受。

⑱ 離開父母建立新家庭的觀念在西方有什麼影響，見 Michael Mitterauer, *Why Europe: The Medieval Origins of Its Special Path*, trans. Gerald Chapple, pp. 58–98。

第4章

① 一年半前，阿里的父親（一個守夜人）被人謀殺。知道了兇手在哪裡之後，長子和弟弟進行報復。他們趁罪魁禍首睡覺沒有防備時，把他捉住，用尖利的鶴嘴鋤砍去了他的手腳，然後挖出他的心臟吃掉。當局對這件謀殺感到震驚，急於制止互相尋仇，開始盤問村民。阿里和幾個弟弟被短暫拘留下便獲釋，雖然應該

有很多人知道發生了什麼事，但所有人都保持沉默。

當警察仍然在村子裡搜查房屋找尋線索時，阿里擔心他的古書會被找到和沒收，便託給一位基督教教士保存。教士的妹夫是一名教區學校老師，曉得阿里的發現也許很有價值，建議接觸一些感興趣的人。

更詳細的經過見 John Dart, *The Laughing Savior*; Jean Doresse, *The Discovery of the Nag Hammadi Texts*; Elaine Pagels, *The Gnostic Gospels*; James M. Robinson, *The Nag Hammadi Story*。

② 唯一沒有被埃及當局沒收的莎草紙書去了美國，在那裡透過一個荷蘭學者賣給了精神分析學家榮格（Carl Jung）在瑞士的研究機構。對這本翻頁書的學術研究慢慢展開，整批古書的重要性也慢慢被發現。

③ 在《約翰祕密啟示錄》（*The Secret Revelation of John*）中，第一個人類是女人，名叫芭碧蘿（Barbelo）：「她變成了眾人的子宮，因為她先於眾人。她是父親—母親、第一個人類、聖靈、三重男性、三重力量、陰陽人、看不見者中間的永恆天使，以及第一個降生者。」（5:24–26, in Karen King, *The Secret Revelation of John*, p. 33）

④ Anderson et al., *A Synopsis of the Books of Adam and Eve*, enables the reader to compare the Greek, Latin, Armenian, Georgian, and Slavonic versions. See Michael E. Stone, *A History of the Literature of Adam and Eve*, and *Literature on Adam and Eve: Collected Essays*, ed. Gary A. Anderson et al. The tale of Adam and Eve's life after the expulsion had an immensely long, rich career throughout the Middle Ages and beyond. See Brian Murdoch, *Adam's Grace*, and Murdoch, *The Medieval Popular Bible*. For a transcription and English translation of the Old French version, see Esther C. Quinn and Micheline Dufau, *The Penitence of Adam: A Study of the Andrius Ms*.

⑤ In Freedman, *Midrash Rabbah*, 8:8.

⑥ Ibid., 8:4.

⑦ See Neil Forsyth, *The Old Enemy: Satan and the Combat Myth*; Elaine Pagels, *The Origin of Satan*; and Jeffrey Burton Russell, *The Devil: Perceptions of Evil from Antiquity to Primitive Christianity*.

⑧ The text, available in English translation at Christian Classics Ethereal Library (http://www.newadvent.org/fathers/1006.htm), is nominally Christian, but it seems to reflect questions that were asked at the time by Jews as well. See *Apocalypsis Sedrach*, ed. Otto Wahl, in *Pseudepigrapha Veteris Testamenti Graece*, 4 vols. (Leiden: Brill, 1977).

⑨ Cf. Adolf von Harnack, *Marcion:The Gospel of the Alien God*.

⑩ 很多學者都探討過為什麼保羅要在耶穌和亞當的故事之間建立這種關鍵性的聯繫。這種聯繫明顯和保羅出生於猶太人的世界有關——用 Daniel Boyarin 的話來說，保羅是一個「激進猶太人」（radical Jew）。（Cf. Boyarin, *A Radical Jew: Paul and the Politics of Identity* [Berkeley: University of California Press, 1994]）不過，誠如我們看到過的，在解釋惡的起源時，傳統猶太思想並不重視亞當的故事，多把目光集中在《創世記》第六章，其中提到「上帝的兒子們」下到人間娶「人類的女兒們」為妻。從這種結合誕生出一些會行惡的巨人。問題是，後來的大洪水應該已經殺死了所有這些混血的巨人，讓後大洪水世界的惡變得無法解釋。從西元前二世紀開始，隨著《禧年書》的出現，猶太思想越來越轉向用亞當的過犯來做為解釋。見 W. D. Davies, *Paul and Rabbinic Judaism*, esp. pp. 31–57。

⑪ 然後他把這種關聯說得更加明確：「死既是因一人而來，死人復活也是因一人而來。在亞當裡眾人都死了；照樣，在基督裡眾人也都要復活。」（《哥林多前書》15:21-22）然後在《羅馬書》，保羅再次把耶穌帶來的免費禮物和發生在時間初始的事情相提並論：

> 如此說來，因一次的過犯，眾人都被定罪；照樣，因一次的義行，眾人也就被稱義得生命了。因一人的悖逆，眾人成為罪人；照樣，因一人的順從，眾人也成為義了。（5:18-19）

Davies主張，是保羅引入基督是第二亞當的說法。（*Paul and Rabbinic Judaism*, p. 44）其他人——包括C. F. Burney（*The Aramaic Originof the Fourth Gospel* [Oxford: Clarendon Press, 1922]）相信這種說法至少隱含在對觀福音書裡。不管怎樣，是保羅先把球打出去：在他之後，大部分的早期教會父老都覺得有必要和《創世記》頭幾章角力。

⑫ Victorinus, "On the Creation of the World," in Coxe, *The Ante-Nicene Fathers*, vol. 7, *Fathers of the Third and Fourth Centuries*, p. 341.在被說成是大聖巴西略（St. Basil the Great）所寫的東正教禮典中，整個安排受到重申：

> 由於罪是透過人來到世界。而死是透過罪來到世界，你定意你的獨生子……生在律法之下，用他的肉體譴責罪，以使那些死在亞當裡的人可以在他裡面獲得生命。

⑬ 四世紀耶路撒冷主教聖西里爾（St. Cyril）提醒會眾，亞當受到這樣的刑罰：「你必終身勞苦才能從地裡得吃的，地必給你長出荊棘和蒺藜來。」聖西里爾以此指出：「這就是耶穌要戴上荊棘的原因。這也是他被埋在地裡的原因，因為這樣子的話，受過詛咒的地便可以獲得祝福。」（Edwin Hamilton Gifford, D.D., ed., "The Catechetical Lectures of S. Cyril, Archbishop of Jerusalem" in *Nicene and Post-Nicene Fathers of the Christian Church, Second Series*, vol. 7, p. 87）在亞當墮落後從地裡冒出的荊棘都很尖，但它們的全幅意義只有到了荊棘冠冕才會顯現和失效。有關預表法，特別可參考以下兩篇著作：Erich Auerbach, "Figura," in *Scenes from the Drama of European Literature* (New York: Meridian, 1959), pp. 11–56 和 Auerbach, "Typological Symbolism in Medieval Literature," in *Yale French Studies* 9 (1952), pp. 3–10。

⑭ In *Works of the Emperor Julian*, ed. Wilmer C. Wright (Cambridge: Harvard University Press, 1913–23), 1: 325–29.

⑮ See Philo of Alexandria, *On the Creation of the Cosmos According to Moses*, esp. 84–89. 雖然斐洛也許不懂希伯來文（他的許多作品總是引用《七十士譯本》），卻深信信摩西是《托拉》的作者，對他表達出最鋪張的仰慕之情。

斐洛指出，摩西不只宣示了律法，也沒有像異教祭司那樣用捏造的神話去唬弄大眾。相反地，一開始他就記載了上帝創造世界的過程，暗示著「宇宙和律法是和諧，律法和宇宙是和諧。」（p.47）

⑯ 沒有秩序是沒有數目，而「六是第一個完美數字」。它相等於它的部分，也是由它們的總和構成，也就是以三做為它的一半，以二做為它的三分之一，以單位做為它的六分之一。它本性上同時是雌是雄，在它們各自的產物中形成和諧的統一，因為在存在的事物中，單數是雄性，雙數是雌性。第一個單數是三，第一個雙數是二，兩者的產品是六。所以，宇宙做為最完美的事物，理應是根據最完美的數字「六」被創造。（Philo, ibid., 49）

⑰ 「樂園是暗示靈魂的統治部分，因為那裡就像充滿無數植物那樣充滿無數意見；生命樹暗示最重要的德行，即敬畏上帝，靈魂透過這德行可以獲得不朽。得以透過他本質上相反的是目可以被區別開來。（Philo, ibid., 88）

⑱ 解經技巧在賽法迪猶太人大哲學家邁蒙尼德（Maimonides, 1135-1204）達到高峰。邁蒙尼德至今仍然是正統猶太教的核心人物，他以深邃的學問和精準度詮釋《創世記》的經文，但沒有把內容理解為真人實事。藉助希臘哲學和希伯來哲人的話語，亞當和夏娃不是理解為小說中的角色，而是理解為單一個個人的象徵——在這個個人身上，形式和本質、知性和激情聯合在一起。

為了支持這種見解，邁蒙尼德引用了在世故的讀者看來也許會覺得是剛愎自用縮影的一段米德拉什註釋。一個古老的聖哲這樣說過：「蛇有一個騎乘者，這個騎乘者大如駱駝，是他誘惑夏娃。這個騎乘者是薩邁爾（Samael）。」邁蒙尼德承認這番話「按字面了解是最荒謬的，但做為一個寓喻，它卻包含著奇妙的智慧，也完全和事實相符。」他解釋說，薩邁爾是撒旦的名字，而他不是跟知性說話，而是跟慾望和想像力說話。在《聖經》裡，人的慾望和想像力部分被稱為「夏娃」。（Moses Maimonides, *The Guide of the Perplexed,* pp.154–56.）有關邁蒙尼德的思想方法和目標，見Moshe Halbertal, *Maimonides: Life and Thought*。對亞當和夏娃的寓意詮釋法不是一種宗教異議或懷疑主義的策略。正好相反，它產生了極為虔誠的思想。如果說它影響過高度理性的邁蒙尼德，它也啟迪過神祕主義的喀巴拉派（Kabbalists）。在猶太神祕主義的奠基性作品——十三世紀的《光輝之書》（*Zohar*）和十六世紀的《魯利安喀巴拉》（Lurianic Kabbalah）——《創世記》第一章來的亞當是按照亞當．卡德蒙（Adam *Kadmon*）的形象創造，是初始或屬天的亞當，頭部會放射光芒。他是純粹的靈體，被區分於一個被稱為始祖亞當（Adam *Ha-rishon*）的低層亞當，後者是我們在聖經敘事中所看見的亞當，他之內包含著所有未來的靈魂。這種兩個亞當的觀念和斐洛發起的寓意解經法至今繼續保持活力，一個例子是斯洛維奇克（Joseph Soloveitchik）出版於一九六〇年代中期的的《孤單的信仰人》（*Lonely Man of Faith*）。在斯洛維奇克看來，《創世記》第一章的亞當是「莊嚴人」（majestic man）的一個象徵，是透過知識和技術支配宇宙；第二章的亞當是「聖約人」（covenantal man）的象徵，是透過得到同伴和遵守上帝啟示的律法而免去了存在的孤單。

⑲ 猶太人「編造了一些最難以置信和乏味的故事，即是，有某個人是上帝用手塑造，然後被吹入生命氣息；一個女人是用這個人的肋骨所造；上帝發布了某些命令；一條蛇反對這些命令，在推翻上帝命令一事上取得了勝利。最不敬虔的是這些故事把上帝刻劃得很弱，竟然無法說服祂自己創造的那個人。」（Origen, *Contra Celsum* in *The Anti-Nicene Fathers*, 44:36）

⑳ 就像現代對於亞當和夏娃的猶太思想是繼承了斐洛的遺產，現代基督徒之中也有很多人繼承了俄利根在三世紀發起的寓意解經法。歐洲啟蒙運動最偉大的哲學家康德對神學蒙昧主義和聖經字面主義毫無耐性。他指出，在了解道德上的惡的起源和表象，它傳播給我們物種所有成員的過程的各種方式中，「最不適當的一種就是把惡設想為是通過遺傳，從我們的始祖傳給我們的。」我們的惡性不可能是繼承，而「每一種惡

的行動，如果我們要尋求它在理性上的起源，那必須這樣看待它，就好像人是直接從天真無邪的狀態陷入到它裡面一樣。」康德體認到，如果我們以天真無邪狀態為起點，就無從解釋道德上的惡是怎樣產生。面對這個兩難式，他以一種俄利根也許會贊成的方式回到伊甸園的故事：「聖經以一個歷史敘事表達這種不可理解性。」（Immanuel Kant, *Religion Within the Boundaries of Mere Reason*, p. 65）聖經記載的不合理性是理性無法解決的哲學問題的一個精采寓喻。十九和二十世紀一連串的傑出哲學家（兼含新教徒和天主教徒）——史萊馬赫（Friedrich Schleirmacher）、齊克果、尼布爾（Reinhold Niebuhr）、巴爾塔撒（Hans Urs Von Balthasar）——起而效尤。不過和現代猶太教的情況不同，這些基督教寓意法的現代例子不構成對於一個不間斷思想傳統的一脈相承。相反地，它們是經歷一次很長期的式微之後的復興。

第5章

① 布達佩斯的盧達浴池、安曼的帕夏浴池和伊斯坦堡的蘇萊曼浴池，乃至紐約第五大道的俄羅斯和土耳其浴池，多多少少也是這個樣子。

② Augustine, *Confessions*, trans. R. S. Pine, 2:3, p. 45.「我父親看見了男性雄風在我身上煥發的表徵」一語不無可能只是表示伯特撒烏斯看見兒子長出陰毛，不是看見他勃起。但我傾向於認為「男性雄風」不只暗示陰毛。而且不管怎樣，勃起經驗（特別是不由自主的勃起）對奧古斯丁詮釋伊甸園故事和他理解墮落後的人類狀態都具有關鍵性。

③ 他的弟弟那末奇烏斯（Navigius）在《懺悔錄》裡只出現了片刻：出現在奧斯蒂亞、母親將死前的床邊。他表示他希望母親是死在故鄉而不是外地，因為那樣子她就可以葬在丈夫身邊。「看他說什麼傻話！」莫妮卡說，指責他迂腐，表示自己不在乎在哪裡入土為安。有關奧古斯丁的生平，我主要是參考 Peter Brown,

Augustine of Hippo 和 Robin Lane Fox, *Augustine: Conversions to Confessions*。

④「我不尋求會把我傷得深的哀傷，因為我不想承受我在舞台上看到的痛苦。但我喜歡只會擦破皮的寓言和虛構。」（*Confessions*, 3.2. p.57）

⑤ 伊壁鳩魯主張我們所知的宇宙是由原子的隨機撞擊形成，諸神對人類的行為滿不在乎也對人類的祈求充耳不聞。

⑥「它純樸語言和簡單風格讓任何人都讀得懂，但又能讓博學的人深受吸引。」（*Confessions*, 6:5, p. 117）

⑦ 他兒子阿得奧達圖斯（Adeodatus）跟父親和父親的朋友阿利比烏斯一起受洗。奧古斯丁對兒子的虔誠和聰慧感到驚奇，認為都是上帝的恩典，因為「那孩子身上除了我的罪沒有我的其他東西。」（*Confessions*, 9:6, p. 190）阿得奧達圖斯死於少年時期。

⑧ 最後一句話出自《馬太福音》25:21。*Confessions*, 9:10, p. 198.

⑨ Rebecca West, *St. Augustine*, p. 91.

第6章

① Quoted in Augustine, "*De Gratia Christi, Et De Peccato Originali*," *Augustin: Anti-Pelagian Writings*, p. 214.

② See chapter 45 in *On the Holy Trinity* in *Nicene and Post-Nicene Fathers of the Christian Church, First Series*, vol. 3, *St. Augustin: On the Holy Trinity, Doctrinal Treatises, Moral Treatises*. Augustine began to write *On the Holy Trinity*, or *De trinitate*, around 400, three years after the *Confessions*.

③「這些惡的原因或者是上帝的不公正或無能，或者是對最初的原罪的懲罰。但上帝既不是不公正，也不是無能的，那麼原因只剩下後者。這是你不得不勉強承認的：如果不是先有因出身而來的罪該受懲罰，亞當

的子孫自出母腹之日起直到在萬物之母裡面埋葬之日，壓在他們身上的重軛就可能不存在。」（Augustine, *Saint Augustine Against Julian*, p. 240）

④「但一個公正的人能贊成我小時應該因為打球而被責打嗎？只因我打球而未能更快學會功課，而這些功課可讓我長大後玩些更可恥的遊戲？」（*Confessions*, 1:9, p. 15）

⑤「沒有善與惡是我們與生俱來，並因此而值得讚揚或責備。善與惡毋寧是我們所行出來，因為我們是生而有能力為善或為惡。」（cited in "St. Augustine on Original Sin" in *St. Caesarius of Arles Sermons*, p. 442）「面對行動時有自己的意志，這是上帝唯一造在人類面的。」（cited in Benjamin B. Warfeld, "Introductory Essay on Augustin and the Pelagian Controversy" in *St. Augustin: Anti-Pelagian Writings*, p. 15）「就像我們被生下來的時候是沒有美德，我們被生下來的時候也是沒有惡德。」

⑥ Cited in John M. Rist, *Augustine: Ancient Thought Baptized*. 伯拉糾派的立場從一開始就受到攻擊，被認為是弱得無可救藥（因為「模仿」和「習慣」要怎麼解釋人類罪性的普遍性？），也一直是被鄙夷和看不起的對象。例如 Bonnie Kent就不以為然地表示：「伯拉糾及其追隨者宣稱亞當的罪除了傷害到自己以外沒有傷害到任何人，認為他只是在一個微不足道的意義下樹立了一個壞榜樣。」（"Augustine's Ethics" in *The Cambridge Companion to Augustine*, p. 223）這個壞榜樣在什麼意義下是微不足道的？一個「榜樣」對伯拉糾來說形同是人類文化冰河似的重量。

⑦這是早期伯拉糾派的主張。晚期的伯拉糾派願意承認死亡是由亞當引入。

⑧ James Wetzel, "Predestination, Pelagianism, and Foreknowledge," in *The Cambridge Companion to Augustine*：「首先惹惱北非主教們的是伯拉糾的弟子，一個叫伽肋斯糾（Caelestius）的羅馬貴族。在迦太基時，他提到嬰兒受洗的問題，主張不需要訴諸每個人出生時都受到原罪污染才有必要為嬰兒受洗。對非洲人來說，原罪是他們艱苦

贏得的教條，所以他們在宗教會議上譴責伽肋斯糾。在四一五年十二月於迪奧斯波利舉行的宗教會議上，伯拉糾一度逃脫共犯罪，但翌年非洲人（現在由奧古斯丁領導）結合力量，最終說服教宗佐西（Zosimus）譴責伯拉糾為異端。」

⑨ 尤利安曾經主張：「嬰兒不可能有罪，因為沒有意志不可能犯罪，而嬰兒不擁有意志。」（*Saint Augustine Against Julian*, p. 216）奧古斯丁反駁說：「如果這一論斷是指個人的罪，那可以說沒有錯，但如果是指通過出身染的第一個人的罪，那就不對。如果沒有這樣的罪，那嬰兒不受制於任何惡，就不可能在公義上帝的偉大權能下遭受身體上或者靈魂上的任何痛苦。」（ibid., 116）

⑩「人所做的任何良善，如果不是為了真智慧吩咐的目的而得以成全的，從它的功能看可能是好的，但因為目的不正當，所以就是罪。」（*Saint Augustine Against Julian*, p. 187）奧古斯丁引使徒保羅在《希伯來書》的話做為證明：「人非有信，就不能得神的喜悅。」（ibid., 195）（《希伯來書》11:6）尤利安大為憤怒，認為奧古斯丁是斷章取義。

⑪「你區分，你界定，你提供一篇客觀分析的論文，專門討論淫慾的種、類、程式、過分，指出：『它的種在於生命的火；它的類在於生殖行為；它的程式在於夫妻行為；它的過分在於放縱通姦。』你說了一大堆自以為巧妙其實囉唆煩人的話，但是我只要簡潔而公開地問你，為什麼這種生命之火把戰爭的根種在人裡面，使他的肉體爭戰他的聖靈，使他的靈起來爭戰他的肉體——他立志要與生命之火保持一致，卻為何得到致命傷害？我想你書中的黑字肯定會羞得變成紅色。」（*Saint Augustine Against Julian*, p. 216）在和伯拉糾派的鬥爭中，奧古斯丁佔了一個優勢：尤利安雖然曾經結婚，但表明現在自己已經誓守獨身。苦行僧伯拉糾也是這樣。奧古斯丁問道：如果不是性愛有什麼問題，他們幹嘛貞潔自守？

⑫「儘管淫慾本身的活動時而懶惰，時而猛烈，但從未停止誘惑婚姻走向非法，甚至當婚姻為生育的目的正

當使用邪惡的淫慾時，也受到這種誘惑。」（*Saint Augustine Against Julian*, p. 134）

⑬ 對，這種擾動是讓人愉快的：性經驗豐富的奧古斯丁表示它是「所有肉體快樂中最大的一種。」但這種快樂的烈度正是其危險之所在。如果生兒育女的時候沒有了這種甜蜜的毒藥反而更好。「愛智德及純潔愉樂的人……，誰不願沒有情慾而生子女呢？」（Augustine, *The City of God* in *Nicene and Post-Nicene Fathers, First Series*, vol. 2, *St. Augustin: The City of God, and Christian Doctrine*, pp. 275–76）還有：「熱愛屬靈之善的人，結婚只為了生育子孫，如果能夠，怎麼會不願意選擇不要它或者不靠它這種巨大的衝動而繁殖後代呢？」（*Saint Augustine Against Julian*, p. 228）

⑭ According to N. P. Williams, Augustine came up with the term in his treatise *"ad Simplicianum."* Cf. Williams, *The Ideas of the Fall and of Original Sin, a Historical and Critical Study*. In my sampling of the overwhelmingly vast literature on Original Sin, I found Williams's venerable book helpful, along with the still more venerable H. Wheeler Robinson, *The Christian Doctrine of Man* (Edinburgh: T. & T. Clark: 1913), and Frederick Robert Tennant, *The Sources of the Doctrines of the Fall and Original Sin* (Cambridge: Cambridge University Press, 1903).

⑮ 當然，這種廣大表示我們總是容易找到例外。另外，如果虔誠的猶太人和穆斯林並不熱烈接受一個全幅度的原罪觀念，他們倒是常常記住亞當和夏娃的不順服所帶給自己和後代的污染。一個在法國旅行的十七世紀穆斯林這樣告訴一個基督徒：

> 我們需要排出的糞便，是我們從那棵樹繼承而來。它導致身體的不潔，結果就是人必須清洗身體那些不潔的部分。他要清洗雙手，因為我們的祖先亞當曾伸手摘禁果；他要清洗嘴巴，因為他吃了禁果；他要清洗鼻子，因為他聞過禁果的味道；他要洗臉，是因為他曾面向禁果。

Ahmad bin Qasim, *Kitab Nasir al-Din ala al-Qawm al-Kafirin (The Book of the Protector of Religion against the Unbelievers)*, in *In the Land of the Christians: Arabic Travel Writing in the Seventeenth Century*, pp. 26–27.

⑯ See chapter 18 in Augustine, *On the Holy Trinity* in *On the Holy Trinity, Doctrinal Treatises, Moral Treatises*.

⑰ The words Augustine uses for his method of interpretation include not only *allegoria*, but also *fgura, aenigma, imago, similitudo, mysterium, sacramentum, signum,* and *velum* [veil]. Cf. Augustine, *A Refutation of the Manachees* in *On Genesis: A Refutation of the Manachees, Unfnished Literal Commentary on Genesis, The Literal Meaning of Genesis*, p. 30. For "soulish," see Augustine, *On Genesis*, p. 78. In *A Refutation of the Manachees*: Eve was not in Paradise "in a local sense, but rather as regards her blissful feeling of Paradise" (Augustine, *On Genesis*, 2.41.20, p. 85). Cf. John M. Rist, *Augustine: Ancient Thought Baptized*, p. 98.

⑱ 奧古斯丁並不否認聖經的記載是事實，只是認為這些事實並不是最重要的。他寫道：「即使歷史上真有一個女人被從世界的第一個男人的身體創造出來，她會是那樣子被創造，一定是有用意，必然是暗示著某種隱藏的真理。」上帝「用皮肉填滿肋骨的空間，暗示著我們應該愛我們自己的靈魂。」（*On Genesis*, 2.12.1, p. 83）在某些情況下，字面意義會是居於屬靈意義之後。所以上帝吩咐人要生養眾多，起初是屬靈意義，然後在犯罪後被轉變成為生兒育女的要求。（*On Genesis*, 1.19.30, p. 58）亞當的勞動做為基督伸出手的一個預期，見 *On Genesis*, 2.22.34, p. 94。

⑲ 早在三九三年，即《反對摩尼教》完成才五年後，奧古斯丁就嘗試（在一篇他沒有完成的作品中）採取一種較字面性的詮釋，把《創世記》的開頭幾章看成是對歷史上真人實事件的記載。儘管如此，他並沒有完全拋棄寓意解讀法。這種解讀法的印記在《懺悔錄》最後幾卷特別明顯。上帝為什麼要吩咐第一對男女「生養眾多」呢？祂並沒有給予魚鳥和樹木同樣戒命，我們有理由認為這是因為祂預期牠們自然會繁殖，無須要特別命令。所以，上帝對人類的命令必然包含著一個特殊的意義。奧古斯丁問上帝說：「祢的話包含著什麼奧秘？我看不出來有什麼能禁止我以比喻的方式詮釋祢的經文的意義。」（Augustine, *Confessions*,

13:24）奧古斯丁認為，上帝所說的「生養眾多」和性繁殖無關：「我把生養理解為心靈所孕育的思想，因為理性是肥沃和有生產力。」（ibid., 13:24）

⑳ 他對自己的能力有著巨大信心，相信靠著這種能力加上上帝的幫助，他可以完成任何自己設定的工作。試看《上帝之城》以下這段話的語氣：「既然已經解決了世界的起源和人類的開端這兩個非常困難的問題，自然的次序要求我們進而探討初人（或初人們）如何墮落，以及死亡如何開始並流傳至今。」（*The City of God, in St. Augustin: The City of God, and Christian Doctrine,* p. 245）

㉑ 「奧古斯丁幾乎沒有其他著作要比這部更堅持、更細心和更慎重。」（Augustine, *The Literal Meaning of Genesis* in *On Genesis,* p. 164）見 *The Literal Meaning of Genesis* in Augustine, *On Genesis,* p. 183.; *St. Augustine Select Letters*, p. 277。）

㉒ "Revisions [Retractiones]" in *On Genesis,* 2.24.1, p. 167.當碰到上帝的聲帶之類的難題時，他求助於一條他常常被迫重申的原理：當上帝或任何執行先知職分的人說的話照字面理解會非常荒謬時，那毫無疑問我們應該將之理解為比喻。」（ibid., 11.1.2, pp. 429–30）

㉓ 奧古斯丁指出，如果你問他是怎樣知道「死亡」是什麼意思，那你應該提醒自己，你是可以憑直覺而不需要直接透過經驗知道很多事情。（cf. *On Genesis,* 8.16.34）

㉔ 奧古斯丁指出，我們也許可以認為，禁果樹上的蘋果和亞當夏娃在伊甸園裡其他樹木找到的蘋果是同一類。我們知道真正的蛇不會說話，但真正伊甸園裡的真正的蛇並不必須會說話：「是魔鬼透過蛇來說話，利用牠作為喉舌。」（Augustine, *The Literal Meaning of Genesis in Augustine, On Genesis,* p. 449）不是所有賴以建構一種字面解讀的細節都必然包含在《聖經》裡，但我們可以透過猜想填補空缺。由於我們無法想像魔鬼有力量減低上帝的大能或第一對人類的自由意志，我們應該明白，如果夏娃「不是已經愛上自己的獨立權威和對自己有某種驕傲的過度自信」，魔鬼的話不會對她起作用。（*On Genesis,* 11.30.39, p. 451.）

㉕ *The City of God in St. Augustin: The City of God, and Christian Doctrine*, p. 271.奧古斯丁指出，亞當錯誤地假定上帝會原諒他。他沒有被蛇或妻子欺騙，而是被「以為自己可以靠道歉過關的認定欺騙」。他以為自己犯的只是輕罪，不會被判死刑。《失樂園》的亞當犯了同樣錯誤。

㉖ Augustine, "A Letter Addressed to the Count Valerius, on Augustin's Forwarding to Him What He Calls his First Book 'On Marriage and Concupiscence'" in "Extract from Augustin's 'Refractions,' Book II, Chap. 53, on the Following Treatise, '*De Nuptiis et Concupiscenta*'" in *St. Augustin: Anti-Pelagian Writings*, p. 258.

㉗ 「這不是必然會把羞恥的害羞凌駕於人類意識的自由嗎？因為它鄙視上帝，鄙視自己的指揮者，它失去了對自己器官的所有恰當指揮。」（Augustine, *On Marriage and Concupiscence*, in *St. Augustin: Anti-Pelagian Writings*, p. 266）有關羞恥心的興起，見 Kyle Harper, *From Shame to Sin*。有關羞恥的心理和肉體經驗，見 Michael Lewis, *Shame: The Exposed Self*。

㉘ *On Marriage and Concupiscence* , p. 266. 在一些時候，他意識到女性的性經驗也許不同於男性。例如，他知道男人會透過射精獲得最強烈的快感，但「這種快感是不是會伴隨兩性精元在子宮裡的混合而出現，則是一個也許可以從她們內在感覺取決的問題。但我們不應該放縱我們的好奇心走得太遠。」（*On Marriage and Concupiscence*, p. 293）

㉙ *On Marriage and Concupiscence*, p. 266. 在《上帝之城》中，奧古斯丁談到情慾的不可靠：「肉情不但不服從生育的意願，且不服從五官的快樂。雖然多次反抗理智的約束，有時卻激動心神，而不動肉身。」（*The City of God*, in *St. Augustin: The City of God, and Christian Doctrine*, p. 276）

㉚ 「難道這種快感的極致不是會導致心靈本身被淹沒？即使接近它是帶著好的目的，即為了生育孩子，也不可能改變它的本性，因為它一旦發動，就不允許人思考。」（*Saint Augustine Against Julian*, p. 228）有關奧古斯

丁是與哪些神學議題角力，見 Peter Brown, *The Body and Society*。

㉛ 性繁殖不是唯一的差異。伯拉糾派主張，死亡因為是人之所以為人的定義的一部分，所以死亡也是不可避免會臨到亞當和夏娃。奧古斯丁激烈反對此說，認為第一對人類透過生命樹是有可能長生不死。亞當如果沒有犯罪，就不會變老：「他因為各種樹木提供的果子而不會衰敗，因為生命樹提供的果子而不會衰老。」（Augustine, *A Treatise on the Merits and Forgiveness of Sins, and on the Baptism of Infants*, in *St. Augustin: Anti-Pelagian Writings*, p.16）如果他們不是犯了罪，他們就不會變老，也不會死亡。雖然較不是那麼肯定，但奧古斯丁也相信亞當和夏娃的子孫如果留在伊甸園，將不會經驗到現在所有嬰兒都會經驗的極端無助。古代世界和現在的自然科學家都意識到更長的童年是我們物種的一個標記。奧古斯丁相信那是一種懲罰。問題不在於尺寸：他完全明白，子宮的限制讓嬰兒必須非常小。但是如果第一對男女沒有犯罪，他們的子孫也許就會同時獲得身體和智力上的優秀。他觀察到很多野生生物剛出生「就能夠到處跑，認得母親，想要吸奶時不需要外在幫助或照顧，能夠非常輕鬆容易發現母親的奶頭。」（ibid., p. 43）但人類卻相反：「剛出生時，他們沒有適於走路的腳，也沒有能夠抓東西的手，除非他們的嘴唇被母親放在乳頭上，他們不會知道在哪裡可以找到。」（ibid., p. 43）他以此下結論說，這種可哀的狀態幾乎肯定是一種懲罰，是亞當和夏娃犯罪的結果。

㉜《上帝之城》第十四卷對伊甸園裡的性生活有較詳細的描述。

㉝ 男性身上明顯沒有類似處女膜的東西，但因為奧古斯丁想像女性必然會有類似勃起的興奮經驗，所以他也想像男性的身體完整性會在性交時被破壞。

㉞ 這種公開讓人參觀的性交會有快感嗎？奧古斯丁不太確定。不過他肯定那不會有不由自主的興奮。Cf. Augustine, *Marriage and Concupiscence*, in *St. Augustin: Anti-Pelagian Writings*, p. 288：「如果不是正當的交配，不可能

沒有讓人羞恥的淫樂，他們為什麼要特別躲開小孩子的眼睛呢？因為這樣，他們感到羞慚，要遮蓋他們的裸體。這些身體部分本來是沒有羞恥意味，而是值得做為上帝的作品受到讚美。他們在感到羞慚之後披上遮蓋，他們在對他們的創造者不順服之後感到羞慚，感到他們的器官不順服他們。」

第7章

① 《古蘭經》並沒有說夏娃比亞當先吃禁果，也沒有說亞當把責任歸咎夏娃。《古蘭經》裡沒有提到夏娃的名字（阿拉伯文作 Hawwa'），只稱她為亞當的「配偶」，指她和丈夫一起犯罪，因為不順服而被驅逐出伊甸園。見 Kvam et al. *Eve & Adam*, esp. pp. 179–202, 413–19, 464–76; Karel Steenbrink, "Created Anew: Muslim Interpretations of the Myth of Adam and Eve," in Bob Becking and Susan Hennecke, ed., *Out of Paradise: Eve andAdam and their Interpreters* (Shefeld, UK: Shefeld Phoenix Press, 2011); *Concise Encyclopedia of Islam*, entries on Hawwa' and Adam。後《古蘭經》傳說反映著許多拉比猶太教和基督教的傳統。

例如，在猶太教傳統，即使有些猶太人變得對《創世記》故事中的人類罪咎感興趣，他們通常也是把亞當而不是夏娃看成罪魁禍首。例如《以斯拉續篇下卷》（2 Ezra）七章一一八節就有這樣的話：

亞當，你做了什麼？
因為犯罪的雖然是你，
墮落的卻不只是你一人，
而是還包括我們——你的後代子孫。

《以斯拉續篇下卷》又稱《厄斯德拉後書》（2 Esdras）或《以斯拉啟示錄》，是西元七〇年聖殿被毀之後編撰而成，用以幫助讀者理解猶太歷史上的這場災難。

② Citations of Hesiod are to Hesiod, *"Works and Days" and "Theognis."* Dora and Erwin Panofsky, *Pandora's Box*：「相當有趣的是，在傳播和轉化潘朵拉故事一事上，教會父老比世俗作家扮演更重要的角色：在企圖用一個古典例子支持原罪說但又用基督教真理反對異教的寓言時，他們把潘朵拉比擬為夏娃。」另參見 Stephen Scully, *Hesiod's "Theogony"*。

③ Tertullian, *De Cultu Feminarum*, trans. Sydney Thelwall, 1.1.14. 這種對女人打扮的憤慨之詞在當時完全是典型的。例如，與特士良同時代的亞歷山卓的克萊曼特（Clement of Alexandria）即這樣說過：「一如蛇曾經欺騙夏娃，黃金飾物現在也讓其他女人發瘋，被用作蛇形象的誘餌，塑造成七腮鰻和蛇的形狀。」（*Paedagogus*, in Clement of Alexandria, *The Anti-Nicene Fathers*, vol. 2, *Fathers of the Second Century: Hermas, Tatian, Athenagoras, Theophilus, and Clement of Alexandria*, 2.13）

④ "To Marcella," in Jerome, *St. Jerome: Select Letters*, p. 163. 婚姻做為「禁果樹」，見 p. 165.

⑤ "To Eustochium," in Jerome, *Select Letters*, p. 93. 大概是為了強調婚姻對女性嚴苛，耶柔米給他翻譯的《創世記》三章十六節作出了一個重要修改。希伯來文原作：「妳必戀慕妳丈夫，妳丈夫必管轄妳。」耶柔米改為：「妳將會處於男人的權力之下，他將會主宰妳。」耶柔米這樣改並無道理，所以現代天主教的版本把它改回來。

⑥《提摩太前書》2:11-14。這個引用引起許多爭議，因為它只取用經文的表面意義。接下來的經文讓耶柔米處理起來有一些困難：「然而，女人若常存信心、愛心，又聖潔自守，就必在生產上得救。」

⑦ Guido de Baysio and Raymond de Peñaforte are both cited in Gary Macy, *The Hidden History of Women's Ordination*, p. 123.

⑧ 有關夏娃和瑪利亞，見 Miri Rubin, *Mother of God*. esp. pp. 202–3, 311–12. A rich collection of images linking Eve and Mary is available in German in Ernst Guldan, *Eva und Maria*。

⑨ Illustration of Dante Alighieri, *Paradiso,* Yates Thompson MS 36, c. 1445. 畫者也許是保祿（Giovanni di Paolo）。

⑩ Breslau. Stadtbibliothek Cod. M 1006 (3v); in Guldan, plate 156.

⑪ 卡拉瓦喬是為教宗轎夫禮拜堂（Papal Grooms）的祭壇製作這幅油畫。這個基調並不是他發明：同一個基調早前曾出現在菲吉諾（Giovanni Ambrogio Figino）的一幅畫裡。但卡拉瓦喬還是讓他的畫有一種特別讓人不安的熱烈性和奇怪性。大概正因為這樣，教宗轎夫禮拜堂在把這畫展出一段短時間之後便賣給了樞機主教波格賽（Scipio Borghese）。

⑫ Thomas Aquinas, *Summa Theologica,* 1a.q.92 a. 1 ad 1. See Harm Goris, "Is Woman Just a Mutilated Male? Adam and Eve in the Theology of Thomas Aquinas," in *Out of Paradise*.

⑬ St. Peter Damian, quoted in Gary Macy, *The Hidden History of Women's Ordination*, p. 113.

⑭ Paucapalea, quoted in Macy, *The Hidden History of Women's Ordination* , p. 114. 這就是一個十二世紀教會法學者的深思熟慮意見，他曾經寫過一篇論自己傑出老師格拉提安（Gratian）的論文。這個論證被用來支持女人在月經期間和分娩之後不應該被允許進入教堂。其他教會人士強烈反對。

⑮ *The Hammer of Witches: A Complete Translation of the Malleus Malefcarum,* trans. Christopher S. Mackay, p. 164.

⑯ 對於這種厭女態度的元氣淋漓否定，見 Alcuin Blamires, *The Case for Women in Medieval Culture*, esp. pp. 96–125.

⑰ *Dialogue on the Equal of Unequal Sin of Adam and Eve* (Verona, 1451), in Isotta Nogarola, *Complete Writings: Letterbook, Dialogue on Adam and Eve, Orations*, pp. 151–52.

⑱ *The Book of the City of Ladies*, I.9.3.

⑲ Arcangela Tarabotti, *Paternal Tyranny*, p. 51.

第8章

① 對於埋葬方式的轉換，一個豐富的討論見於 Thomas Laqueur, *The Work of the Dead*。

② 我在這個地點找到不少於四幅亞當和夏娃的畫像。我要感激我的專業導遊藝術史家庫爾齊奧博士（Angela di Curzio），以及羅馬教皇神聖考古學委員會朱利安尼博士（Raffaella Giuliani）批准我參觀地下墓穴通常不對外開放的部分。

③ Elizabeth Struthers Malbon, *The Iconography of the Sarcophagus of Junius Bassus*. 早期基督徒石棺流傳至今的亞當和夏娃像大概有三十四幅。

④ See William Tronzo, "The Hildesheim Doors," *Zeitschrift für Kunstgeschichte*: 347–66; Adam S. Cohen and Anne Derbes, "Bernward and Eve at Hildesheim": 19–38.

⑤ 一些例子見 Sigrid Esche, *Adam und Eva: Sündenfall and Erlösung*。這只是一條大概的通則，在漫長的歷史時間內一定會有例外。例如，十六世紀著名的《維也納創世記》描繪了裸體和昂首挺胸的亞當和夏娃（但有樹枝遮蓋他們的性器官）。不過，在接下來描繪他們被逐出伊甸園的一幕，他們仍然是身體前彎。見 *Imaging the Early Medieval Bible,* ed. John Williams。一些新穎和嚇人一跳的表象裸體方式，見 Alastair Minnis, *From Eden to Eternity: Creations of Paradise in the Later Middle Ages*。

⑥ 對於這個心得，還有我在很多其他地方對於畫像的討論，都是受惠於我和科爾納（Joseph Koerner）談話。

⑦ 除了為了端莊，這種遮蓋不無道理，因為在《創世記》裡，我們除了讀到第一對人類在墮落之後因為感到羞慚而給自己遮上無花果葉之外，上帝也在把他們趕出伊甸園之前給他們穿上獸皮。所以從一個嚴格經文的觀點來看，壁畫中用無花果葉遮蓋的人物都是穿太少衣服。James Clifton, "Gender and Shame in Masaccio's *Expulsion from the Garden of Eden,*" 637–55.

⑧ Erwin Panofsky, *The Life and Art of Albrecht Dürer*.

⑨ William Martin Conaway, *Literary Remains of Albrecht Dürer*, p. 244.

⑩ Joseph Koerner, *The Moment of Self-Portraiture in German Renaissance Art*, p. 239 and n. 43.

⑪ 雖然杜勒比任何人把這個觀念看得更加認真，但它在當時其實相當平常。例如，十五世紀義大利傳道人吉羅拉莫（Girolamo Savonarola 說過：「有道是，每個畫家畫的其實都是自己。」（cited in Koerner, *The Moment of Self-Portraiture,* p. 484, n. 2）

⑫ 在設法說明他自己或者任何擁有重大才能的人應該做什麼的時候，他喚起了一個跟伊甸園中的亞當和夏娃奇怪相似的情景：「因為善與惡擺在人面前，一個有理性的人理應選擇善。」（*Literary Remains of Albrecht Dürer*, p. 245）

⑬ 人像的這種姿勢被稱為對立式平衡（*contrapposto*），藝術史家潘諾夫斯基（Panofsky）對其描述如下：「身體的重量（這身體完全以正面呈現，頭則或多或少轉向側邊）集中在『站著的腿』上，『空出的腿』只以腳趾著地，向前踏出。在骨盆支撐胸脯的情況下，『站著的腿』的臀部微微向上，對應的肩膀微微下斜。」（*The Life and Art of Albrecht Dürer*, p. 86）

⑭ 這種可能性連同其他明顯細節是科爾納所觀察到。（Koerner, *The Moment of Self-Portraiture,* p. 239）

⑮ Cf. Koerner, *The Moment of Self-Portraiture,* p. 195. The proportions are most elaborately worked out in Albrecht Dürer, *Vier Bücher von menschlicher Proportion (1528): mit einem Katalog der Holzschnitte,* ed. Berthold Hinz (Berlin: Akademie Verlag, 2011). See also Christian Schoen, *Albrecht Dürer: Adam und Eva. Die Gemälde, ihre Geschichte und Rezeption bei Lucas Cranach d. Ä. und Hans Baldung Grien*; Anne-Marie Bonnet, *"Akt" bei Dürer*.

第9章

①根據密爾頓一位早期傳記作者所說，密爾頓才華較小的弟弟克里斯多福（Christopher）在父親的安排下走上法律的道路。在《教會政府的理由》中，密爾頓寫道：「基於我父母和朋友的意向，我從小就注定要服務教會，但當我漸漸長大，我看出教會已經被專橫入侵，接受聖職是自甘做奴隸。」（Milton, "The Reason of Church Government," in *Complete Prose Works of John Milton*, p. 108）

②至少他在寫給好友迪奧達蒂的一首拉丁文詩歌裡是這樣說的：「常常你看見成群的年輕女孩經過：都是些呼吸著誘惑火焰的星星。有多少次我驚訝於一個苗條倩影可以讓年老的朱庇特重振雄風！」（"Elegia Prima ad Carolum Diodatum," in *The Complete Poetry and Essential Prose of John Milton*, p. 174）我引用的所有密爾頓詩句都是出自這個版本。有關密爾頓的鄉居生活，見Barbara Kiefer Lewalski, *The Life of John Milton: A Critical Biography*, pp. 21–22。回到基督學院之後，密爾頓採取了一個在當時非常不一般的做法：找了一個不同的人當導師。

③他的鋒利舌頭在出鞘多次之後似乎改變了潮流。他變得以他的諷刺演講（當然都是用拉丁文發表）聞名，甚至被同學選出來當一年一度結業演講的講者。「基督女士」利用這個機會來談他和同學建立的「新友誼」——這是他始料不及，因為他們當初對他「充滿敵意和不喜歡」。（Milton, "The Reason of Church Government," in *Complete Prose Works of John Milton*）在反省自己得到的外號時，他這樣問道：「為什麼他們覺得我不夠男人呢？」

> 我猜那是因為我從沒有像個拳擊手那樣豪飲，或是因為我沒有因犁田而變得皮膚粗硬，或是因為我沒有在七歲當農場工，或是因為我從沒有躺在中午的太陽底下睡覺，最後是因為我沒有以這些嫖客的方式展示我的男性雄風。（ibid., p. 284）

密爾頓小心地保存這些大學時代的創作。四十多年後把它們出版成書時，他看來仍然對自己的機智感到得

意：「就像我準備好不扮演女人那樣，我希望他們準備好不再扮演笨蛋。」（Ibid., p. 284）

④ 他在給迪奧達蒂的信上說：「我知道我無法不愛像你這樣的人。因為我雖然不知道上帝為我安排了其他什麼，但有一件事確定無疑：祂在我裡面灌輸了一種對美的激烈熱愛。」（*The Complete Poetry and Essential Prose*, p. 774）

⑤ 「透過努力和專心的鑽研，加上強烈的天分，我也許可以留下一些傳世的東西，是人們不願意它們死去。」（Milton, *The Reason of Church Government*, in *Complete Prose Works of John Milton*, vol. 1, p. 11）

⑥ 在這假面劇，他沒有像他在《利西達斯》那樣直接現身。在後者，他表示他擔心自己會像他遇溺的朋友一樣，天不假年。（*The Complete Poetry and Essential Prose*, p. 100-110）

⑦ 例如莎士比亞晚期的戲劇就是這樣：它們都強烈在意年輕女主角——伊摩琴（Innogen）、瑪麗娜（Marina）、波蒂達（Perdita）、米蘭達（Miranda）——的童貞，但卻很少在意追求她們的年輕男子的童貞。

⑧ Milton, *An Apology for Smectymnuus*, 1642, in *Milton on Himself: Milton's Utterances upon Himself and His Works*, p. 81; in Edward Le Comte, *Milton and Sex*, p. 18.

⑨ 密爾頓指出，即使是做為年輕讀者的時候，他就教會自己嚴格區分他最欣賞的詩歌所展露的技巧和這些作品表達的價值。如果一首作品在道德上有所妥協，他知道怎樣回應：「我仍然為作品鼓掌，但會譴責作者。」（*Milton on Himself: Milton's Utterances upon Himself and His Works*, p. 78）他最推崇的詩人但丁和佩脫拉克從不逾矩。但這當然是因為他們寫情詩的對象——分別是貝雅特麗斯（Beatrice）和盧拉（Laura）——都已經死了：在詩歌中和在現實生活一樣，愛活人和愛死人是不同的兩回事。

⑩ Milton, *Areopagitica*, in *The Complete Poetry and Essential Prose*, p. 950. 伽利略自從一六三三年受到譴責之後便一直被

幽禁。

⑪ 見 Helen Derbyshire, *The Early Lives of Milton* (London: Constable & Co., 1932), pp. 56–57, cited in Lewalski, *The Life of John Milton: A Critical Biography*, p. 91。

⑫ 當然，密爾頓的性趣有可能是放在別的地方。在他對迪奧達蒂表達愛的時候，他聲稱自己被這個年輕人的美吸引。在佛羅倫斯，他和一個有天分的十九歲科學家達蒂（Carlo Dati）發展出極為類似他和迪奧達蒂之間的友誼。義大利的同性戀風氣當然也不亞於異性戀風氣。不過，密爾頓一向擔心色慾對屬靈生活和創作生活是個威脅，他在以男性為伴時應該不會鬆懈這種擔心。

⑬ Quoted in Lewalski, *The Life of John Milton: A Critical Biography*, p. 99.「他在宗教的事情上暢所欲言，而且一有機會就會強烈批評教宗。」海因斯——他和一位路德派牧師的女兒生有兩個私生子——大概有理由厭惡密爾頓的道德高調。

⑭ Milton, *Defensio Secunda*, in *Complete Prose Works of John Milton*, vol. 1, p. 609.

⑮ 名義上是新教徒，這些教會的貴人和國王的殷切支持者在密爾頓看來，和他在義大利看見的腐敗天主教高級教士幾乎毫無分別，而且一樣傲慢。

⑯ 這個稱呼帶有取笑味道，但密爾頓認為它包含一個真理的內核，因為這些人事實上是決心把英格蘭帶回到合乎聖經的基督教的清純狀態。

⑰ 國會拒絕按照國王的要求，撥款給他進行一場對付蘇格蘭長老會的戰爭（長老會拒絕服從聖公會的主教和遵行聖公會的禮儀）。查理企圖在沒有國會的同意下統治，但他的主要顧問斯特拉福德伯爵（Earl of Strafford）以大逆罪受審和被處決。理查大怒，按照原定計畫攻打蘇格蘭。訓練有素的蘇格蘭人雖然人數較少，仍然大敗英格蘭缺乏訓練和軍費不足的部隊。

⑱ *Animadversions upon the Remonstrants Defence, Against Smectymnuus*, in Milton, *Complete Prose Works of John Milton*, vol. 1, p. 655.

⑲ John Milton, *An Apology for Smectymnuus*, in *Complete Prose Works of John Milton*, vol. 1, p. 900.

⑳ 這場倉卒的婚姻是怎樣談成並不清楚。主要的資訊來源是密爾頓的外甥菲利普，他也是密爾頓的家教學生之一。菲利普當時十二歲，他在五十多年後回憶了事件的驚人轉折：

> 聖靈降臨節的時候或者稍後一點點，他出門到鄉村去。沒有人知道確實原因，不知道他是不是只是去旅遊。逗留一個月後，以單身漢身分離家的他以已婚男人的身分回家。（Edward Phillips, "The Life of Milton," in *John Milton: Complete Poems and Major Prose*, ed. Merritt Y. Hughes, p. 1031）

大概密爾頓自己也是一樣的驚訝。

㉑ *Apology for Smectymnuus*, in *John Milton: Complete Poems and Major Prose*, ed. Merritt Y. Hughes, p. 695. 密爾頓長久以來沉思《創世記》這段話：「見從天上有聲音，像眾水的聲音和大雷的聲音，並且我所聽見的好像彈琴的所彈的琴聲。他們在寶座前，並在四活物和眾長老前唱歌，彷彿是新歌。這些人未曾沾染婦女，他們原是童身。」（14:2-4）密爾頓渴望唱這首被救贖者之歌，但唱它的既然是「童身」，那已婚男人會不會被排除在這種合唱之外呢？密爾頓斷定不會，認為這不會是任何思想正確的基督徒會得到的結論。

㉒ 聖公會的婚禮宣布：婚姻是「上帝在人類天真無邪時代設立的尊貴產業。」（Brian Cummings, *The Book of Common Prayer*, p. 434）

㉓ John Aubrey, *Brief Lives*, p. 20.

㉔ 密爾頓的外甥指出：鮑爾一家「開始後悔把長女許配給一個和他們意見相反的人，擔心朝廷哪一天重新得勢之後，這件事會成為他們名譽上的瑕疵。」（Edward Phillips, "The Life of Milton," in *John Milton: Complete Poems* and Major Prose, ed. Merritt Y. Hughes, p. 1031）

㉕ 被妻子遺棄了幾星期之後，密爾頓決心重心振作。他多收了一些學生，又想出一種新的課程，並付諸實行，希望可以做為改革英格蘭教育制度的基礎。他的目的，典型地不是中庸的目的，也典型地可以回溯至亞當和夏娃：他在描繪他建議的課程的小冊子裡指出，這種教育的終極目的是修補我們始祖所造成的破壞。（*Of Education*, in *Complete Prose Works of John Milton*, 2: 366）

㉖ 他在反省自己的魯莽冒險時寫道：「我最終下定決心推遲進入這個荒涼和毀謗性的世界。因為上帝看來想要證明，每次當我面對是否膽敢單獨對世界採取正確行動的考驗時，我都是膽敢。」（Milton, *Judgment of Martin Bucer, Concerning Divorce*, in Milton, *The Divorce Tracts of John Milton*, p. 203）

㉗ 理由是凱瑟琳更早前和死去兄長亞瑟的婚姻讓他和亨利八世的結合根據教會法來說是無效。

㉘ 拒絕或者不能圓房是可以做為婚姻無效的基礎，但因為密爾頓從沒有提到這個議題，看來它不是問題所在。一個沒有能力圓房或太太拒絕與他同寢的丈夫，當然也許會選擇不讓這種事眾所周知，不過觀諸密爾頓在他的離婚小冊子裡，對他不快婚姻中不快交媾的描述──「推磨似的不快和奴役交配」（*Doctrine and Discipline of Divorce*, in *The Divorce Tracts of John Milton*, p.118）──他和太太更有可能確實有性行為。

㉙ 被遺棄七年後，丈夫或妻子可以訴請把失蹤的配偶判定為已死，但有風險：曾經有一個配偶後來回來，重申丈夫的身分，而當時他太太已經再婚。

㉚ 密爾頓之前就有曾對離婚問題有過一些思考，因為離婚是隱含在清教徒對於「友伴式婚姻」（companionate marriage）的興趣。只不過他沒提出實質的論證。

㉛ *Doctrine and Discipline of Divorce*, in *The Divorce Tracts of John Milton*, p. 95. 密爾頓寫道：習俗「不健康地挺著一張大臉，假扮博學」，威嚇輕信的男女。沒有頭腦正常的人應該溫和地順服於「愚蠢和惡毒的僧侶的專制」。

密爾頓主張，僧侶們之所以設立起整個壓抑制度，是因為他們「在匆忙發誓獨身之後發現自己做不到，便給婚姻發明了新的腳鐐，讓世界變得更加放蕩，他們也可以在普遍的放蕩中得利。」（*Judgment of Martin Bucer, Concerning Divorce*, in *The Divorce Tracts of John Milton*, p. 201）也就是說，不滿足的僧侶因為沒辦法忍受獨身的枷鎖，知道如果普遍的已婚人口被弄得悲慘，他們就更有機會從事性冒險。

㉜ 相當合理地，法利賽人接著問耶穌怎樣看准許離婚的「摩西律法」（見於《申命記》和其他經文）。救主以毫不含糊和毫不妥協的方式回答：「我告訴你們，凡休妻另娶的，若不是為淫亂的緣故，就是犯姦淫了。」（《馬太福音》19: 9）

㉝ 「我們救主的每到命令的目的和實現都是仁慈的。」（Milton, *Tetrachordon*, in *The Divorce Tracts of John Milton*, p. 291）

㉞ *Tetrachordon*, p. 254.

㉟ 就像幾乎任何結婚的人那樣，密爾頓結婚是希望找到他所謂的親密的助手，一種現成和讓人可以恢復精力的連繫。也就是說，他認為，這就是亞當在墮落之前的結婚目的，更加是我們所有人在墮落之後結婚的目的——因為我們生活的世界要嚴苛痛苦無限倍，需要所有的幫助和親密性。嫁娶非人是一場災難。那些「不巧跟一個闇啞和毫無靈性配偶結婚的人會比原來更加孤單。」（*Doctrine and Discipline of Divorce*, in *The Divorce Tracts of John Milton*, p. 113-14）Cf. *Tetrachordon* in ibid., pp. 256–57：「如果婚姻帶來心靈不間斷的厭惡和不愉快，會讓我們落入一種比最孤單還不堪的狀態。」

㊱ 兩封迪奧達蒂給密爾頓的信流傳了下來，兩封都是用希臘文寫，而且都談到談話。他在其中一封說：「我好渴望與你作伴。在這種渴望中，我夢想和預言明天的天氣美好寧靜，一切都是金黃，讓我們可以好好享受哲學和科學的談話。他在另一封寫道：「我對我目前的生活沒有任何抱怨，只有一點例外：我缺乏一個

擅長於談話的高貴靈魂。」（*TheComplete Poetry and Essential Prose of John Milton*, p. 767）

㊲ *Doctrine and Discipline of Divorce*, in *The Divorce Tracts of John Milton*, p.118.

㊳ Ibid., p. 77. 對於密爾頓在婚姻中經驗到的恨，見 p. 49; cf. p. 115。

㊴ 有些最苛刻的攻擊來自一些密爾頓本來以為可以找到盟友的角落：長老宗和獨立派的傳道人。他們都是主教們的死敵。在一次講道中，一位這樣的傳道人帕爾馬（Herbert Palmer）警告國會議員：「一部邪惡的書大搖大擺和未經審查，雖然它值得予以焚燬。另一個傳道人攻擊密爾頓是一部「鼓吹不尋常放蕩」的小冊子的作者。（*The Divorce Tracts of John Milton*, pp. 52, 78）另參見 Gordon Campbell and Thomas N. Corns, *John Milton: Life, Work, and Thought*, pp. 165–67.

㊵ *An Answer to a Book, Intituled, The Doctrine and Discipline of Divorce*, in Milton, *The Divorce Tracts of John Milton*, p. 430.

㊶ 他的批評者指出，密爾頓本來應該花時間先熟悉他決定要娶的女人。如果他現在對她的談話能力感到不快樂，他可以去找一個更適合的人甚至另一個女人談話，只要「他不和她的身體攪和在一起就行。」（434）但他不可以因為這樣而解除婚姻，另娶一個女人，因為這種行為的社會後果是災難性的：天曉得每星期會有幾千個好色的男人離婚另娶？這樣的話，誰來養這些人有時會在他們妻子肚子裡留下的兒女？（quoted in Gordon Campbell and Thomas N. Corns, *John Milton: Life, Work,and Thought*, p. 166）反對離婚的人警告說：想想這些被遺棄的妻子和嬰兒吧，他們將被迫向教堂討施捨。

㊷ Tertachordon, in Gordon Campbell and Thomas N. Corns, *John Milton: Life, Work,and Thought*, p. 166.

㊸ 所有這些罵人的字眼都見於 *Colesterion*。

㊹ 他在一首未發表的十四行詩寫道：「我不能自已要促使時代拋棄它的腳鐐（clogs）。」當然，並不是只有「時代」就像被防止亂跑的家畜那樣受到腳墜的羈絆，密爾頓自己也是失去了自由。他被貓頭鷹、布穀

鳥、驢、猿和狗困住了。

㊺ Letter to Leonard Philaris, dated September 28, 1654, quoted in Lewalski, *The Life of John Milton: A Critical Biography*, p. 181.

㊻ See *The Reason of Church Government* in *Complete Prose Works of John Milton*, vol.1, p. 784.

㊼ *Areopagitica*, in *The Complete Poetry and Essential Prose of John Milton*, p. 930.

㊽ 這不只有關他的公開立場：密爾頓決定不要埋葬他對個人幸福的希望。他計畫搬去一棟新的和大很多的房子，這樣他就可以接八十出頭的父親同住和收更多的學生。根據他的外甥所述，他開始和一位「極風趣和機智」的已婚女士共度黃昏，對方名叫瑪格麗特・李女士（Lady Margaret Lee）。密爾頓曾寫了一首十四行詩讚美她。有鑑於他對自己的道德要求極高，兩人應該沒什麼。看來，他是想證明他可以找到正確的女人進行「讓人愉快的談話」，證明這種談話不是像與他論戰的敵人指稱的只能夠存在於男性之間。另外，在這個時期，密爾頓也向一個非常漂亮和非常聰明的淑女求婚，只不過求婚被拒絕。這不奇怪，因為密爾頓也許可以告訴自己，他有自由宣布自己已經離婚，但世人將會把他的再婚視為重婚。

㊾ 在進攻和反進攻那許多個月，雙方的怒氣必然累積起來。落入勝利者手中的保皇派部隊受到屠殺，那些被俘虜的妻子和情婦用金錢和首飾（相當於十萬英鎊）買得自由，但國王陣營仍有超過一百個可憐的妓女和侍女被殺死。（Cf. C. V. Wedgwood, *The King's War: 1641–1647*, pp. 427–28.）

㊿ 他當時十五歲的外甥後來提供了一個自己承認有猜測成分的記述：「他起初八成是顯示反感和拒絕。但部分是因為他的慷慨天性讓他更加傾向於和解而不是保持憤怒和記仇，部分是因為雙方朋友的強烈勸解，所以他很快就決定忘卻前嫌。」（Edward Phillips, in Hughes, *John Milton: Complete Poems and Major Prose*, p. 1032）

(51) 密爾頓的早期匿名傳記作者指出，瑪莉後來指控是她媽媽唆使她出走。（William Riley Parker, *Milton: A Biography*, 2: 864）

52 這是用在一五五九年《公禱書》的句子。一六六二年的《公禱書》修訂為 till death us do part。見 Cummings, *The Book of Common Prayer: The Texts of 1549, 1559, and 1662*。

53 Parker, 2: 1009. 記下嬰兒的精確出生日期和時間是慣例（大概是占星算命時代的遺風），但普通的夫妻之情不是也會讓一個哀痛的丈夫記下死去妻子的確實過世日期嗎？密爾頓其中一個最博學和最令人仰慕的現代傳記作者希望相信，密爾頓在瑪莉向他跪下的時候，意識到自己仍然愛著她。（Parker, *Milton: A Biography,* 1: 299）這在我看來極度不可能，但更奇怪的事也曾經發生過。密爾頓的語焉不詳大概不是一種疏離的表徵。大概是因為精確的日期對死者來說是不重要（她的塵世故事已經結束），對活著的人也不重要（因為他必須繼續往前走）。當他十五個月大的兒子約翰繼母親死去時，他再次語焉不詳：「我兒子在他媽媽死後大約六星期死去。」（Parker, 2: 1014）

第10章

1 「奴役被人的不公義和邪惡壓迫引入，違反上帝的意志。如果上帝真的想要創造農奴，當然可以在天地初開時指定誰當農奴，誰當主人。」波爾這番著名的話被他的貴族敵人沃辛漢（Thomsas Walsingham）記錄下來。Cf. Albert Friedman, "'When Adam Delved...': Contexts, of an Historic Proverb," in Benson, *The Learned and the Lewd*, pp. 213–30. Also Steven Justice, *Writing and Rebellion: England in 1381.* 隨著這話流傳更廣，人類第一對男女的狀態並不總是被用於呼籲起義，也可以是被用於呼籲謙卑。Owst 引用多明我會的布羅米爾德（Bromyard）的話說：

> 所有人都是來自同樣的第一對父母，全都是來自同樣的泥土，因為如果是上帝是用黃金來塑造貴人，用泥塑造卑下的人，那前者當然有理由驕傲……真正的榮耀並不依賴出生，而是依賴自己的狀態。（quoted in G. R. Owst, *Literature and Pulpit in Medieval England*, p. 292）

② Robert Everard, *The Creation and Fall of Adam Reviewed.* I am grateful to Dr. Stephen Hequembourg for this and the reference to George Fox.

③ *The Journal of George Fox.*

④ Thomas Traherne, "Innocence," in Thomas Traherne, *Centuries, Poems, and Thanksgiving,* ed. H. M. Margoliouth, 2 vols. (Oxford: Clarendon Press, 1958), 2: 18. Cf. *Centuries* 3:1：「伊甸園裡的亞當並沒有比小時候的我對世界有更甜美和好奇的理解。」

⑤ *Of Prelatical Episcopacy*, in *Complete Prose Works of John Milton*, 1: 625.

⑥ 「第一個人類所吃的蘋果，並不是稱為蘋果的單一果子或類似的果子，而是被創造的事物。」（Gerrard Winstanley, *New Law of Righteousness,* in *The Works of Gerrard Winstanley*）

⑦ Winstanley, *Fire in the Bush,* in *Works*, p. 220. 對於這時期各種受亞當啟發的群體，見 Julia Ipgrave, *Adam in Seventeenth Century Political Writing in England and New England*, and Joanna Picciotto, *Labors of Innocence in Early Modern England*。

⑧ Winstanley, New Law ofRighteousness, in Works, p. 184. 這種對伊甸園的「共產主義」詮釋受到十七世紀英格蘭一種保守詮釋的激烈反對，後者把亞當看成為第一個族長、地主和統治者。見Robert Filmer, "Patriarcha" and Other Political Works, ed. Peter Laslett (New York: Garland, 1984)：「這種亞當透過上帝創造世界獲得的對於整個世界的領主權，和後世各族長從他繼承的權利，大得就像自創世之後任何絕對君主對於任何王國的統治。」（p.58）

⑨ *The Reason of Church Government* in Milton, *Complete Poems and Major Prose*, ed. Hughes, p. 662.

⑩ 保皇派最痛恨的人當然是克倫威爾，因為是他簽署查理一世的死刑執行令和擔任共和國的主要支柱，不過他已經在一六五八年死了，讓保皇派無法對他怎樣。不過他們還是儘可能報復，他們把他的屍體從西敏寺

的墳墓挖出來（他在那裡已經下葬兩年多），然後臉朝下放在一輛橇上，拖行過倫敦的街道。和他一起的有布拉索（John Bradshaw）的腐爛屍體（他主持查理一世的審判）和艾雷頓（Henry Ireton）的屍體（他是克倫威爾女婿和國會軍隊的將軍）。在國王被處決的週年紀念日，三具屍體被環首吊掛在一個鷹架上。入夜後，三具屍體被斬首，身體被扔進一個沒有標示位置的坑中。他們的頭顱被插在西敏廳（國王被審判的地方）好幾年做為警告。

⑪ 主要的朋友被認為是密爾頓的從前助理、詩人馬維爾（Andrew Marvell），他是赫爾（Hull）選出的下議院議員。詩人暨劇作家達維南特（William Davenant）亦被認為在保護密爾頓的事情上出過力。幾年前，當保皇派的達維南特被控叛國和囚禁在倫敦塔時，有權有勢的密爾頓出面干涉，救了他的命。

⑫ Reported by Jonathan Richardson, in Parker, *Milton: A Biography,* 1: 577.

第11章

① Among the many accounts of the development of this backstory, see Neil Forsyth, *The Old Enemy: Satan and the Combat Myth* (Princeton: Princeton University Press, 1987), and, more recently, Dallas G. Denery II, *The Devil Wins*.

② 「多餘的」這裡指不能被消化而必須被排出體外的食物。雖然堅持伊甸園氣味芬芳，密爾頓沒有直接猜測排出體外的食物會帶來什麼影響。路德卻是猜了：「伊甸園的排泄物不會臭。」（cited in Kurt Flasch, *Eva e Adamo: Metamorfosi di un mito*, p. 111, n. 27）路德把《創世記》稱為「我親愛的《創世記》」，一生花了很多時間為它做註釋和詮釋工作。見 Theo M. M. A. C. Bell, "Humanity Is a Microcosm: Adam and Eve in Luther's Lectures on Genesis (1535–45)," in *Out of Paradise: Eve and Adam and Their Interpreters,* ed. Bob Becking and Susanne Hennecke (Shefeld, UK: Shefeld Phoenix Press, 2011)。

③《夫兄弟婚法》（Yebamoth）63a。《夫兄弟婚法》為《密西那》（成書於一世紀和二世紀）一部分，是一部關於婚姻法的小冊子，從評論《申命記》23:5 和7-9 展開。

④ Alexander Ross, *An Exposition on the Fourteen First Chapters of Genesis, by Way of Question and Answer*, p. 26.

⑤ 我屈身窺視，看見發光的水裡
出現一個和我面對面的形象，
屈身看我。我一驚退，它也驚退，
過一會兒，我高興地再回頭觀看，
同時，它也回頭看我，眉眼之間，
似有回報我以同情和愛戀之意。（4:460-65）

⑥ 至少有一個徵兆（哪怕仍然是一個很模糊的徵兆）顯示，密爾頓也許已經化解對瑪莉的怨恨，產生比原來更深的愛意。他最動人的一首抒情詩大概是有關一個夢的十四行詩，夢中，他認為他看見死去的太太——「聖潔的亡妻」——從墳墓回來找他（John Milton, "Sonnet XXIII," in Milton, *Complete Poems and Major Prose*, p. 170）：

因此，我也好像重新得到一度的光明，
毫無阻礙地，清楚地看見她在天堂裡，
全身穿上雪白的衣裳，跟她的心地一樣純潔；
她臉上雖然罩著一層薄紗，但在我幻想的眼裡，
那是光的薄紗，她身上照射的愛、善和嬌媚，
再也沒有別的臉，比這更加教人歡喜。

可是，啊！當她正要俯身抱我的時候，
我醒了，她逃走了，白晝又帶回我的黑夜。

詩中「聖潔的亡妻」長久以來都被認為是指詩人的第二任妻子凱瑟琳，但在二十世紀中葉，密爾頓的大傳記家帕克（William Riley Parker）主張，「聖潔的亡妻」必然是指瑪莉。帕克指出，密爾頓娶凱瑟琳的時候已經盲了，所以不可能會希望在天堂裡「重新」完全看見她。是瑪莉的臉曾經讓他覺得沒有「比這更加教人歡喜」。真是這樣的話，我們也許就可以主張密爾頓對瑪莉恢復了熱愛。

第12章

① 在《一個神學系統》（*A Theological System*）的前言中，佩雷爾重申他對世界並不是開始於亞當的「自然懷疑」。這種懷疑誕生自其他民族更加古老的歷史紀錄。另外，他從小便對《創世記》的記載感到困惑：「該隱在野地裡殺了弟弟，然後擔驚受怕，像個賊一樣害怕會被任何人發現。他逃到了遠方，以免被懲罰。他在遠方娶了一個和他祖先無關的太太和建造了一座城市。」

② 這群人包括了帕斯卡（Blaise Pascal）、梅森（Marin Mersenne）、伽桑狄（Pierre Gassendi）、格勞秀斯和霍布斯等思想巨人。

③ "*Ellos andan todos desnudos como su madre los parió; y también las mugeres.*" The "*Diario*" of *Christopher Columbus's First Voyage to America, 1492–1493*, pp. 64–65.

④ Cf. H. W. Janson, *Apes and Ape Lore in the Middle Ages and the Renaissance* (London: Warburg Institute, 1952).

⑤ Cf. Stephen Greenblatt, *Marvelous Possessions*, pp. 78–79.

⑥ Jean Delumeau, *History of Paradise*, pp. 156–57.

⑦「位於這裡的不是異教徒那樣的至福樂土（Elysian Fields），而是像天主教徒那樣的人間天堂。」Las Casas, *Historia de las Indias* II: 50, in Santa Arias, "Bartolomé de las Casas's Sacred Place of History," in Arias et al., *Mapping Colonial Spanish America*, p. 127.

⑧ Las Casas, *A Short Account of the Destruction of the Indies*, p. 9.「我常常遇到西班牙的俗家人對土著散發的自然良善感到驚嘆，以至於嘆息說：『只要他們有機會皈依基督教，一定是世界上最蒙福的人。』」（pp. 10-11）

⑨ Cf. Woodrow Borah and Sherburne F. Cook, *Essays in Population History*.

⑩ 蒙田在他的文章〈論食人族〉裡面說：「我認為，吃活人要比吃死人更野蠻。將一個知疼知痛的人體折磨拷打得支離破碎，一點一點地加以燒烤，讓狗和公豬撕咬致死（這些我們不僅從書上讀到，而且不久前還曾看到；不是發生在古代的敵人之間，而是發生在鄰居和同胞之間；更可悲的是，還都以虔誠和信仰做為藉口），要比等他死後烤來吃更加野蠻。」（Montaigne, "Of Cannibals," in Montaigne, *The Complete Essays of Montaigne*, p. 155）他指的是法國的宗教戰爭，這些戰爭讓他和他的許多同時代人對正統教義失去信心。有說明作用的是在文章的最後，蒙田對於土著的赤身露體開了一個反諷的玩笑：「這一切倒是不太壞呀——但我的媽啊，他們怎麼不穿褲子！」（159）

⑪ Matthew Hale, in Almond, *Adam and Eve in Seventeenth-Century Thought,* 49. See, similarly, La Peyrère, *Two Essays Sent in a Letter from Oxford to a Nobleman in London*：「西印度群島和後來在南面發現的廣大地區充滿各式各樣的居民和新的動物，都是沒有見於亞洲、非洲和歐洲。他們的起源並不像後來一些作家假裝的那麼清楚……他們和全球其他地方的差異（禮儀、語言、習慣、宗教、飲食、藝術和習俗上的），還有他們的四足動物、鳥類、蛇類和昆蟲，都讓他們的出處非常不確定，特別是無法以全世界的人都是出自一個小地點的庸俗意見解釋。」怪不得這部作品雖然是在一六九五年出版，仍然要以匿名發表。

⑫「《聖經》記載，世界所有民族是由大洪水生還者在五代人之內產生，但他們真的可能產生出中國、美洲、南陸（Southland）、格陵蘭和其他地方的居民嗎？這種解釋甚至解釋得了歐洲的居民嗎？」（quoted in Richard Henry Popkin, *Isaac La Peyrère [1596–1676]: His Life, Work, and Influence*, p. 51）

⑬ Lucretius, *On the Nature of Things*, 5: 963–65.

⑭ In Arthur O. Lovejoy and George Boas, *Primitivism and Related Ideas in Antiquity*, p. 149.

⑮ The Eleatic stranger in Plato's *Statesman*, in *Primitivism and Related Ideas in Antiquity*, pp. 121–22.

⑯ Herodotus, *The Histories*, trans. Aubrey de Sélincourt, rev. John Marincola (London: Penguin, 1972), 2: 142. For Berossus, see Berossus, *The Babyloniaca of Berossus* (Malibu, CA: Undena Publications: 1978).

⑰ Richard Baines, "Baines Note," in BL Harley MS.6848ff.185-6 (http://www.rey.myzen.co.uk/baines1.htm).

⑱ *Spaccio della Bestia trionfante* (1584), in *Dialoghi italiani: Dialoghi metafsici e dialoghi morali,* 3rd ed., ed. Giovanni Aquilecchia, pp. 797–98; in Popkin, *Isaac La Peyrère*, p. 35.

⑲ Grotius, quoted in Popkin, *Isaac La Peyrère*, p. 6.

⑳ 這份英文文本是和《一個神學系統》裝訂在一起。

㉑「我不知道為什麼人們說《摩西五經》是摩西自己所寫。說是這樣說，但不是所有人都相信。我有理由相信《摩西五經》不是出自摩西而是出自他人手筆，因為《摩西五經》裡記載了摩西自己的死。他又怎麼能夠在自己死後記載這個呢？人們說那是約書亞把摩西的死加入到《申命記》，但又是誰把約書亞的死加入到《約書亞記》呢？」（Popkin, *Isaac La Peyrère,* pp. 204–5）摩西之死被記載在《摩西五經》所引起的問題長久以來都被注意到，不是只有佩雷爾一個指出來。十七世紀法國的新教學者卡佩爾（Louis Cappel）「計算出在流傳到他的時代的不同版本希伯來文聖經一共有一千八百種。」（ibid., p. 50）

㉒「解讀《聖經》時一個常犯的大錯誤就是對應該特殊地理解的事情普遍化。就因為這樣，被摩西說是猶太人始祖的亞當被我們誇大地說成全人類的始祖。」（in Popkin, *Isaac La Peyrère*, p. 119）

㉓佩雷爾賣力去抽繹出這個論證所蘊含的複雜神學：亞當的罪「被向後歸到亞當被創造之前的最早人類身上。」（in Popkin, *Isaac La Peyrère,* p.46）為什麼？不是為了摧毀他們而是為了讓他們得救得救贖。因為只有他們犯了罪，變得和亞當相似，他們方可參與基督的榮耀和救贖。「如果他們沒有毀了，他們就會毀了。」（47）他也主張，在亞當和夏娃之後，沒有人能夠像他們那樣犯罪，因為再不可能有人吃到知識樹的果子。所有後來的罪「只是和亞當的罪的近似。」（37）

㉔早在一世紀之前，希臘出生的多明我會修士巴列奧略（Jacob Palaeologus）就因為主將也許不是所有人都是亞當和夏娃的後裔，還有主張猶太教、基督教和伊斯蘭教全是通常救贖的途徑，在羅馬被斬首。

㉕這是西門神父（Father Richard Simon）從佩雷爾口中聽來。（In Popkin, pp. 14 and 181, n. 61）

㉖其實問題不在介於亞當和今日之間這段時間的人口太多，而是太少。Dominic Klyve, "Darwin, Malthus, Süssmilch, and Euler: The Ultimate Origin of the Motivation for the Theory of Natural Selection."

第13章

①Origen, quoted in Almond, *Adam and Eve in Seventeenth-Century Thought,* p. 66.

②Epiphanius, quoted in Nicholas Gibbons, *Questions and Disputations Concerning the Holy Scripture*.

③Pierre Bayle (1647–1706). *An Historical and Critical Dictionary. By Monsieur Bayle. Translated into English, with many additions and corrections, made by the author himself, that are not in the French editions*, 4: 2487).

④培爾想像該統治者在出事之後這樣便解說：「我並沒有叫他使用那把刀子。正好相反，我特地命令他**不要**

使用它。」但這種辯護無效，因為該統治者完全知道那人在那種環境下會做什麼。統治者有權制止他，卻費解地選擇不這樣做。

⑤ 對於認為上帝懲罰亞當和夏娃及他們後人是公道這一點，培爾寫道：「阻止一個刺客殺人當然要比讓他進行謀殺之後再對他行刑」好得多。（2488）培爾指出，如果上帝是希望展示祂最終救贖所有罪人的大恩，那兩難式會更嚴重。這樣的神明將會類似一個任由兒子摔斷腿的父親：雖然他本來輕易可以防止這種事發生，但為了向整個城市證明自己擅長打石膏，卻不去防止。這樣的神明會是怎樣的神明？

⑥ "La meilleure réponse qu'on puisse faire naturellement à la question, *Pourquoi Dieu a-t-il permis que l'homme péchât?* est de dire: *J'en sais rien*" (ibid., 504). 在另一個註腳裡，他去掉「自然」兩個字。他解釋說那表示「不參考啟示。」我認為我們不可能斷定他這裡是不是有反諷意味。

⑦ Ezra Taft Benson, *The Teachings of Ezra Taft Benson*, pp. 587–88.

⑧ Ralph Waldo Emerson, journal entry for October 18, 1839, in *The Journals and Miscellaneous Notebooks of Ralph Waldo Emerson*, p. 270.

⑨ Henry D. Thoreau, *Walden* (Boston: Ticknor & Fields, 1864), chapter 9.

第14章

① 達爾文主義曾經啟迪一些對生命起源的嚴格非神學解釋，例如 John Maynard Smith and Eörs Szathmáry, *The Origins of Life*。但這一類解釋沒能拆解信仰。見 Alvin Plantinga, *Where the Conflict Really Lies*, and Berry et al., *Theology After Darwin*。

② *Merlin Denald, Origins of the Mind*：「我們和黑猩猩共享一個祖先的年代不多於五百萬年前。現在人屬中最古老

的物種年代不多於兩百萬年前，完整現代人的最古老遺骨只有五萬到十萬年前。」（p. 22）

③ Charles Darwin, *The Descent of Man, and Selection in Relation to Sex* (1871), in *From So Simple a Beginning: The Four Great Books of Charles Darwin*, p. 777. On the impact of Darwin's thought on the biblical account of creation, see John C. Greene, *The Death of Adam: Evolution and Its Impact on Western Thought*.

④ Lucretius, *On the Nature of Things*, 5:932.

⑤ 萊爾在一八三〇年代描述英格蘭東南部的起伏山丘時寫道：「為了讓讀者熟悉威爾德谷（Valley of the Weald）的地理結構，我們會假設他首先是從倫敦盆地向南走去。在走出第三紀地層後，他會首先登上一個緩緩傾斜的平面（那是由白堊的上層燧石部分構成），然後發現自己去到了一個斜坡的頂峰……地質學家不可能看不出來，這樣的情境十足像一片海邊懸崖。如果他轉身望向相反方向或向東望向比奇角（Beachy Head），會看見同一條延伸的高線。即使那些不習慣猜測地球表面曾經經歷什麼變化的人，仍然也許可以想像這廣闊和平坦的平原類似退潮後露出的平坦沙地，而不同的突出白堊團塊類似是把不同海灣彼此隔開的海岸岬角。」（Charles Lyell, *Principles of Geology,Being an Attempt to Explain the Former Changes of the Earth's Surface, by Reference to Causes Now in Operation*, 3 vols. [London: J. Murray, 1832], 3: 289–90）

⑥ See Paolo Rossi, *The Dark Abyss of Time*.

⑦ Cited in Andrew Dickson White, *A History of the Warfare of Science with Theology in Christianity*, p. 182.

⑧ Philip H. Gosse, *Omphalos: An Attempt to Untie the Geological Knot*, p. 274.

⑨ *On the Origin of Species* (1859), in *From So Simple a Beginning: The Four Great Books of Charles Darwin*, p. 647.

①其他支持黑猩猩和「最後共同祖先」相似的論證之一，是牠們和大猩猩有著驚人的形態相似處。有理由認為兩者在和人類分途演化之後並沒有太大改變。

②Russell H. Tuttle in *Apes and Human Evolution*, p. 576.

③牠們激烈仇外，如果牠們發現附近有屬於別群的黑猩猩的話，會彼此抱在一起。當牠們悲傷或厭惡時，牠們的毛髮會豎起，還會嘔吐或腹瀉。我沒有親眼看過這種現象，但很多科學記載都有這樣的描述，例如Toshisada Nishida, *Chimpanzees of the Lakeshore*, p. 246。

④古代的觀點想必主要是基於觀察猴子和狒狒，雖然當時也許已經有人瞧見過較高級的靈長類。十七世紀旅行敘事的大蒐集家珀爾夏斯（Samuel Purchas）出版了巴特爾（Andrew Battell）一六〇七年在非洲被俘虜的記述。巴特爾提到了一隻被土著稱為「彭高」（Pongo）的「怪物」。「彭高」的身體比例和人相似，但身材更像一個巨人：因為牠非常高、有著一張人臉和一雙凹陷的眼睛，眉毛很長。」（"The Strange Adventures of Andrew Battell of Leigh in Essex, Sent by the Portugals Prisoner to Angola," in Samuel Purchas, *Hakluytus Posthumus, or Purchas His Pilgrimes*, 6: 398）見 Dale Peterson and Jane Goodall, *Visions of Caliban: On Chimpanzees and People*。在現代之前，黑猩猩和大猩猩都沒有被科學家認定為一個物種。

⑤Tuttle, *Apes and Human Evolution*. 這給各方面的主張都提供了大量空間：例如，有些研究者主張黑猩猩確實擁有善惡意識，也有些研究者主張人類（不管他們裝得有多像）並沒有善惡意識。

⑥Frans de Waal, *Chimpanzee Politics: Power and Sex Among Apes*. See Machiavelli, *The Prince*, chap. 18, in *The Prince and the Discourses*, trans. Christian Detmold (New York: Modern Library, 1950), p. 65.

⑦Richard Wrangham and Dale Peterson, *Demonic Males: Apes and the Origins of Human Violence*.

⑧Louis Ginzberg, *Legends of the Jews*, 1: 167.

⑨ Cf. H. W. Janson, *Apes and Ape Lore in the Middle Ages and the Renaissance*.

⑩ 這不太可能是赫胥黎的原話，而那個昏倒的女聽眾也許只是因為太熱或太擠迫而昏過去，見 J. R. Lucas, "Wilberforce and Huxley: A Legendary Encounter"。不過，即使原話和記憶中的不完全一樣，這故事都以一個象徵性轉捩點的身分流傳開來。

⑪ Ian Tattersall, *Masters of the Planet*, p. 85.

⑫ Friedrich Nietzsche, *The Genealogy of Morals*.

⑬ Richard Wrangham and David Pilbeam, "African Apes as Time Machines," in *All Apes Great and Small*, vol. 1: *African Apes*.

鳴謝

從事這個計畫的樂趣之一是它讓我可以大膽走出我平常運行的學科軌道之外。在研究和寫作的過程中，我欠下多得不尋常的個人和機構的人情債。欠債最多的機構是我教書的所在哈佛大學。我受惠於多個學科的同事和學生、無可比擬的圖書館資源、它的藝術博物館所收藏的珍寶，還有它的閃族博物館、哈佛自然史博物館、皮博迪考古與民族學博物館的豐富蒐藏。熟悉被認為會讓人的驚奇感變遲鈍，但多年下來，我越來越驚訝於偉大大學的存在，而我也一直受惠於學術社群讓人驚訝但常常沒有被彰顯的慷慨。

這種慷慨在兩間不同凡響的研究機構最是明顯。第一間是柏林高等研究所（Wissenschaftskolleg zu Berlin），多年來我和它締結友誼，也從它獲得一個人文學與自然科學不斷對話的楷模。第二間是羅馬的美國學院（American Academy）。因為有著不可窮盡的古代、中世紀和文藝復興資源，羅馬是我探究亞當和夏娃故事的理想工作地點，而我也花了很多個愉快的小時在該城市無數的教堂、地下墓穴、博物館、畫廊和圖書館瀏覽。我特別感激美國學院和梵蒂岡圖書館的工作人員，尤其是美國學院館長希爾（Sebastian Hierl）、梵蒂岡基督教古代部的烏特羅（Umberto Utro），以及聖瑪策林及聖伯多祿墓窟的庫爾齊奧（Angela Di Curzio）。

我曾經有機會把本計畫的一些部分發表在不同場合，從聽眾的提問和評論中受益。這些場合包括牛津大學的人文學講座、柏林洪堡德大學的摩斯講座、巴爾的摩羅耀拉大學（Loyola University）的卡丹講座、加州大學柏克萊分校一個尊榮拉科爾（Thomas Laqueur）的會議、柏林的高等研究所和國家圖書館、北亞利桑那大學、美國文藝復興協會年會。所有這些場合都是由我的能幹助理埃弗里特（Aubrey Everett）代為安排，在此我要對他在這些方面和其他方面的幫助致上感謝。他總是開朗、能幹和足智多謀。

從事本研究的一大樂趣（也是一大挑戰）是多個世紀以來，亞當和夏娃找到家的不同世界數目眾多。正如我痛苦地意識到，這段漫長的歷史有很多我無法明白的地方，也快樂地意識到，在我能夠理解的部分得到多大的幫助，讓我的研究不致落得支離破碎。我的經紀人尼里姆（Jill Kneerim）一如以往地在這個計畫的從頭到尾都在我旁邊，給予我她永遠不缺乏的專業智慧和個人智慧。這是我和諾頓出版社傑出編輯梅森（Alane Mason）合作的第三本書，每一次（大概又以本書為最）都對她的特殊天分感到驚訝。這些天分包括耐性、思想銳利、對細節的在意，以及勸說別人重新思考、重新建構和重寫的能力。這些都是罕有的資質，我只希望我能夠在我的教學上模仿得來，一如我在寫作上從它們受惠。

我要感謝基廖（Shawon Kinew）幫助找到本書的圖片的出處並取得轉載允許。在許多幫助過我的人之中我想要感謝以下各位：阿卜杜勒穆哈馬蒂安（Salar Abdolmohamadian）、阿雅洛華（Lilly Ajarova）和恩巴甘島黑猩猩保護區（Ngamba Chimpanzee Sanctuary）的工作人員、阿克巴里（Suzanne Akbari）、巴羅（Danny Baror）、巴希（Shaul Bassi）、本納（Uta Benner）、巴巴（Homi Bhabha）、比格爾（Kathrina Biegger）、布萊奇曼（Robert Blechman）、伯爾斯（Mary Anne Boelcskevy）、伯德爾（Will Bordell）、博雅林（Daniel Boyarin）、布雷德肯普（Horst Bredekamp）、布林克利（Georgiana Brinkley）、卡佩里尼（Terence Capellini）、卡拉斯科（David Carrasco）、卡托尼（Maria Luisa Catoni）、切倫扎（Christopher Celenza）、克里斯蒂（Grazie Christie）、科亨（Shaye Cohen）、庫克（Rebecca Cook）、柯洛納托（Rocco Coronato）、達斯東（Lorraine Daston）、戴維斯（Zachary Davis）、德席瓦爾（Jeremy DeSilva）、德夫林（Maria Devlin）、德魯西耶（François Dupuigrenet Desroussilles）、以斯拉（Ruth Ezra）、費爾德曼（Noah Feldman）、法蘭克（Steven Frank）、加達卡（Raghavendra Gadagkar）、朱利安尼（Luca Giuliani）、格拉夫頓（Anthony Grafton）、哈根（Margareth Hagen）、哈里斯（Jay Harris）、（Galit Hasan-Rokem）、哈侃堡（Stephen Hequembourg）、赫伯特（Walter Herbert）、海德（David Heyd）、霍羅威茨（Elliott Horowitz）、尤森（Bernhard Jussen）、凱利（Henry Ansgar Kelly）、金恩（Karen King）、柯爾希（Adam Kirsch）、克納普（Jeffrey Knapp）、克魯斯特（Jennifer Knust）、科爾納（Meg Koerner）、克韋坦洛華（Ivana Kvetanova）、伯恩哈德·蘭（Bernhard Lang）、拉科爾（thomas Laqueur）、勒波（Jill Lepore）、安東尼·朗（Anthony Long）、列夫席茲（Avi Lifschitz）、馬查達（Zarin Machanda）、馬吉尼斯特（Peter Machinist）、馬吉

德（Hussain Majeed）、梅南（Louis Menand）、尼爾森（Eric Nelson）、吳莫頓（Morton Ng）、奧塔利（Emily Otali）、歐利亞（Shekufeh Owlia）、帕格爾斯（Elaine Pagels）、帕特尼（Catalin Partenie）、皮爾貝姆（David Pilbeam）、勞辛（Lisbet Rausing）、梅雷迪斯・雷（Meredith Ray）、理查茲（Robert Richards）、羅蘭德（Ingrid Rowland）、米甲・薩夫迪（Michal Ronnen Safdie）、摩西・薩夫迪（Moshe Safdie）、漢普爾（Paul Schmid-Hempel）、蘇爾（David Schorr）、斯唐（Charles Stang）、斯坦恩斯（Stephen Stearns）、史東（Alan Stone）、特斯基（Gordon Teskey）、托馬塞洛（Michael Tomasello）、文森（Normandy Vincent）、韋克胡斯特（Elizabeth Weckhurst）、威爾金斯（Adam Wilkins）、威爾金森（Nora Wilkinson）、威爾遜（Edward O. Wilson）、蘭姆（Richard Wrangham）。但一如以往，我要作出聲明：本書若有任何錯誤、遺漏或不足之處，文責都是由筆者自負。

免責清單也涵蓋那些身影在本書更加顯著和無處不在的人。我要對賓斯基（Robert Pinsky）、菲利浦斯（Adam Phillips）和謝克特拉比（Rabbi Edward Schecter）致上最深感激，感謝他們多年來的耐心傾聽、明智建議和不動搖的友誼。賴歇斯（Meredith Reiches）毫不吝嗇的知識慷慨幫我找到路，通過演化生物學艱難和常常讓人糊塗的地形，以及把我引入她在甘比亞田野工作的複雜能量消耗計算。這工作探索一個遠離伊甸園之夢的世界，但卻為伊甸園之夢帶來照明作用。近年來，我在哈佛大學和傑出的藝術史家科爾納（Joseph Koerner）共事，合教有關亞當和夏娃的研究所和大學部課程。在本書的不同部分，我已經承認過他對我的重大啟發，但我意識到，我從他的受惠遠不是這種鳴謝可以道盡。合作教書和密切友誼的快樂危險是你很容易搞不清哪個觀念是自己想出來，哪個是對方想出來。

對於我的三個兒子喬希（Josh）、亞倫（Aaron）和哈利（Harry），我感謝他們耐心忍耐我有關靈長類的無數談話，感謝他們的深思、幽默和洞察力，並感謝他們不止息的愛。正如密爾頓充分了解的，愛的經驗位於亞當和夏娃故事的核心。這讓我更有理由把我最大的感激——在這本書一如其他事情上——留給我的妻子拉美・塔爾格夫（Ramie Targoff）。她把我的人生帶到了比任何時候更接近伊甸園的大門。

圖片版權聲明

1. *Adam and Eve*, third century CE, fresco, Catacombe SS. Pietro and Marcellino, Rome, photo © Pontifical Commission for Sacred Archaeology, Vatican.
2. *Sarcophagus of Junius Bassus* (detail), c. 359 CE, marble, Museo Storico del Tesoro della Basilica di San Pietro, Vatican (Scala/Art Resource, NY).
3. *Adam in the Garden of Eden*, fifth century, ivory, Florence, Museo Nazionale del Bargello.
4. Bernward Doors, c. 1015, bronze, courtesy of the Dom-Museum Hildesheim.
5. *The Creation of Eve* (detail from the Bernward Doors), photo by Frank Tomio, courtesy of the Dom-Museum Hildesheim.
6. *The Judgment of Adam and Eve by God* (detail from the Bernward Doors), photo by Frank Tomio, courtesy of the Dom-Museum Hildesheim.
7. St. Albans Psalter, HS St. God. 1, p. 18, twelfth century, property of the Basilica of St. Godehard, Hildesheim © Dombibliothek Hildesheim.
8. Gislebertus, *The Temptation of Eve*, c. 1130, stone, Musée Rolin, Autun, © Ville d'Autun, Musée Rolin.
9. *Crucifix*, c. 1200, wood, Collegiata di San Candido, photo courtesy of the Parrocchia di San Michele Arcangelo in San Candido.

10. Vat. Lat. 5697 fol. 16r (detail of God creating Eve from Adam's rib), fifteenth century © 2017 Biblioteca Apostolica Vaticana.

11. *Mors per Evam, vita per Mariam*, c. 1420, University Library of Wrocław, Manuscript M. 1006, fol. 3v.

12. Giovanni di Paolo, *The Mystery of Redemption from Paradiso Canto VII*, c. 1450, © The British Library Board, Yates Thompson 36, f. 141.

13. Masaccio, *The Expulsion* (from a photograph taken c. 1980, before its restoration), 1424–1428, fresco, Cappella Brancacci, Santa Maria del Carmine, Florence (Alinari Archives, Florence).

14. Masaccio, *The Expulsion*, 1424–1428, fresco, Cappella Brancacci, Santa Maria del Carmine, Florence (Raffaello Bencini/ Alinari Archives, Florence).

15. （左）Jan and Hubert van Eyck, *Adam and the Offerings of Cain and Abel* (interior of the left wing of the Ghent Altarpiece), 1432, oil on panel, Saint Bavo Cathedral, Ghent (Maeyaert / Iberfoto/ Alinari Archives).（右）Jan and Hubert van Eyck, *Eve and Murder of Abel by Cain* (interior of right wing of the Ghent Altarpiece), 1432, oil on panel, Saint Bavo Cathedral, Ghent (Maeyaert/Iberfoto/Alinari Archives).

16. Albrecht Dürer, *Adam and Eve*, 1504, engraving, Los Angeles County Museum of Art, Los Angeles, Art Museum Council Fund, M.66.33, © Museum Associates/LACMA.

17. Albrecht Dürer, sheet of studies for the hand and arm of Adam and for rocks and bushes for the engraving of *Adam and Eve*, 1504, pen and brown and black ink, British Museum, London,SL, 5218.181, © The Trustees of the British Museum. All rights reserved.

18. Albrecht Dürer, *Self-Portrait in the Nude*, 1505, pen and brush, black ink with white lead on green prepared paper, Klassik

Stiftung Weimar.

19. Hans Baldung Grien, *Eve, the Serpent, and Death*, c. 1510–1515, oil on wood, likely linden, National Gallery of Canada, Ottawa, photo © National Gallery of Canada.

20. Hieronymus Bosch, *The Garden of Delights* (detail), 1504, oil on oak panel, Museo Nacional del Prado, Madrid, P02823, © Madrid, Museo Nacional del Prado.

21. Michelangelo, *The Creation of Adam*, 1508–1512, Sistine Chapel, Vatican, photo © Vatican Museums. All rights reserved.

22. Jan Gossart, *Adam and Eve*, c. 1520, pen and ink, brush and ink, and white gouache, on blue-gray prepared paper, © Devonshire Collection, Chatsworth. Reproduced by permission of Chatsworth Settlement Trustees.

23. Lucas Cranach the Elder, *Adam and Eve*, 1526, oil on panel, The Samuel Courtauld Trust, The Courtauld Gallery, London.

24. Titian, *Adam and Eve*, c. 1550, oil on canvas, Museo Nacionsl del Prado, Madrid, P00429, © Museo Nacional del Prado.

25. Caravaggio, *Madonna dei Palafrenieri* (detail), 1605–1606, oil on canvas, Galleria Borghese, Rome (Scala/Art Resource, NY).

26. Rembrandt van Rijn, *Adam and Eve*, 1638, etching, Rijksmuseum, Amsterdam.

27. Ercole Lelli, *Anatomical waxes of Adam and Eve*, eighteenth century, photo provided by the Museo di Palazzo Poggi, Sistema Museale di Ateneo—Alma Mater Studiorum Università di Bologna.

28. Max Beckmann, *Adam and Eve*, 1917, oil on canvas, Nationalgalerie, Staatliche Museen zu Berlin, © bpk Bildagentur/Nationalgalerie, SMB/Jörg P. Anders/Art Resource, NY.

29. *'Lucy' (australopithecus afarensis)* and her mate, reconstruction by John Holmes under the direction of Ian Tattersall, photo by J. Beckett and C. Chesek, © American Museum of Natural History.

內容簡介

亞當和夏娃的故事會對我們全部人說話。它道出了我們是誰，來自哪裡，為什麼會愛和受苦。

有數以百萬計的人，包括那些最細密和最優秀的心靈，都接受《聖經》有關亞當和夏娃的敘事是沒有經過文飾的事實。雖然地質學、古生物學、人類學和演化生物學搜集了大量證據，依然有數不清的當代人繼續相信此故事是對宇宙起源的精確說明，並將自己視為伊甸園第一對男女的直系後人。歷史上很少有故事像它那樣持久、遠播和儼然栩栩如生。

無論是否相信亞當和夏娃的故事，或將之視為荒謬的虛構，我們依然都是按照它的形像被造。許多個世紀以來，這個故事形塑了我們思考罪與罰、道德責任、死亡、痛苦、工作、休閒、同伴情誼、婚姻、性別、好奇心、性愛和我們共有的人性的方式。

哈佛大學人文學約翰．柯根榮譽教授——史蒂芬．葛林布萊，藉由探索經久不衰的人類原祖故事，重新梳理了西方文明的緣起，不僅追溯至希伯來人被擄至巴比倫的時代，又縷述了巨大的神學、藝術與文化創造力，是如何攜手把亞當和夏娃打造得栩栩如生，時至今日仍然讓人心有戚戚。

葛林布萊更深入挖掘奧古斯丁、杜勒和密爾頓在打造亞當與夏娃的集體努力中的強烈個人參與，並論及伊甸園故事的許多不同後嗣：豐富的寓意、惡毒的厭女症、深邃的道德洞見，以及一些最偉大的藝術與文學作品。為數眾多的哲學家、神學家、詩人和藝術家，全都對於這種巨大的集體努力有所貢獻。

作者力主，聖經起源故事為人文學的作用提供了一個楷模。伊甸園的故事除了是人類責任性的一首贊歌，亦是人類劣根性的一個幽暗寓言，第一對人類男女的故事也可以充當一面鏡子，映照出漫長歷史中的人類恐懼與人類欲望。

作者簡介

史蒂芬．葛林布萊 Stephen Greenblatt

新歷史主義學派開山祖師，哈佛大學人文學約翰．柯根榮譽教授。二〇一一年美國國家圖書獎年度非文學類得主，二〇一二年普立茲年度非小說類作品獎得主，「紐約時報」暢銷書作者，以及《諾頓莎士比亞》與《諾頓英國文學選集》總編輯。葛林布萊重視文學作品和歷史脈絡的關連性，得獎著作眾多，包括《大轉向》、《推理莎士比亞》、《亞當與夏娃的興衰》（立緒）、《暴君：莎士比亞論政治》（立緒）、《煉獄中的哈姆雷特》等。

譯者簡介

梁永安

台灣大學文化人類學學士、哲學碩士，東海大學哲學博士班肄業。目前為專業翻譯者，共完成約近百本譯著，包括《文化與抵抗》（*Culture and Resistance* / Edward W. Said）、《啟蒙運動》（*The Enlightenment* / Peter Gay）、《現代主義》（*Modernism : The Lure of Heresy* / Peter Gay）等。

文字校對

馬興國

中興大學社會系畢業；資深編輯。

責任編輯

王怡之

東吳大學中文系畢業；資深編輯。

國家圖書館出版品預行編目(CIP) 資料

創世記真相：人類起源的傳說與演變/ 史蒂芬・葛林布萊(Stephen Greenblatt)著；梁永安譯 -- 二版 -- 新北市：立緒文化事業有限公司, 民112.05
面；　公分. --（新世紀叢書）
譯自：The Rise and Fall of Adam and Eve

ISBN 978-986-360-210-1(平裝)

1.聖經人物　2.聖經故事　3.人類學

241.099　　112005941

創世記真相：人類起源的傳說與演變（原書名：亞當與夏娃的興衰）

The Rise and Fall of Adam and Eve

出版——立緒文化事業有限公司（於中華民國 84 年元月由郝碧蓮、鍾惠民創辦）
作者——史蒂芬・葛林布萊（Stephen Greenblatt）
譯者——梁永安

發行人——郝碧蓮
顧問——鍾惠民

地址——新北市新店區中央六街 62 號 1 樓
電話—— (02) 2219-2173
傳真—— (02) 2219-4998
E-mail Address —— service@ncp.com.tw
劃撥帳號—— 1839142-0 號 立緒文化事業有限公司帳戶
行政院新聞局局版臺業字第 6426 號

總經銷——大和書報圖書股份有限公司
電話—— (02) 8990-2588
傳真—— (02) 2290-1658
地址——新北市新莊區五工五路 2 號
排版——菩薩蠻數位文化有限公司
印刷——尖端數位印刷有限公司

法律顧問——敦旭法律事務所吳展旭律師

分類號碼—— 241.099
ISBN —— 978-986-360-210-1
出版日期——中華民國 108 年 11 月初版 一刷（1 ～ 1,500）
中華民國 112 年 5 月二版 一刷（初版更換封面）

定價◎ 450 元（平裝）